Les tournants

de la vie

Les tournants de la vie

D'extraordinaires histoires vécues traitant
de synchronicité, de destinée, de signification
et de raison d'être

Louise L. Hay et ses amis
Récits compilés et édités par Jill Kramer

Traduit de l'anglais par
Lou Lamontagne

ADA
éditions

Syntonisez Radio Hay House sur : www.hayhouseradio.com
Le masculin est utilisé afin d'alléger la lecture.

Éditeur : François Doucet
Traduction : Lou Lamontagne
Révision linguistique : Caroline Bourgeault-Côté
Correction d'épreuves : Isabelle Veillette, Carine Paradis
Typographie et mise en pages : Sébastien Michaud
Graphisme de la page couverture : Matthieu Fortin
ISBN 978-2-89565-596-1
Première impression : 2009
Dépôt légal : 2009
Bibliothèque et Archives nationales du Québec
Bibliothèque Nationale du Canada

Éditions AdA Inc.
1385, boul. Lionel-Boulet
Varennes, Québec, Canada, J3X 1P7
Téléphone : 450-929-0296
Télécopieur : 450-929-0220
www.ada-inc.com
info@ada-inc.com

Diffusion
Canada :   Éditions AdA Inc.
France :   D.G. Diffusion
                   Z.I. des Bogues
                   31750 Escalquens — France
                   Téléphone : 05-61-00-09-99
Suisse :   Transat — 23.42.77.40
Belgique :   D.G. Diffusion — 05-61-00-09-99

Imprimé au Canada

Participation de la SODEC. $\mathcal{S}$ODEC
Nous reconnaissons l'aide financière du gouvernement du Canada par l'entremise du Programme d'aide au développement de l'industrie de l'édition (PADIÉ) pour nos activités d'édition.
Gouvernement du Québec — Programme de crédit d'impôt pour l'édition de livres — Gestion SODEC.

Catalogage avant publication de Bibliothèque et Archives Canada

Vedette principale au titre :

   Les tournants de la vie : d'extraordinaires histoires vécues traitant de synchronicité, de destinée, de signification et de raison d'être

   Traduction de: The times of our lives.
   ISBN 978-2-89565-596-1

   1. Coïncidence - Aspect psychique. 2. Destin et fatalisme. 3. Signification (Psychologie). I. Hay, Louise L. II. Kramer, Jill, 1956- .

BF1175.T5614 2009   133.8   C2008-942235-X

À toutes les personnes qui ont contribué à ce livre en partageant leurs histoires… et à tous les lecteurs et lectrices dont la vie sera touchée par ces récits.

TABLE DES MATIÈRES

LES TOURNANTS DE LA VIE

(en ordre alphabétique selon le nom de famille de l'auteur)

Note de l'éditeur : La version originale de certains des récits figurant dans le présent ouvrage a été remaniée pour des raisons de clarté et d'espace.

Louise L. Hay

Louise L. Hay est conférencière spécialisée dans le domaine de la métaphysique, enseignante et auteure de nombreux *best-sellers*, dont *Transformez votre vie* et *Oui, je peux*. Ses livres ont été traduits en 29 langues et distribués dans 35 pays dans le monde. Depuis plus de vingt-cinq ans, Louise a aidé des millions de personnes à découvrir et à utiliser le plein potentiel de leur pouvoir créateur, et à mettre ce pouvoir au service de leur croissance personnelle et de leur démarche d'autoguérison. Louise est fondatrice et présidente de Hay House Inc., une maison de production de livres, de CD et de vidéos qui contribuent à la guérison de la planète.

Sites Web : www.LouiseHay.com® et www.LouiseLHay.com®.

INTRODUCTION

« *Au fil des ans, chaque fois que je lisais les écrits des auteurs qui ont contribué au présent ouvrage, je me disais qu'il s'agissait d'une <u>incroyable collection d'idées, de révélations et d'inspiration</u> ! Cela faisait longtemps que je songeais à présenter certaines de ces incroyables histoires pour que vous, lecteurs, puissiez être divertis, éclairés et enthousiasmés autant que je l'ai été.*

« *Vous trouverez donc dans les pages qui suivent certaines des histoires vécues les plus fascinantes que vous ayez entendues. Les auteurs viennent de tous les horizons et ont traversé des expériences diversifiées qui susciteront tour à tour chez vous l'émerveillement, l'admiration, le rire, les larmes et l'étonnement... oui, toutes ces émotions et bien plus !*

« *J'espère que vous aimerez ce livre, et qu'il vous aidera à mieux porter attention aux phénomènes touchants, merveilleux et miraculeux qui font partie de votre vie.*

« *Mais, avant de commencer, j'aimerais partager avec vous quelque chose de très personnel...* »

— **Louise**

« J'aimerais que vous me parliez brièvement de votre enfance. »
Voilà une demande que j'ai faite à une multitude de personnes venues me consulter pour obtenir de l'aide. Je n'ai pas nécessairement besoin d'entendre tous les détails de leur vie, mais je souhaite simplement avoir une idée générale de leurs antécédents. Car si ces personnes éprouvent des problèmes dans leur vie présente, cela veut dire que les schémas de comportement et les croyances qui ont engendré ces problèmes se sont installés il y a longtemps.

Lorsque j'étais une petite fille âgée de 18 mois, mes parents ont divorcé. Je ne me souviens pas de cette période comme d'une épreuve particulièrement difficile. Par contre, ce dont je me souviens avec horreur, c'est lorsque ma mère a commencé à travailler à titre de domestique résidante et m'a envoyée en pension. On raconte que j'ai pleuré sans arrêt pendant trois semaines. Les personnes à qui on m'avait confiée n'ont pas pu supporter cela, et ma mère a été obligée de me reprendre et de trouver une autre solution. J'éprouve beaucoup d'admiration pour elle aujourd'hui, car elle était mère célibataire et a dû se débrouiller seule. Par la suite, j'ai beaucoup souffert de ne plus bénéficier d'autant d'attention qu'avant de la part de ma mère.

Je n'ai jamais été capable de déterminer si ma mère aimait mon beau-père ou si elle l'a simplement épousé pour que nous puissions avoir un foyer. Quoi qu'il en soit, ce ne fut pas une bonne décision. Cet homme avait grandi en Europe, dans une famille allemande austère où régnait la brutalité, et il n'avait jamais connu d'autre façon de gérer une famille. Ma mère est tombée enceinte de ma sœur, puis la crise des années 1930 s'est abattue sur nous. Avant longtemps, la violence s'était installée de façon permanente dans notre famille. J'avais cinq ans.

Comme si cela n'était pas suffisant, c'est à peu près à cette époque qu'un de nos voisins, un vieil homme alcoolique, m'a violée. Je me souviens encore clairement de l'examen effectué par le médecin et du procès dont j'étais le témoin principal. L'homme a été condamné à quinze ans de prison. Comme on m'avait répété à maintes reprises que « c'était ma faute », j'ai passé de nombreuses années à craindre qu'au moment de sa sortie de prison, l'homme revienne se venger de moi pour l'avoir envoyé derrière les barreaux.

Pendant la plus grande partie de mon enfance, j'ai subi des agressions physiques et sexuelles et j'étais astreinte à des tâches domestiques très difficiles. Mon estime de moi se dégradait rapidement et peu de choses semblaient bien aller dans ma vie. J'ai alors commencé à reproduire ce schéma dans le monde extérieur.

Un incident survenu en quatrième année reflète à merveille ce qu'était devenue ma vie à l'époque. Un jour, une petite fête avait été organisée à l'école, et plusieurs gâteaux devaient être partagés entre les élèves. La plupart des enfants de l'école, à part moi, étaient issus de familles aisées de la classe moyenne. Quant à moi, j'étais mal vêtue, j'arborais une coupe de cheveux bizarre en forme de bol, je portais des chaussures montantes noires et j'empestais l'ail cru, que l'on m'obligeait à avaler tous les jours pour « éviter les infestations de vers ». À la maison, nous ne mangions jamais de gâteau, car nous n'en avions pas les moyens. Une vieille voisine me donnait dix sous toutes les semaines et un dollar le jour de mon anniversaire et à Noël. Ces dix sous étaient ajoutés au budget familial et, avec le dollar, j'achetais mes sous-vêtements pour l'année à la boutique d'aubaines.

Le jour de la fête scolaire, il y avait tellement de gâteau que certains des enfants, qui pouvaient manger ce genre de choses pratiquement tous les jours à la maison, en prenaient deux ou trois morceaux. Quand ce fut mon tour d'être servie (et bien sûr, j'étais la dernière), il ne restait plus de gâteau. Pas un seul morceau.

Je comprends clairement maintenant que c'était une « croyance déjà confirmée », selon laquelle je ne valais rien et ne *méritais* rien, qui m'avait menée à la queue du rang, et qui expliquait pourquoi je n'avais pas eu droit à un morceau de gâteau. C'était *mon* schéma, et *il* n'était que le reflet de mes croyances.

Lorsque j'ai eu quinze ans, je ne pouvais plus supporter les violences sexuelles que je subissais et je me suis enfuie de la maison et de l'école. L'emploi de serveuse que j'ai déniché dans un petit restaurant m'a semblé infiniment plus facile que les lourdes tâches que je devais effectuer à la maison.

Affamée d'amour et d'affection et pratiquement dénuée de toute confiance en moi, je n'hésitais pas à offrir mon corps à tous les hommes qui me montraient un peu de gentillesse, et c'est ainsi que, à peine âgée de seize ans, j'ai donné naissance à une petite fille. Je me sentais incapable de la garder, mais j'ai pu lui trouver un foyer accueillant. J'avais fait la connaissance d'un couple sans enfant qui voulait absolument un bébé. J'ai vécu chez ce couple pendant les quatre derniers mois de ma grossesse et, lorsque je suis entrée à l'hôpital pour accoucher, c'est leur nom que j'ai donné à l'enfant.

Dans de telles circonstances, je n'ai jamais pu vivre les joies de la maternité; j'ai plutôt été assaillie par un sentiment de perte, de culpabilité et de honte. Je ne me souviens que des orteils de mon enfant, qui étaient d'une grosseur inhabituelle, comme les miens. Si jamais nous nous rencontrons un jour, je saurai avec certitude que c'est bien elle en jetant un coup d'œil à ses orteils. J'ai quitté le domicile du couple quand l'enfant avait cinq jours.

Je suis immédiatement retournée à la maison familiale et j'ai dit à ma mère, qui se trouvait toujours dans une situation de victime : « Allez, tu n'es pas obligée de supporter cette situation plus longtemps. Je t'emmène loin d'ici. » Elle est venue avec moi, en laissant derrière ma sœur de dix ans, qui avait toujours été la préférée de son père.

Après avoir aidé ma mère à se trouver un emploi de femme de chambre dans un petit hôtel et l'avoir installée dans un appartement où elle était libre et confortable, j'ai senti que mes obligations s'arrêtaient là. Je suis partie pour Chicago avec une amie, pensant y faire un séjour d'un mois, et j'y suis restée plus de trente ans.

À cette époque, en raison de la violence que j'avais subie durant mon enfance et du sentiment de ne rien valoir que j'avais acquis en cours de route, j'attirais dans ma vie des hommes qui me maltraitaient et me violentaient souvent. J'aurais pu passer le reste de ma vie à enguirlander tous les hommes que je rencontrais et vivre encore aujourd'hui les mêmes misères. Mais graduellement, grâce à des expériences de travail positives, j'ai acquis un peu d'estime personnelle, et ces hommes se sont mis à se faire rares dans ma vie. Ils ne correspondent plus à mon vieux schéma, qui consistait à croire inconsciemment que je méritais la violence. Je trouve leur comportement inadmissible, mais n'eût été de ce « schéma » qui était le mien, ces hommes n'auraient pas été attirés vers moi. Aujourd'hui, un homme qui violente les femmes ne remarque même pas ma présence. Nos schémas ne s'attirent plus.

Au bout d'un certain nombre d'années à Chicago à occuper des emplois plutôt *inférieurs*, je suis allée à New York et j'ai eu la chance de devenir mannequin. Mais même le fait de porter les vêtements des plus grands *designers* n'a pas beaucoup contribué à accroître mon estime de moi. Cela n'a fait que me procurer de nouvelles raisons de me critiquer. Je refusais de voir ma propre beauté.

Je suis restée dans l'industrie de la mode pendant plusieurs années. J'ai fini par rencontrer et par épouser un homme très convenable, un Anglais fort bien éduqué. Nous avons voyagé dans le monde entier, rencontré des membres de la famille royale et même été invités à dîner à la Maison-Blanche. Cependant, même si j'étais mannequin et que j'avais un mari merveilleux, mon estime de moi restait au plus bas, jusqu'à ce que, quelques années plus tard, j'entreprenne une démarche de travail intérieur.

Un jour, au bout de quatorze années de mariage, juste au moment où je commençais à croire que les bonnes choses pouvaient durer, mon mari m'a annoncé son intention d'épouser une autre femme. Oui, j'étais anéantie, mais le temps a passé et j'ai survécu. Je sentais que les choses changeraient et, un jour de printemps, un numérologue me l'a confirmé en me disant qu'en automne, un événement en apparence modeste allait changer ma vie.

Cet événement a été si anodin que je ne l'ai remarqué qu'au bout de quelques mois. Je m'étais rendue par hasard à une rencontre organisée par la United Church of Religious Science, à New York. Le message de cette Église était nouveau pour moi, mais quelque chose me disait d'y porter attention, ce que j'ai fait. En plus d'aller au service du dimanche, je me suis mise à suivre des cours chaque semaine. Je m'intéressais de moins en moins à l'univers de la beauté et de la mode. Pendant combien d'années encore allait-il falloir que je me préoccupe de mon tour de taille et de la forme de mes sourcils ? La décrocheuse que j'étais, qui avait quitté l'école au secondaire et n'avait jamais rien lu, est devenue une étudiante curieuse qui dévorait tous les ouvrages sur la métaphysique et la guérison qui lui tombaient sous la main.

La Religious Science Church est devenue mon nouveau foyer. Le reste de ma vie se déroulait comme à l'habitude, mais ce nouveau champ d'études et d'intérêt commençait à occuper de plus en plus de mon temps. Puis, trois ans plus tard, j'avais acquis suffisamment de compétences pour devenir praticienne agréée de l'Église. J'ai passé l'examen, et c'est comme ça que j'ai commencé, il y a de nombreuses années, à titre de conseillère de l'Église.

C'était un modeste début. À cette même époque, j'ai commencé à pratiquer la méditation transcendantale. Mon Église ne prévoyait pas donner son programme de formation de ministre du culte avant un an, alors j'ai décidé de faire quelque chose de spécial en attendant. J'ai étudié pendant six mois dans une institution unique, la MIU — Maharishi International University — à Fairfield, en Iowa.

À l'étape où j'en étais, la MIU était l'endroit idéal pour moi. Au cours de la première année, nous abordions tous les lundis matins un nouveau sujet et explorions des choses dont j'avais vaguement entendu parler comme la biologie, la chimie et même la théorie de la relativité. Nous devions passer un examen tous les samedis matins. Le dimanche était libre, et nous reprenions le travail le lundi matin.

Il n'y avait à cet endroit aucune des distractions qui caractérisaient ma vie à New York. Après le dîner, nous nous rendions tous dans notre chambre pour étudier. J'étais la personne la plus âgée du campus, et j'appréciais chaque minute de mon séjour. Les cigarettes, l'alcool et les drogues n'étaient pas permis, et nous faisions de la méditation quatre fois par jour. Le jour de mon départ, j'ai failli m'évanouir lorsque j'ai respiré les effluves de cigarettes en arrivant à l'aéroport.

De retour à New York, j'ai repris ma vie habituelle. Peu après, j'ai entrepris le programme de formation de ministre du culte, et je suis devenue très active au sein de l'Église ainsi que dans ses activités sociales. J'ai commencé à faire des discours durant les rencontres du midi, et à voir des clients. Ces activités sont rapidement devenues pour moi une carrière à temps plein. Le travail que j'accomplissais m'a inspirée à rédiger un petit livre que j'ai intitulé *Guérissez votre corps*, qui a commencé comme une simple liste des causes métaphysiques qui sont à l'origine des différentes maladies pouvant affecter le corps. À partir de là, je me suis mise à faire des conférences, à voyager et à animer de petits ateliers.

Puis, un jour, j'ai appris que j'avais le cancer.

Comme j'avais été violée à l'âge de cinq ans et battue pendant toute mon enfance, il n'est pas étonnant que la maladie se soit manifestée dans la région vaginale.

Comme toutes les personnes qui viennent d'apprendre qu'elles sont atteintes du cancer, j'ai été prise de panique. Mais grâce au travail que j'accomplissais avec mes clients, je savais que le travail mental était efficace, et j'avais l'occasion de me le prouver à moi-même. Après tout, j'avais moi-même écrit un livre sur les schémas mentaux, et je savais que le cancer était une maladie causée par un profond ressentiment réprimé pendant longtemps, jusqu'à ce qu'il se mette littéralement à s'attaquer au corps. J'avais refusé d'accepter qu'il me fallait dissoudre toute la colère et le ressentiment que j'éprouvais envers «eux» en raison de mon enfance. Mais désormais, il n'y avait plus de temps à perdre, et j'avais beaucoup de travail à faire.

Le mot *incurable*, qui fait extrêmement peur à tant de gens, signifie pour moi qu'un mal ne peut être guéri par aucun moyen externe, et qu'il faut aller à l'intérieur de nous-même pour trouver un remède. Si je subissais une opération pour me débarrasser du cancer sans éliminer le schéma mental qui en était la cause, les médecins allaient continuer à découper

Louise jusqu'à ce qu'il ne reste plus rien d'elle. Évidemment, cette idée ne me plaisait pas.

En revanche, si je subissais l'opération en vue de retirer la masse cancéreuse et me débarrassais aussi du schéma mental qui causait le cancer, alors la maladie ne reviendrait pas. Lorsqu'il y a une récidive de cancer ou de toute autre maladie, je ne crois pas que ce soit parce que les médecins « n'ont pas tout enlevé ». C'est plutôt que le patient n'a rien changé sur le plan mental. Il ou elle ne fait que recréer la même maladie, qui se manifeste parfois dans une autre partie du corps.

Je croyais aussi que, si je pouvais éliminer le schéma mental qui était à l'origine de ce cancer, je n'aurais même pas besoin de subir l'opération. J'ai alors essayé de gagner du temps, et les médecins m'ont laissé à contrecœur un délai de trois mois lorsque je leur ai affirmé ne pas avoir les fonds suffisants pour payer l'intervention.

J'ai immédiatement pris la responsabilité de ma propre guérison. J'ai lu et étudié tout ce que je pouvais trouver sur les méthodes alternatives en vue de favoriser mon processus de guérison.

Je me suis rendue dans plusieurs boutiques d'alimentation naturelle et j'ai acheté tous les livres que j'ai pu sur le cancer. J'ai également fait des lectures à la bibliothèque. Je me suis renseignée sur la réflexologie du pied et l'irrigation du côlon, et j'ai conclu que ces deux traitements pourraient m'être bénéfiques. J'avais l'impression d'être guidée exactement vers les bonnes personnes. Par exemple, après avoir lu sur la réflexologie du pied, j'ai voulu trouver un praticien. J'ai alors assisté à une conférence sur le sujet, et si j'avais toujours eu l'habitude de m'asseoir dans la première rangée, ce soir-là, quelque chose m'a poussée à prendre place à l'arrière de la salle. Au bout d'une minute, un homme est venu s'asseoir à côté de moi, et devinez quoi ? Il était réflexologue du pied et faisait des visites à domicile. Pendant deux mois, il est venu à la maison trois fois par semaine, et son traitement m'a beaucoup aidée.

Je savais que je devais aussi commencer à m'aimer beaucoup plus que je ne l'avais fait jusque-là. Dans mon enfance, l'amour était très rarement exprimé, et personne ne m'avait encouragée à me sentir bien dans ma peau. J'avais adopté « leurs » attitudes, qui consistaient entre autres à me harceler et à me critiquer constamment, et cela était devenu chez moi une seconde nature.

Grâce à mon travail au sein de l'Église, j'en étais venue à comprendre qu'il serait bon et même essentiel de commencer à m'aimer et à m'apprécier. Mais je ne cessais de remettre ce projet à plus tard, comme un régime alimentaire que l'on prévoit toujours entreprendre le lendemain. Mais je ne pouvais plus attendre. Au début, il m'était très difficile de faire certaines choses comme me mettre debout devant un miroir et me dire : « Louise, je t'aime. Je t'aime vraiment. » Toutefois, à mesure que je persistais, je constatais que dans plusieurs situations de la vie où, dans le passé, je me serais dénigrée, je cessais peu à peu de le faire grâce à mes séances devant le miroir et à d'autres exercices. Je faisais des progrès.

Je savais que je devais me débarrasser des schémas de ressentiment que j'avais en moi depuis l'enfance. Il était impératif que je cesse de blâmer les autres.

Bien sûr, j'avais eu une enfance très difficile marquée par la violence mentale, physique et sexuelle. Mais cela faisait de nombreuses années, et je ne pouvais m'en servir comme excuse pour la manière dont je me traitais dans le présent. Mon corps était littéralement dévoré par des tumeurs cancéreuses, parce que je n'avais pas pardonné. Il était temps pour moi d'aller au-delà des incidents eux-mêmes et de commencer à *comprendre* quels types d'expériences avaient pu créer des personnes capables de traiter une enfant de cette façon.

Avec l'aide d'un bon thérapeute, j'ai exprimé toute ma vieille colère enfouie en frappant des oreillers et en hurlant de rage. Ces exercices m'ont aidée à faire un certain nettoyage. Puis, je me suis mise à reconstituer le passé de mes parents à l'aide des bouts d'histoires qu'ils m'avaient racontées à propos de leur propre enfance. Graduellement, j'ai eu un portrait plus complet de leur vie. Grâce à cette compréhension nouvelle, et à partir d'un point de vue d'adulte, j'ai commencé à éprouver de la compassion pour la douleur qu'ils avaient vécue, et j'ai peu à peu cessé de les blâmer.

De plus, je m'étais mise à la recherche d'un nutritionniste compétent pour m'aider à nettoyer et à désintoxiquer mon corps, après des années de consommation d'aliments malsains. J'ai appris que la malbouffe s'accumulait dans le corps en produisant des toxines. De la même façon, les pensées malsaines s'accumulent et créent des états d'esprit toxiques. On m'a prescrit un régime alimentaire très strict comprenant beaucoup de légumes verts et peu d'autres choses. Pendant le premier mois, j'ai même subi des irrigations du côlon trois fois par semaine.

Je n'ai pas subi d'opération. Toutefois, six mois après le diagnostic, grâce à tout le travail de nettoyage mental et physique que j'avais accompli, tous les professionnels de la santé qui s'occupaient de mon cas s'entendaient pour dire ce que je savais déjà : *il n'y avait plus une seule trace de cancer dans mon corps!* Je pouvais dorénavant affirmer, sur la base de mon expérience personnelle, que *nous pouvons guérir la maladie si nous sommes prêts à changer la façon dont nous pensons et agissons, ainsi que nos croyances!*

Parfois, ce qui s'annonce comme une tragédie finit par être la meilleure chose qui aurait pu nous arriver dans la vie. J'ai appris énormément de cette expérience, et j'en suis arrivée à apprécier la vie et à la voir sous un tout autre jour. J'ai commencé à me demander ce qui était vraiment important pour moi, et j'ai finalement pris la décision de quitter New York, ville sans arbres et au climat extrême. Certains de mes clients m'ont affirmé qu'ils « mourraient » si je les quittais, mais je leur ai promis de revenir deux fois par année pour prendre de leurs nouvelles. De plus, le téléphone permet de communiquer avec des gens n'importe où dans le monde.

J'ai donc fermé mon bureau et fait un agréable voyage en train jusqu'en Californie, ayant décidé de m'établir à Los Angeles. Même si j'étais née dans cette ville de nombreuses années auparavant, je n'y connaissais pratiquement plus personne, à part ma mère et ma sœur, qui vivaient toutes deux en périphérie, à une heure environ du centre-ville. Notre famille n'avait jamais été très proche ni très ouverte, mais j'ai été prise d'une grande inquiétude lorsque j'ai appris que ma mère avait perdu la vue depuis quelques années. Personne n'avait cru bon de m'en informer. Ma sœur était trop «occupée» pour me voir, alors je l'ai laissée tranquille et j'ai entrepris ma nouvelle vie.

Guérissez votre corps, le petit livre que j'avais écrit, m'a ouvert bien des portes. J'ai commencé par me rendre à toutes les «rencontres nouvel âge» dont j'entendais parler. Je m'y présentais, et lorsque cela était approprié, je distribuais des exemplaires de mon livre. Au cours des six premiers mois, j'allais souvent à la plage, sachant que lorsque mon emploi du temps serait plus chargé, j'aurais moins de temps pour ce genre de loisir. Peu à peu, des clients ont commencé à me consulter. On me demandait de faire des conférences ici et là, et les choses se sont mises à bien marcher. Los Angeles m'accueillait enfin. Deux ans plus tard, j'ai pu emménager dans une adorable maison.

Mon nouveau mode de vie à Los Angeles reflétait une importante avancée sur le plan de la conscience par rapport aux années de mon enfance. Les choses allaient très bien. C'est fou ce que nos vies peuvent parfois changer complètement !

Un soir, j'ai reçu un appel téléphonique de ma sœur, le premier signe de vie qu'elle me donnait en deux ans. Elle m'a appris que notre mère, alors âgée de 90 ans et presque sourde, avait fait une chute et s'était brisé la colonne vertébrale. Du jour au lendemain, ma mère, qui jusque-là avait été une femme forte et indépendante, s'est transformée en une enfant démunie.

Elle s'était brisé la colonne, mais elle a aussi brisé le mur de silence entourant la vie de ma sœur. Enfin, nous commencions à communiquer vraiment. J'ai découvert que ma sœur souffrait elle aussi de graves problèmes de dos, qui l'empêchaient de s'asseoir et de marcher correctement, et qui lui causaient beaucoup de douleur. Elle souffrait en silence, et malgré son apparence anorexique, son mari ne savait rien de sa maladie.

Au bout d'un mois d'hospitalisation, ma mère a obtenu son congé. Mais elle ne pouvait plus prendre soin d'elle-même à la maison, alors elle est venue vivre avec moi.

Même si j'avais confiance en la vie, je ne savais pas trop si j'arriverais à gérer cette situation nouvelle, alors j'ai dit à Dieu : «D'accord, je vais prendre soin de ma mère, mais tu dois m'aider, et tu dois me fournir l'argent nécessaire !»

Ma mère et moi avons toutes deux dû faire d'importants ajustements. Elle est arrivée à la maison un samedi, et le vendredi suivant, je devais me rendre à San Francisco pour un séjour de quatre jours. Je ne pouvais pas laisser ma mère seule, mais je devais faire ce voyage. J'ai dit : « Dieu, occupe-toi de cela. Je dois trouver la bonne personne pour nous aider avant mon départ. »

Le jeudi suivant, la personne idéale est « apparue » et a emménagé chez moi afin d'organiser la maison pour ma mère et moi. C'était une autre confirmation d'une de mes croyances fondamentales : « Toutes les choses que je dois savoir me sont révélées, et toutes les choses dont j'ai besoin viennent à moi, selon un ordre divin. »

J'ai compris que le temps était de nouveau venu pour moi de tirer quelques leçons utiles de la vie. J'avais une autre occasion de nettoyer une bonne partie des détritus qui s'étaient accumulés en moi depuis mon enfance.

Ma mère n'avait pas pu me protéger quand j'étais enfant, mais aujourd'hui, je pouvais prendre soin d'elle et j'acceptais de le faire. Avec ma mère et ma sœur, une toute nouvelle aventure commençait.

Procurer à ma sœur l'aide dont elle avait besoin présentait tout un défi. J'ai appris que, lorsque j'avais aidé ma mère à quitter son mari, de nombreuses années auparavant, mon beau-père avait reporté sa rage et sa douleur sur ma sœur, et qu'elle avait à son tour été gravement brutalisée. J'ai compris que ce qui avait commencé comme un problème d'ordre physique s'était considérablement aggravé sous l'effet de la peur et de la tension, de même que la croyance que personne ne pouvait lui venir en aide. Je savais que je ne pouvais pas la sauver, mais je tenais néanmoins à donner à ma sœur la possibilité d'opter pour le bien-être, à cette étape de sa vie.

Elle a donc entrepris, petit à petit, de démêler les fils de son existence, et ce processus s'est poursuivi jusqu'à la fin de sa vie. Nous avons progressé étape par étape, et je lui procurais un environnement accueillant et sécuritaire pour que nous puissions explorer ensemble diverses avenues en matière de guérison.

Ma mère, quant à elle, a très bien répondu à toutes mes suggestions. Elle a commencé à faire des exercices, du mieux qu'elle pouvait, quatre fois par jour, et son corps est devenu plus fort et plus flexible. Je l'ai emmenée chez un spécialiste pour qu'elle se procure une prothèse auditive, et elle s'est mise à s'intéresser davantage à la vie. Même si cela allait à l'encontre de ses croyances religieuses — elle était une adepte de la science chrétienne — je l'ai persuadée de se faire retirer une cataracte dans un œil. Quelle joie ce fut pour elle de retrouver la vue, et pour nous deux de voir ensemble le monde à travers ses yeux! Elle était enchantée de pouvoir lire de nouveau.

Ma mère et moi avons trouvé le temps de nous asseoir ensemble et de nous parler comme nous ne l'avions jamais fait auparavant, et une nouvelle complicité s'est établie entre nous. Nous sommes devenues de plus en plus libres dans nos rapports, et arrivions à rire et à pleurer ensemble, et à s'étreindre affectueusement. Bien sûr, il lui arrivait parfois de m'exaspérer, mais cela m'indiquait tout simplement que j'avais quelque chose à comprendre et à clarifier.

Nous sommes aujourd'hui en 2007, et je suis âgée de 80 ans[*]. Ma mère a quitté ce monde en paix, il y a plusieurs années. Elle me manque, et je l'aime. Nous avons réglé tout ce que nous avons pu ensemble, et aujourd'hui nous sommes toutes deux des êtres libres.

(Extrait de *Transformez votre vie*, Éditions AdA, 2005)

---

[*] N.d.T. : Au moment de l'écriture du livre.

LES

TOURNANTS

DE LA

VIE

Crystal Andrus

Korby Banner

Crystal Andrus, auteure de *Simply... Woman!* et de *Transcendent Beauty*, est une conférencière et une écrivaine passionnée et impressionnante, qui défend avec ferveur la cause de l'autonomisation des femmes. Son message est renforcé par une spiritualité profonde et un ardent désir d'aider les femmes à transcender leurs limites et à se propulser dans la vie, sur les ailes de leur âme.

Agréée par l'American College of Sports Medicine et la Canadian School of Natural Nutrition, elle compte parmi les nutritionnistes et les experts en santé et en conditionnement physique les plus dynamiques des États-Unis. Elle étudie présentement au doctorat en naturopathie. L'importance qu'elle accorde à l'autonomisation et au renforcement spirituel des femmes est évidente dans tout ce qu'elle entreprend, de son émission radiophonique hebdomadaire à ses activités florissantes d'accompagnatrice personnelle en passant par ses conférences et ses ateliers, ainsi que sa participation active au forum de discussion de son site Web : www.crystalandrus.com.

L'AMOUR
TRIOMPHE DE TOUT

« J'avais été invitée à donner une conférence à l'occasion d'une réception en l'honneur des anciens étudiants de mon alma mater, et à mon arrivée sur les lieux, une superbe femme blonde s'est aussitôt approchée de moi. Elle avait un sourire radieux qui illuminait toute la pièce. Quelque chose chez elle a piqué ma curiosité, et je savais que nous allions nous parler de nouveau. Au bout de quelques minutes à peine, nous échangions nos adresses électroniques.

« Vers la fin de mon exposé, au cours duquel j'avais abordé notre relation avec nos parents et la façon dont nos émotions se manifestent dans notre corps, j'ai remarqué que cette femme m'écoutait avec une grande attention. Ses bras étaient légèrement croisés autour de son corps, et des larmes coulaient le long de ses joues. J'ai su intuitivement qu'elle avait une histoire percutante à raconter. Et je ne me suis pas trompée, loin de là ! J'étais convaincue que cette histoire devait être partagée ; alors la voici, dans les mots de la principale intéressée. »

— **Crystal**

L'HISTOIRE DE SHERE

Le 22 avril 1953, je suis venue au monde les pieds devant, gesticulant et hurlant à pleins poumons, et prématurée d'environ un mois. On dit que j'étais plutôt difforme et couverte d'ecchymoses à ma naissance, et donc pas très jolie. On m'a baptisée Shirley (en l'honneur de Shirley Temple), mais lorsque j'ai quitté la maison familiale, à l'âge de quinze ans, j'ai changé mon nom pour Shere.

Je ne me souviens pas beaucoup de mon enfance. En fait, je n'ai pratiquement aucun souvenir des années qui ont précédé mes treize ans. La plus grande partie de ce que je sais à propos de moi-même vient des anecdotes que m'ont racontées des voisins et des membres de la famille. Je me rappelle tout de même que mes parents me disaient que j'étais « laide, stupide et une petite traînée », et avoir été battue à répétition. Je me souviens également d'avoir cru être une personne si horrible que je méritais ces violences. Bien sûr, mes parents avaient des difficultés, sur le plan financier et dans leur vie conjugale.

De treize à quinze ans, je ne cessais de faire des fugues. Je n'avais pas besoin d'aller bien loin… pourvu que je quitte la maison familiale. À quinze ans, l'école s'en est mêlée et a obtenu que je sois confiée à une famille d'accueil. Je me revois partir de la maison avec une valise remplie de vêtements — dans laquelle il n'y avait ni jouets, ni livres, ni souvenirs. Il n'y a eu ni larmes ni étreintes… J'ai simplement quitté les lieux, et par la suite, j'ai à peine revu les membres de ma famille (deux sœurs et un frère) jusqu'en 1971, année où j'ai épousé mon premier mari, à l'âge de dix-huit ans.

Il aimait bien boire de l'alcool et me frapper… et peu après, j'ai encore une fois dû m'enfuir. J'ai continué de chercher l'amour auprès des mauvaises personnes. Deux ans plus tard, mon mari et moi étions séparés, et je me suis retrouvée une fois de plus dans la rue avec mes vêtements, quelques pièces de vaisselle et deux ou trois vieux meubles usés.

Entre vingt et vingt-cinq ans, je suis passée d'un homme à l'autre, à la recherche d'amour et de sécurité. Mais je n'ai pas trouvé ce que je cherchais. Ce que j'*ai* trouvé, par contre, ce sont d'autres hommes violents qui voulaient me contrôler. Aujourd'hui, quand je regarde en arrière, je me rends compte à quel point j'étais désespérée.

J'ai rencontré mon deuxième mari en 1976. Il avait dix ans de plus que moi et il était extrêmement généreux. Grâce à lui et à ses deux enfants, âgés de quatre et neuf ans, j'allais enfin connaître l'amour et la vie de famille que je n'avais jamais eus. Mon nouveau mari m'adorait et voulait s'occuper de moi, alors nous avons déménagé pour prendre un nouveau départ.

Étant donné que je n'avais pas d'enfant — et je n'étais pas certaine d'en vouloir, car j'avais peur de mes «mauvais gènes» — j'ai trouvé mon rôle de belle-mère très difficile. J'étais jalouse des enfants de mon mari et j'acceptais mal l'attention qu'il leur accordait. J'ai fini par retomber dans l'insécurité et je me suis mise à la recherche d'une personne qui pourrait me donner «toute son attention». Nous étions dans les années 1980, et les boîtes de nuit représentaient pour moi un univers fascinant. Mon mariage n'a pas tardé à prendre fin.

Puis j'ai rencontré Jeff. Il avait dix ans de moins que moi et possédait la sagesse d'un homme de cinquante ans de plus. Nous nous sommes fréquentés de manière épisodique pendant sept ans, et il était patient et dévoué. J'avais de la difficulté à m'engager totalement dans cette relation, et un jour, Jeff en a eu assez et il est parti. C'est à ce moment-là que je suis devenue adulte, et que j'ai compris ce que j'avais perdu. Jusque-là, j'étais tellement occupée à m'amuser follement et à rattraper le temps perdu que je n'avais rien vu venir.

Les mois ont passé, mais la douleur persistait, et mon amour pour Jeff s'amplifiait. Nous avons fini par nous retrouver et ne l'avons jamais regretté. Cela fait aujourd'hui quinze ans que nous sommes mariés, et notre histoire d'amour est du genre de celles qui inspirent les romans.

Quelque part dans tout cela, mon ego s'est mis à prendre des dimensions inquiétantes. À l'âge de quinze ans, je pesais 90 kilos, car mon premier emploi était dans une boulangerie. Le pain, moelleux et chaud, me réconfortait. Avant mon premier mariage, j'ai perdu du poids, puis je l'ai tout repris, et même plus, à la suite du divorce, pour atteindre les 100 kilos. Mon deuxième mari, qui était un «père» aimant et encourageant, m'a fait connaître le jeu de *squash* et m'a convaincue de m'inscrire à des cours pour m'aider à retrouver confiance en moi. J'ai perdu des kilos et gagné une bonne dose de confiance. Du moins j'avais l'impression qu'il s'agissait de confiance.

Par la suite, je me suis inscrite à une agence artistique et j'ai commencé à travailler à titre de mannequin pour des revues et des agences de publicité, puis on m'a offert un poste d'animatrice d'une émission télévisée. À cette époque, je ne pensais qu'à être la plus belle possible, et je tenais à ce qu'aucun homme ne puisse me résister, pas même le livreur de pizza. Je me voyais comme le vilain petit canard qui s'était transformé en superbe cygne... et je pourrais écrire un livre sur tous les hommes que j'ai séduits au fil des ans.

Puis, en 1997, j'ai vécu un réveil plutôt brutal lorsque j'ai perdu mon emploi d'animatrice. Jeff et moi venions de nous acheter une grande maison, et nous ne savions plus comment nous allions la payer. Cette année-là, mon père est mort, ce qui m'a beaucoup attristée ; de plus, ce décès a déclenché en moi un torrent d'émotions jusque-là ensevelies. Tous les « j'aurais dû » et les « j'aurais pu », ainsi que tous les conflits et la douleur du passé sont remontés à la surface. Ma mère était déjà décédée depuis 1986, et je croyais avoir laissé cette partie de ma vie derrière moi pour de bon. Mais il n'en était rien.

Soudainement, je me retrouvais sans travail, effrayée et désorientée. Le fait de me réveiller tous les matins sans avoir nulle part où aller a fait monter en moi un sentiment d'échec et ressuscité cette conviction d'être « stupide », que j'avais gardée enfouie jusque-là. Pendant environ un an, j'ai traîné comme une âme en peine dans notre nouvelle maison, beaucoup trop grande, en m'apitoyant sur mon sort. Ma santé laissait à désirer, et je consultais un chiropraticien deux ou trois fois par semaine pour calmer certaines douleurs, atténuer les symptômes du SPM et soulager mes maux de tête. Je rendais aussi fréquemment visite au médecin, car je souffrais de douleurs abdominales, de constipation et d'une multitude de problèmes liés à la digestion. J'ai finalement appris que je souffrais du syndrome du côlon irritable, ainsi que d'un ulcère, d'une hernie hiatale *et* d'endométriose !

Je suis devenue très proche de mon chiropraticien, car après tout, je le voyais plus souvent que quiconque. Un jour, il m'a suggéré que je devrais peut-être commencer à m'interroger sur ce qui causait tous mes problèmes de santé et penser davantage en termes de prévention. Bref, il m'a dit qu'il me fallait prendre mon bien-être en main.

Au début, je ne l'ai pas pris au sérieux parce que je croyais savoir mieux que lui ce qui était bon pour moi. Mais il a fini par me convaincre, et je me suis mise à prendre des compléments alimentaires naturels afin de favoriser l'équilibre hormonal. Quatre mois plus tard, je ne souffrais absolument plus du SPM (douleur, dépression, anxiété et ballonnements), ce qui constituait pour moi une importante amélioration. Ce moment a été un tournant dans ma vie, celui où j'ai commencé à penser autrement, à prendre mes propres décisions et à prendre ma vie en main.

Pendant trois ans, j'ai vécu pleinement selon la philosophie du «bien-être physique, mental et spirituel». J'assistais à toutes les conférences et lisais tous les livres sur le sujet, et je m'abonnais à toutes les revues traitant de santé. J'ai même trouvé un emploi dans une boutique d'aliments naturels, où j'ai commencé à m'intéresser à la glycobiologie et aux glyco-nutriments. J'ai appris à méditer et à pratiquer le yoga, et commencé à explorer de nouvelles méthodes de guérison : l'iridologie, le *reiki*, l'acupuncture et la musicothérapie. Je consultais des médecins qui étaient ouverts aux thérapies holistes et j'ai subi toutes les nouvelles analyses : la salive, le *territoire* intérieur, le sang et j'en passe. J'ai tout essayé. Je me disais qu'étant donné que j'étais dorénavant heureuse en mariage, je pourrais consacrer tout mon temps à devenir la «déesse de la santé».

Puis, en l'an 2000, mon âme m'a éveillée.

Une mammographie, une radiographie puis une biopsie ont révélé que j'avais une lésion cancéreuse au sein droit. Comment cela pouvait-il arriver à une personne qui venait de passer les trois dernières années de sa vie à faire tout en son pouvoir pour se sentir mieux, rester en santé et prévenir la maladie ?

Les mois suivants furent terrifiants. Le premier chirurgien que j'ai consulté n'avait absolument aucune sympathie pour moi, et ses manières laissaient considérablement à désirer. J'ai ensuite décidé de consulter son associé, qui travaillait dans le même bureau, et c'était le jour et la nuit. Jeune homme d'origine asiatique, il avait l'esprit ouvert face aux thérapies alternatives. Son message, toutefois, était le même que celui de son collègue : je devais subir une chirurgie puis suivre un traitement de chimiothérapie et, éventuellement, de radiothérapie. La différence, c'est qu'il m'a expliqué la procédure et les effets secondaires possibles, et qu'il m'a encouragée à poursuivre mes traitements de médecine alternative si je croyais à ce point à leur efficacité.

J'ai conclu que l'opération et les effets secondaires seraient pires que la maladie elle-même, et que même si mon corps était débarrassé de la tumeur, celle-ci avait de grandes chances de revenir, parce que je n'avais pas encore déterminé les raisons pour lesquelles j'avais reçu ce présent qu'était le cancer dans mon sein droit, et que je n'avais pas encore fait face à ces raisons. Alors, d'ici à ce que je connaisse ces raisons, pourquoi devrais-je laisser mon corps subir ce traumatisme ?

Du coup, j'ai changé mon approche en matière de bien-être. Même si je devais prendre soin de moi sur le plan physique — j'avais complètement cessé de boire du café, des boissons gazeuses et de l'alcool, je consommais des aliments biologiques le plus souvent possible, je n'utilisais ni lave-vaisselle ni four à micro-ondes, j'avais cessé de porter des parfums et d'appliquer du vernis à ongles toxiques et j'avais décidé d'observer un mode de vie très holiste, notamment en portant du maquillage naturel et en utilisant des produits de nettoyage biologiques, en buvant de l'eau purifiée, en prenant beaucoup de compléments alimentaires, en mangeant une grande quantité de légumes verts et en suivant un régime strict de glyconutriments — je cherchais dorénavant à comprendre pourquoi le cancer s'était manifesté dans mon sein.

Cette quête m'a entraînée dans un voyage qui m'a moi-même surprise. Un jour, au cours d'une promenade, j'ai aperçu une superbe et invitante clairière, et je me suis assise dans l'herbe, les yeux fermés. Je me suis soudain vue entourée d'étagères étincelantes, remplies de livres à perte de vue. Je pouvais lire les titres des livres, et aussi les toucher et les sortir des étagères. La bibliothèque était en harmonie avec la nature, et elle était parsemée de jardins et d'arbres. J'ai vu mes chats adorés, décédés depuis quelques années, pourchasser avec bonheur des oiseaux et des papillons dans cette forêt luxuriante.

J'ai continué à cheminer dans cette vaste bibliothèque, et j'ai rencontré une femme. Au début, j'ai eu peine à la reconnaître, puis j'ai compris qu'il s'agissait de ma mère. Elle m'a serrée dans ses bras et m'a dit : « Bonjour, ma chérie. Nous avons beaucoup pensé à toi. » À cet instant même, mon père est apparu. Ils avaient tous deux l'air radieux, et avaient une apparence translucide. Mon père m'a dit que je lui manquais, et qu'il éprouvait pour moi un amour infini... et c'est alors que j'ai compris la profondeur de cet amour. Je me suis mise à pleurer, car je comprenais implicitement pourquoi, durant sa vie et en tant que père, il m'avait violentée et poussée à m'enfuir. Je savais qu'il m'aimait réellement et que nous avions tous deux voulu nous réincarner en tant que père et fille au cours de cette vie afin d'apprendre et de comprendre ce dont nos âmes avaient désespérément besoin pour évoluer.

À cet instant, je me suis pardonné, et j'ai pardonné à mes parents. J'éprouvais un sentiment d'amour plus fort que jamais auparavant, et je sanglotais sans pouvoir m'arrêter. Mes parents m'ont tous deux étreinte tendrement et m'ont dit qu'il était temps pour moi de quitter la bibliothèque et de rentrer à la maison. Avant leur départ, je leur ai demandé quel livre je devrais lire, et ils m'ont répondu *Comment connaître Dieu*, de Deepak Chopra.

Puis ils ont disparu, de même que les livres et les jardins incandescents, et je me suis retrouvée seule, assise sur la pelouse, à sangloter. Mais quelque chose en moi avait changé. Je me sentais plus légère et libérée. Comme une enfant. Je me savais aimée. Moi, Shere Donald, j'étais aimée !

Je comprenais clairement pourquoi le cancer s'était logé dans mon sein. Car voyez-vous, les seins sont au centre de tout ce qui touche l'amour et l'attention, qui étaient ce que j'avais recherché toute ma vie — non seulement de la part de mes parents et de mes frères et sœurs, mais aussi de la part du monde entier. Et jusqu'à ce moment-là, j'ignorais à quel point l'univers m'aimait, et à quel point il aimait tout le monde. Maintenant que j'avais trouvé de l'attention et de l'amour, mon sein allait guérir, tout comme mon *cœur*.

Peu de temps après, je suis allée passer des examens à l'hôpital, et j'ai appris que le cancer avait complètement disparu de mon sein. J'étais resplendissante, et toutes les parties de mon corps l'étaient aussi.

Aujourd'hui, je «n'assume pas la responsabilité» du cancer du sein ni d'aucune autre maladie. Ces maux ne me définissent plus, et n'habitent plus en moi. Grâce au pardon et à l'amour, je les ai éliminés de mon corps, et toutes les analyses confirment que le cancer n'est pas revenu.

Ce que je sais, toutefois, c'est que le bien-être est un voyage, et que je ne dois jamais perdre de vue mon cheminement si je veux demeurer en bonne santé. Il me faut être consciente de mon humanité, tout en continuant à tourner les pages du livre de ma vie. Et de temps à autre, une nouvelle douleur remontera à la surface pour me rappeler avec douceur que l'amour triomphe de tout, pourvu qu'on lui permette de le faire.

(Extrait de *Transcendent Beauty*, Hay House, 2006)

Colette Baron-Reid

Deborah Samuel

Douée d'intuition spirituelle, Colette Baron-Reid est l'auteure de *Mémoires de demain, ou, Comment renouer avec son intuition* ainsi qu'une animatrice de séminaires et de radio populaire, une motivatrice et une musicienne professionnelle qui enregistre sous l'étiquette EMI (elle a produit un CD de méditation très populaire, *Journey through the Chakras*). Elle a partagé la scène avec des auteurs comme Sylvia Browne, John Holland, Caroline Myss et bien d'autres. Elle vit présentement à Toronto, au Canada, avec son mari Marc et leurs deux rejetons à quatre pattes.

Site Web : www.colettebaronreid.com

Lâcher prise

L'événement déterminant qui m'a permis de reprendre pleinement possession de mon don d'intuition a été une situation qui allait me changer à jamais. J'avais dix-neuf ans, et mon alcoolisme s'était aggravé au même rythme effréné que mon égocentrisme. J'étais enlisée dans l'immaturité. Je gérais mon trouble alimentaire en prenant des pilules amaigrissantes et en consommant de l'alcool pour en tempérer les effets. À cette époque, je consommais aussi des drogues illicites en plus de tout le reste. À l'intérieur de moi, je criais à l'aide, mais personne ne venait.

Après avoir pris trop de drogues la veille de mes examens de fin d'année (c'était ma première année de collège, et j'étais en études préparatoires au programme de droit), j'ai dû m'inscrire à l'école d'été afin de reprendre l'année que je venais de saboter. J'étais déprimée et je ne savais pas quoi faire : ma faculté d'intuition était bloquée par tout le poison que je consommais, et mon tempérament autodestructeur m'empêchait d'entendre les avertissements que me lançait mon âme.

Au collège, mes amis m'avaient conseillé d'éviter un certain bar situé dans un quartier louche de la ville, fréquenté par des individus peu recommandables. Bien sûr, cela n'a fait qu'attiser ma curiosité, alors je me suis rendue dans ce bar avec une amie, et nous nous sommes installées à une table. Évidemment, comme j'étais une jeune fille rebelle, curieuse et autodestructrice qui cherchait désespérément de l'attention et n'avait pas beaucoup d'expérience avec les hommes, les choses ont mal tourné. L'endroit était fréquenté par toutes sortes de durs à cuire, notamment des trafiquants de drogue et des motards. J'aurais dû me méfier, mais je n'avais jamais été exposée à ce milieu auparavant, sauf dans les romans et dans les films.

J'ai eu mon premier avant-goût des dangers que recelait ce milieu lorsque, un soir, j'ai insulté l'un des clients de l'établissement devant sa bande d'amis. Pour la première fois de ma vie, je me suis fait battre sauvagement par un homme. Il m'a frappée en plein visage avec son poing, et la violence du coup m'a projetée vers l'arrière. J'ai heurté une chaise et je me suis affaissée sur le sol. J'ai ensuite entendu un craquement et un bruit sourd, puis j'ai dû perdre connaissance pendant quelques secondes.

Je me souviens d'avoir tenté péniblement de me relever. La pièce tournoyait autour de moi, un goût de sang m'emplissait la bouche, et l'avant ainsi que l'arrière de ma tête étaient extrêmement douloureux. Je n'avais jamais été frappée auparavant; j'étais ébranlée, humiliée et terrorisée. Personne n'est venu m'aider à me relever. Apparemment, j'avais commis l'impensable, même si je n'étais pas certaine de ce que c'était exactement. Mais c'est un événement survenu deux semaines plus tard qui a changé ma vie pour de bon.

Dans le dortoir du collège, où j'étais restée enfermée depuis l'incident au bar, je commençais à trouver le temps long. Encore sous le choc, et le visage marqué d'une ecchymose révélatrice, je me suis laissée convaincre par une copine d'aller en ville prendre un verre. Plus tard au cours de la soirée, nous avons rencontré un groupe de jeunes hommes que nous connaissions déjà de vue. Je voulais rentrer, mais ma copine souhaitait rester plus longtemps, alors j'ai accepté que nos nouvelles connaissances viennent me déposer chez moi. Je ne les connaissais pas très bien, mais ils semblaient gentils, et ils ne m'avaient jamais ennuyée auparavant.

Après ce qui s'était produit deux semaines plus tôt, j'éprouvais un besoin de protection, alors je les ai crus lorsqu'ils m'ont dit vouloir me conduire chez moi en toute sécurité. J'étais loin de me douter que ces hommes avaient d'autres intentions me concernant. J'étais sur le point de vivre une expérience qui allait me faire comprendre ce que c'était que de perdre totalement le contrôle de ce qui arrive à son propre corps, et ce qu'était vraiment la honte. Mais cette situation allait aussi provoquer le retour de ces dons auxquels j'avais tourné le dos auparavant.

Ce qui est intéressant, c'est que, dès que j'ai accepté l'offre du groupe d'hommes, je savais que quelque chose de terrible allait arriver, mais j'étais incapable d'être à l'écoute de ce pressentiment. Mon intuition m'indiquait la voie à suivre, mais j'étais saoule et je n'entendais rien. Même si un fort sentiment d'appréhension faisait accélérer les battements de mon cœur, j'espérais que ce soit le fruit de mon imagination. Mais mes peurs se sont révélées fondées. Quelque chose d'important était effectivement sur le point de se produire : j'allais subir un viol.

Pendant que ces hommes me violaient, j'ai vécu une expérience hors de l'ordinaire et inoubliable. Je m'en souviens clairement, comme si c'était hier. Je me suis vue sortir de mon corps et flotter vers le coin supérieur de la pièce. J'ai regardé la scène qui se déroulait sous moi et j'observais ce qui était en train de m'arriver de façon calme et détachée, avec curiosité. Je me souviens de m'être sentie très vieille, comme si mon âme existait depuis le début des temps.

En même temps, mon don d'intuition me permettait de voir certaines scènes de la vie de mes assaillants, et curieusement, j'ai commencé à les plaindre. J'ai vu un enfant enfermé dans une cave sans nourriture ni eau, laissé dans ce trou noir par une mère obèse, négligée et alcoolique. J'ai aussi vu un autre petit garçon maigrichon passer d'une famille d'accueil à une autre. Un troisième avait le teint pâle et blafard et des cheveux roux, et faisait partie d'une grande famille. J'entendais des cris et des hurlements provenant de la cuisine, puis j'ai vu le père battre la mère férocement, et le petit garçon trembler de rage. Ensuite, j'ai vu quelqu'un dans une épicerie voler des boîtes de soupe et les fourrer dans un gros sac que je n'avais jamais vu, avec des mains qui n'étaient clairement pas les miennes.

Ces images tournoyaient autour de moi et demeuraient suspendues dans la pièce. J'ai aussi fait l'expérience d'une double conscience : j'étais consciente de moi-même, et en même temps, je pouvais « marcher » à côté de mon propre esprit et faire des sauts dans le temps à volonté. Plus tard dans ma vie, je me suis rendu compte que c'est exactement ce même « lieu » que je visite quand je fais des lectures pour mes clients.

Ce qui m'est arrivé cette nuit-là m'a laissé deux choses distinctes en héritage : la première est la blessure honteuse du viol, qui a mis des années à guérir, et la deuxième, et la plus importante, est cette double conscience que j'avais éprouvée. À partir de ce jour, j'ai été capable d'accéder à cet état de conscience à volonté, et il a fini par déclencher en moi une soif de connaître et de comprendre l'immensité de la conscience et de la perception humaines. Mais ce changement positif ne s'est pas produit immédiatement.

Pendant les quelques années qui ont suivi, j'ai continué à me placer dans des situations qui me mettaient en danger. J'étais confuse et je priais Dieu tout en étant persuadée qu'Il n'allait pas répondre à mon appel. Et ma mère m'avait fait promettre de ne jamais révéler ce qui m'était arrivé à quiconque, car elle avait elle-même été victime d'un viol collectif (au cours de la Deuxième Guerre mondiale, elle avait été agressée par un groupe de soldats russes pendant que son père adoptif était forcé de regarder).

Au début, je n'avais pas l'intention de parler du viol à qui que ce soit. J'ai gardé le secret jusqu'à ce que, un mois plus tard, je m'évanouisse en raison d'une hémorragie et d'une fièvre extrêmement élevée. Au cours du séjour à l'hôpital qui a suivi, j'ai révélé la vérité à mes parents éplorés. On m'a également annoncé, à l'âge de dix-neuf ans, que je ne pourrais probablement jamais avoir d'enfant.

Il m'a fallu neuf années de plus pour atteindre le fond du baril. L'alcool et la drogue ne me permettaient plus de faire taire mes intuitions, mais les messages que je percevais étaient déformés et filtrés par mon ego endommagé. Je me percevais comme une victime, et cela est devenu, tout comme ma honte, une excuse pour m'autodétruire.

J'ai vécu avec les hommes des relations qui reflétaient la violence à laquelle j'en étais venue à m'attendre, et je fréquentais des gens complètement fous qui ne pensaient qu'à faire la fête. Ma vie consistait surtout à aller dans les bars et à passer la nuit à festoyer. Quand je n'étais pas occupée à m'éclater, je travaillais dans des bars, des agences de *télémarketing* et des boutiques de vêtements, et je tentais de percer en tant que chanteuse et auteure-compositrice. Malheureusement, j'échouais à tout ce que j'entreprenais. Je vivais des expériences singulières et indéniables au chapitre de l'intuition, mais je les repoussais et les considérais comme des hallucinations. Et je songeais au suicide tous les jours.

À mesure que mon don d'intuition devenait de plus en plus difficile à réprimer, j'ai fini par cesser d'essayer. À postériori, bien sûr, je comprends clairement que je possédais un sixième sens qui me permettait de percevoir avec acuité les gens autour de moi, ce qu'ils vivaient et ce qui allait leur arriver. Mais comme je n'étais jamais sobre, je ne pouvais utiliser ce don à bon escient.

Un soir, lors d'une fête, j'ai entendu deux hommes discuter et partager leur frustration d'avoir perdu leur passeport. L'un des hommes avait dissimulé les passeports dans une cachette, mais lorsqu'il avait voulu les reprendre, ces derniers avaient disparu. En un éclair, j'ai aperçu la personne précise qui avait subtilisé les documents, et l'endroit où elle les avait cachés.

Dans mon esprit, je voyais un tapis persan et, en regardant à travers le tapis, je pouvais « voir » les passeports, et même voir que l'un d'entre eux contenait des billets de banque. Le jour suivant, je me suis rendue à une autre soirée avec ma meilleure amie de l'époque. La maison où nous sommes allées m'était inconnue, mais j'ai su immédiatement qu'il s'agissait de l'endroit où les passeports avaient été dissimulés.

Quand on m'a présentée à l'homme qui était l'hôte de la soirée, je l'ai reconnu… même si je ne l'avais jamais rencontré auparavant. Plus tard dans la soirée, alors que je cherchais la salle de bain, je me suis retrouvée dans une pièce et, lorsque j'ai tourné mon regard vers le sol, j'ai aperçu le tapis que j'avais vu auparavant. Après avoir soulevé le tapis et repéré les passeports, j'ai pris les biens volés et suis allée avertir ma copine de ce que j'avais trouvé. Je lui ai affirmé que nous devions remettre ces documents à leurs propriétaires, mais elle m'a convaincu que cela ne nous regardait pas. Elle m'a expliqué qu'il nous fallait quitter la fête et ne jamais parler à quiconque de ma découverte, car personne ne nous croirait. En effet, tout cela semblait trop étrange pour être vrai.

J'ai remis les passeports où je les avais trouvés, et nous avons quitté les lieux. Mais par la suite, ma conscience ne cessait de me tourmenter. Je croyais avoir eu cette vision pour faire le bien et aider quelqu'un, et je me sentais coupable de ne pas avoir retourné les passeports volés. À la suite de cet incident, ma copine me taquinait souvent en m'appelant «411», et disait aux gens, à la blague : «Si vous avez besoin d'un renseignement, adressez-vous à Colette-la-bizarre.»

À cette même époque, j'avais une amie qui s'intéressait beaucoup au jeu de tarot, et même si elle n'avait pas beaucoup d'intuition, elle ne se lassait jamais de tirer les cartes pour elle-même et pour les gens de son entourage. J'ai lu certains des livres de sa bibliothèque qui portaient sur la faculté de communiquer avec les esprits au moyen d'objets, les présages et les rituels, ainsi que sur l'histoire des pratiques divinatoires dans différentes cultures. Ces livres m'intéressaient fortement, parce que je reconnaissais en moi les facultés qu'ils décrivaient.

Une autre amie, qui était beaucoup plus âgée que moi et qui s'intéressait aussi aux tarots, m'a offert mon premier jeu. Je n'ai jamais vraiment appris à tirer les cartes selon les règles traditionnelles. J'ai plutôt trouvé un moyen de déchiffrer intuitivement leurs symboles afin de confirmer ce que je perçois déjà. (Dans ma pratique professionnelle, je les considère toujours comme un outil fort utile lors de mes séances.)

L'une des cartes du jeu m'intéressait plus que les autres, celle de la Lune. Aujourd'hui, je sais qu'il s'agit de l'archétype et du symbole des forces invisibles qui existent dans le monde et chez les êtres humains. La Lune est une image qui représente les mouvements de l'inconscient. Dans le tarot traditionnel, elle représente, du côté positif, un éveil psychique qui peut enrichir la vie d'une personne. Du côté négatif, elle peut évoquer le mystère de la dépendance et les conséquences d'une psyché tourmentée. Ainsi, grâce au tarot, la Lune et moi avons poursuivi notre relation à la fois familière et étrangement fascinante.

L'intérêt que je portais aux cartes de tarot était une constante source de divertissement pour moi-même et mon entourage, mais la création musicale demeurait ma priorité. Cette activité constituait mon seul lien avec un univers où je pouvais m'exprimer pleinement, et durant cette période, j'écrivais beaucoup de chansons. L'angoisse peut alimenter grandement la poésie, et je vibrais musicalement au contact de ce que je percevais comme la souffrance profonde du monde. Nous étions au début des années 1980, et l'abondante production musicale de l'époque m'inspirait au plus haut point.

Je me voyais comme une chanteuse blessée, concurrente secrète au concours de « *Miss* Victime du monde », et ce sentiment influait sur ce que je créais. Mais dans ma quête d'un faux sentiment d'affirmation par rapport au monde, je produisais tout de même une musique empreinte de quelque chose d'indéniablement authentique que, même moi, je n'arrivais pas à détruire. Je blaguais souvent sur mon envie d'être une rock star et de « devenir célèbre », mais je croyais secrètement qu'une réussite professionnelle dans l'industrie de la musique contribuerait à faire de moi une personne entière, et que la reconnaissance dont je rêvais me débarrasserait de toute cette saleté dont je me croyais toujours entachée.

Aujourd'hui, je suis très reconnaissante que rien de décisif ne soit arrivé à cette époque dans ma carrière, car il n'y a pas de doute que j'aurais été l'une de ces victimes du succès. Je ne crois pas que j'aurais pu faire face à la réalité : les applaudissements et l'argent n'auraient pas réussi à me changer. J'aurais fait une surdose ou, égoïste comme j'étais, je me serais suicidée. Je suis convaincue de cela, parce qu'entre l'âge de vingt et de vingt-deux ans, j'ai fait plus d'une tentative.

Je savais que ma consommation de drogues était problématique longtemps avant que j'arrive enfin à l'arrêter, et même bien avant que je ne commence à penser à le faire. Dès l'âge de vingt-deux ans, j'avais peur de moi-même et de mes expériences. Étourdie par l'alcool et marquée par les douleurs irrésolues de mon passé, j'ai poursuivi ma spirale autodestructrice descendante. Puis, je me suis littéralement retrouvée en enfer et j'ai atteint le fond du baril quand j'ai commencé à fumer de la cocaïne (on n'appelait pas encore cette substance «crack» à l'époque). Je sais mieux que quiconque ce que c'est que de sombrer dans la démence et de perdre tout respect pour soi-même ainsi que tout sens moral et d'abandonner la décence humaine la plus élémentaire en raison d'une dépendance à la drogue. J'aurais dû en mourir, et cela a failli m'arriver bien des fois, mais Dieu avait prévu autre chose pour moi.

En 1985, juste après la fête de l'Halloween, ma famille a traversé une profonde crise : nous avons dû euthanasier notre chien bien-aimé parce qu'il était atteint du cancer et que nous n'avions pas les moyens de payer les frais de vétérinaire. À l'âge de 75 ans, mon père a tout perdu. Quelques millions de dollars ont disparu du jour au lendemain, de même que notre maison et, ce qui était pire que tout, la fierté et la dignité de mon père. Il restait assis pendant des heures, les yeux dans le vide, à fumer des cigarettes, affaibli à la suite de plusieurs AVC successifs et des débuts de la maladie d'alzheimer. Pendant ce temps, ma mère pleurait, terrifiée à l'idée que le peu d'argent qu'il nous restait ne puisse pas couvrir nos dépenses.

Je n'oublierai jamais le soir où j'ai remis ma vie entre les mains de Dieu. J'étais allée rencontrer un vendeur de drogue qui me fournissait «gratuitement» ce dont j'avais besoin. J'ai gravi les escaliers jusqu'à la salle de bain et je me suis regardée dans le miroir. Pour la première fois, je me suis vue comme j'étais vraiment : démoralisée, en faillite à tous points de vue et dénuée de toute humanité. J'avais le blanc des yeux jaune en raison d'une jaunisse, ma peau était toute plissée par la déshydratation, mes dents se déchaussaient et mes gencives saignaient. J'ai aperçu sur mon corps des blessures que je n'avais pas remarquées auparavant, notamment de grosses ecchymoses dont je ne me rappelais même plus l'origine.

J'avais tout donné pour maintenir ma consommation de drogue, et je savais que j'allais mourir. À ce moment-là, j'ai récité une prière, ce qui ne m'était pas arrivé depuis des années, avec toute l'honnêteté dont mon cœur et mon âme étaient capables. Tout en tremblant de tous mes membres et en agrippant l'évier avec mes mains sales, j'ai crié : « Aidez-moi ! »

Certains diront que ce qui s'est produit ensuite n'était qu'une hallucination causée par les drogues, mais je sais qu'il n'en est rien. J'ai aperçu dans le miroir une lumière iridescente qui m'enveloppait. C'était comme si j'étais entrée dans une bulle, et tout ce qu'il y avait autour de moi semblait plus clair. J'étais calme et j'avais la certitude absolue que cette période noire de ma vie avait pris fin. J'étais convaincue que je ne remettrais plus jamais les pieds dans la maison de ce vendeur de drogue. Je ne comprenais pas comment, mais quelque chose de profond me parlait, me disant que tout irait bien et que je devais lâcher prise. C'est ce que j'ai fait, et je ne l'ai jamais regretté.

(Extrait de *Mémoires de demain, ou, Comment renouer avec son intuition*, Éditions AdA, 2007)

Frank H. Boehm, M.D.

Frank H. Boehm, M.D., auteur de *Doctors Cry, Too,* est professeur d'obstétrique et de gynécologie et directeur du service de médecine maternelle et fœtale à l'École de médecine de la Vanderbilt University à Nashville, au Tennessee. Il est aussi président du comité d'éthique au Centre médical de cette université. Diplômé de l'École de médecine de la Vanderbilt University et du programme d'internat et de résidence de l'hôpital de Yale-New Haven, il est spécialiste des grossesses à risque élevé, domaine que l'on appelle la périnatologie.

Le Dr Boehm a trois enfants, Todd, Tommy et Catherine, ainsi qu'une petite-fille, Riley Isabel. Il partage sa vie avec sa femme Julie, entre Nashville, Tennessee, et Boca Raton, en Floride.

Pas besoin de « Caméra vidéo »

Partout où je vais, je vois des gens munis de «caméras vidéo», pointant leur appareil vers le monde qui les entoure, dans le but, je suppose, d'immortaliser le moment qui passe.

Je tiens à préciser tout de suite que je ne possède pas de «caméra vidéo». Je n'ai rien contre la technologie moderne, mais je crois simplement posséder la meilleure «caméra vidéo» qui soit : mes deux yeux et mon cerveau. Après tout, il s'agit habituellement de la seule «caméra» dont nous disposons quand surviennent des moments uniques.

Par exemple, ce sont les yeux qui captent cette expression de joie qui illumine le visage de votre enfant lorsqu'il se met à danser spontanément au rythme de la musique. Ou peut-être est-ce cette dernière étreinte avec un être cher qui vous fait monter les larmes aux yeux et suscite en vous un désir conscient et intense de vous rappeler tous les détails de cet instant...

Ainsi, je possède une merveilleuse «bande vidéo» d'un moment très spécial de ma vie. Que j'aie les yeux ouverts ou fermés, je peux le revoir en couleur. Je n'ai besoin d'aucune machine pour le projeter ni de pièce spéciale pour le visionner.

C'était le dernier hiver que mon père passait en Floride, endroit qu'il aimait plus que tout au monde. Étant donné que lui et moi avions une relation particulière, empreinte d'amour, chacune de mes visites à Fort Lauderdale pendant les vacances d'hiver nous réchauffait tous deux énormément le cœur. Comme d'habitude, cette année-là, je lui ai téléphoné de la maison familiale de mon épouse dès mon arrivée, et nous nous sommes donné rendez-vous sur la plage. Étant donné qu'une distance d'un peu plus de trois kilomètres nous séparait, je devais me rendre au pas de course vers le sud jusque chez lui, pendant qu'il marcherait vers le nord à ma rencontre.

Tout en courant lentement le long de la plage au milieu des adeptes du bronzage et des baigneurs, j'écoutais les vagues et le bruit du vent ainsi que la superbe musique qui parvenait à mes oreilles grâce à un petit appareil radio attaché à ma ceinture. Le soleil brillait de ses chauds et bienveillants rayons, le sable sous mes pieds me procurait une sensation des plus agréables et, par-dessus tout, j'avais hâte de revoir mon père. J'étais rempli de joie.

J'ai vu mon père arriver de loin. Sa démarche, si semblable à la mienne, était inimitable, et m'assurait que c'était bien l'auteur de mes jours qui marchait vers moi en cette belle journée ensoleillée, sur une plage de Lauderdale.

Puis, quelque chose de merveilleux s'est produit. Incapable de courir en raison de son âge, mon père a ouvert les bras comme pour m'étreindre et, en marchant plus rapidement que de coutume, il s'est avancé ostensiblement vers moi en arborant son sourire familier et rassurant. J'ai alors moi aussi ouvert les bras et couru vers lui sur les quelque 45 mètres restants, le vent dans le dos, le soleil dans le visage et la musique dans les oreilles.

Mon cœur débordait de joie. J'ai senti mes yeux s'humecter en m'approchant des bras accueillants de mon père, et nous nous sommes étreints chaleureusement. Pas un mot ne fut prononcé. Seule prévalait la vibration de nos cœurs qui battaient et notre énorme fierté.

Soudainement, nous avons entendu des applaudissements. D'autres personnes qui déambulaient sur la plage, dont un grand nombre avaient l'âge de mon père, avaient été témoins de ce délicieux moment entre père et fils, et se sentaient aussi émus que nous. Nous avons éclaté de rire et, bras dessus, bras dessous, sommes partis à la rencontre de ma mère, qui nous attendait impatiemment.

Ayant reçu une formation en médecine, je suis peut-être plus attentif à ce qui m'entoure et au langage corporel des gens avec qui j'entre en interaction, mais je sais que nous avons tous la capacité de mettre en marche notre propre «caméra vidéo» lors de ces moments spéciaux. Il suffit de s'entraîner et de vouloir en faire usage.

Ce moment unique sur la plage, survenu lors de cette belle journée d'hiver ensoleillée, avec tous ces détails saisissants, est resté gravé dans ma mémoire pour toujours. Il ne s'effacera que lorsque, comme allait le faire mon père bien-aimé l'automne suivant, je rendrai mon dernier souffle.

Dieu merci, j'avais ma caméra avec moi ce jour-là.

(Extrait de *Doctors Cry, Too*, Hay House, 2001)

Joan Z. Borysenko, Ph.D.

Joan Z. Borysenko, Ph.D., est l'une des principales expertes dans les domaines du stress, de la spiritualité et du lien corps-esprit. Titulaire d'un doctorat en sciences médicales de l'École de médecine de l'Université Harvard, elle est psychologue clinicienne agréée ainsi que cofondatrice et ancienne directrice des programmes cliniques sur le lien corps-esprit au Centre de médecine Beth Israel Deaconess de l'École de médecine de l'Université Harvard.

Actuellement présidente et chef de la direction de Mind/Body Health Sciences, Inc., Joan est une conférencière de réputation internationale et une consultante dans les domaines de la santé et de la spiritualité des femmes, de la médecine intégrative et du lien corps-esprit. Elle est l'auteure de nombreux livres, notamment les *best-sellers* : *Dire oui au changement*, *Inner Peace for Busy People* et *Inner Peace for Busy Women*.

Site Web : www.joanborysenko.com

LES ERREURS SONT COMMISES AU SERVICE DE L'AMOUR

Ma mère était une femme merveilleuse. Cette histoire fait partie de son héritage et constitue une leçon sur l'art spirituel du pardon. Chaque fois que je la raconte, j'éprouve une profonde gratitude pour ce présent qu'a été la vie de ma mère, et ce sentiment me prend toujours par surprise, comme si je voyais son âme face à face pour la toute première fois. Pour moi, le processus de pardon que nous avons vécu ensemble est véritablement magique, en partie parce que j'éprouve toujours le même sentiment intense de nouveauté chaque fois que j'évoque ce moment unique, peu importe le nombre de fois que je raconte l'histoire. Et à travers cette sensation de nouveauté, un peu de grâce se transmet aux personnes qui lisent ou entendent cette histoire.

Le matin de sa mort, à la fin des années 1980, ma mère a été transportée au sous-sol de l'hôpital où je travaillais. Elle avait une hémorragie interne, et on l'avait transférée en radiologie pour déterminer la source du problème. Elle y est restée pendant des heures. Inquiète, ma famille, qui s'était rassemblée dans sa chambre pour le dernier au revoir, m'a finalement demandé de partir à sa recherche. Je l'ai trouvée seule, étendue sur une civière, dans un couloir de l'hôpital. Elle attendait depuis des heures de passer une radiographie, avec pour seuls compagnons les murs dégarnis de l'institution.

Après avoir trouvé le médecin responsable, je lui ai demandé si je pouvais ramener ma mère à sa chambre. Le spécialiste a secoué la tête de droite à gauche en fronçant les sourcils. «Je suis désolé, mais elle souffre de saignements, m'a-t-il répondu. Nous devons faire un diagnostic.»

Ma mère, aussi pâle que le drap sur lequel elle reposait, a soudainement pris quelques couleurs et s'est exclamée, en ouvrant un œil : «Un diagnostic? C'est tout ce que vous cherchez? Vous voulez dire que je suis restée ici toute la journée seulement parce que vous avez besoin d'un diagnostic? Pourquoi ne me l'avez-vous pas demandé?»

Le médecin, qui semblait avoir vu une apparition, est resté bouche bée pendant un moment. Finalement, il a bredouillé d'une voix faible : «Qu… Qu'est-ce que vous voulez dire?»

«Je suis mourante, le voilà, votre diagnostic», a répondu ma mère avec son humour habituel. Le médecin a eu le bon sens de ne pas s'obstiner, et j'ai pu le convaincre de me laisser la ramener à sa chambre. Nous devions attendre un préposé pour le transport, mais elle m'a supplié de partir sur-le-champ et de la ramener au plus vite auprès de sa famille avant que quelqu'un d'autre ne lui fasse perdre du temps. Enfin, nous nous sommes retrouvées seules dans l'ascenseur, en route vers sa chambre. De sa civière, elle a tourné les yeux vers moi, le regard transparent comme c'est souvent le cas chez les jeunes enfants et les personnes âgées. Il n'y avait aucun artifice; elle était qui elle était. Elle m'a pris la main, m'a regardée dans les yeux, et a dit très simplement qu'elle avait commis beaucoup d'erreurs en tant que mère, puis m'a demandé de lui pardonner. En l'espace de ce bref trajet d'un étage à l'autre, la douleur de toute une vie s'est évaporée.

J'ai embrassé sa main, puis sa joue moite. «Bien sûr que je te pardonne, ai-je dit tout bas, la gorge nouée. Et toi, peux-tu me pardonner pour les nombreuses fois où je t'ai jugée, et les nombreuses fois où je n'ai pas été là pour toi? J'ai commis bien des erreurs en tant que fille, moi aussi.» En souriant, elle m'a fait signe que oui de la tête pendant que ses yeux chassieux, qui avaient jadis été d'un bleu cobalt plus beau que le ciel, se remplissaient de larmes. L'amour avait bâti un pont sur une vie entière de culpabilité, de douleur et de honte.

Quand nous sommes arrivées à sa chambre, chaque membre de la famille a pu passer quelques minutes seul avec elle pour lui dire au revoir. Puis, à mesure que le jour passait et que les ombres s'étiraient, et que le crépuscule printanier tombait autour de nous comme un rideau, tout le monde a fini par quitter les lieux, sauf moi, mon frère Alan et mon fils Justin. C'est nous qui allions veiller ma mère.

Justin était alors un jeune homme de vingt ans. Il aimait profondément cette grand-mère qui l'avait toujours défendu. Il semblait savoir intuitivement ce qu'une personne qui est sur le point de mourir a besoin d'entendre : que sa vie a eu un sens, et que le monde est un peu meilleur grâce à son passage sur terre. Il lui a raconté des histoires sur les bons moments qu'ils avaient passés ensemble, et lui a dit à quel point son amour l'avait soutenu. Justin a serré sa grand-mère mourante dans ses bras, lui a chanté des chansons, lui a adressé des prières et lui a lu des livres pendant une bonne partie de la dernière soirée qu'elle a passée parmi nous. J'étais vraiment fière de lui.

Au moment des naissances et des décès, des choses inhabituelles surviennent souvent. Le voile qui sépare notre monde et celui qui vient après devient très mince lors de ces étapes charnières, véritables carrefours où des âmes arrivent et d'autres s'en vont. Vers minuit, ma mère est tombée dans un dernier sommeil, induit par la morphine. Justin et moi sommes restés seuls avec elle, mon frère ayant pris une pause. Nous méditions de chaque côté du lit. Mais j'étais éveillée, non pas endormie, et parfaitement lucide ; je ne rêvais donc pas. Soudain, le monde a semblé basculer sur son axe, et j'ai eu une vision. Si cela vous est déjà arrivé, vous savez que les visions ont souvent l'air plus vrai que la réalité. Tout d'un coup, c'est la vie qui ressemble à un rêve, et la vision est perçue comme une incursion dans une réalité plus profonde.

Dans la vision, j'étais une mère de famille enceinte, en train de mettre son enfant au monde. J'étais aussi l'enfant qui naissait. C'était une expérience étrange, mais qui m'était néanmoins profondément familière, que d'être une seule et même conscience présente dans deux corps différents. Habitée par un profond sentiment de certitude, j'ai compris qu'il n'y avait qu'une seule conscience dans tout l'univers. En dépit de l'illusion que nous sommes tous distincts, nous ne faisons qu'*un*, et cette entité unique est le divin.

À mesure que l'enfant se déplaçait le long du canal génital, ma conscience s'est entièrement déplacée dans son corps minuscule. Je me suis sentie descendre le long de ce tunnel sombre. C'était effrayant, comme une sorte de mort, et j'ai quitté l'obscurité humide de la matrice pour intégrer un territoire inconnu. J'ai alors soudain émergé en un lieu empreint d'une paix parfaite, où régnait un confort total et qui était baigné par une lumière ineffable, du genre de celle dont parlent les gens qui ont vécu une expérience de mort imminente.

Cette lumière est absolument impossible à décrire. Aucun mot ne peut décrire l'amour total, le pardon absolu, la tendre clémence, la béatitude divine, la vénération entière, l'imposante plénitude et la paix éternelle qu'est cette lumière. Cette lumière d'amour divine semblait pénétrer à l'intérieur de mon âme. J'avais l'impression qu'elle connaissait toutes les pensées, les motivations, les actions et les émotions qui m'avaient habitée au cours de cette vie. En dépit de mes défauts évidents et de mes terribles erreurs, la lumière m'enveloppait avec une délicatesse absolue, comme un petit enfant, et un pardon total ainsi qu'un amour inconditionnel émanaient d'elle. Bercée par la lumière, j'avais la certitude que ce que nous sommes et ce que nous devenons, c'est tout simplement l'amour.

Des scènes montrant ma mère et moi ont défilé devant mes yeux. Nombre d'entre elles portaient sur des moments difficiles où nos cœurs étaient fermés et où nous n'étions pas à notre meilleur. Mais vues à travers la lumière, toutes ces interactions semblaient parfaites, et m'enseignaient comment être capable de mieux aimer. À mesure que défilaient les scènes, la mystérieuse circularité de la vie s'est imposée comme une évidence. Ma mère avait présidé à mon entrée dans ce monde, et j'accompagnais son âme à sa sortie de ce même monde. Nous ne faisions qu'un. Au moment de sa mort, je connaissais une véritable renaissance, enveloppée d'amour, de pardon et de gratitude. J'ai pensé aux paroles de saint Paul, qui disait que nous voyons les choses à travers un miroir, en énigmes. L'espace d'un moment, j'ai eu la possibilité de les voir face à face.

Quand j'ai ouvert les yeux, toute la pièce était inondée de lumière. La paix était une présence palpable, une douce immobilité, l'essence de l'être. Toutes les choses semblaient reliées entre elles, sans limites. Je me suis souvenue des explications de mon professeur de chimie, au secondaire, qui nous avait appris que toute matière était constituée de lumière et d'énergie. Ce soir-là, j'ai compris ce que cela voulait dire. Tout ce qui existait faisait partie d'un tout, palpitant à l'unisson avec la lumière de la Création. J'ai regardé mon fils, assis en face de moi, de l'autre côté du corps de ma mère. Son visage était lumineux, comme s'il était entouré d'un halo. Justin pleurait doucement, et ses larmes étaient comme des diamants étincelants de lumière. Je me suis levée et j'ai contourné le lit, puis j'ai placé une chaise à côté de mon fils. Il m'a regardée dans les yeux et m'a demandé tout doucement si je pouvais voir que la chambre était inondée de lumière. J'ai fait signe que oui, et nous sommes demeurés silencieux, main dans la main. Au bout d'un moment, il a dit tout bas, révérencieusement, que la lumière était un ultime présent de sa grand-mère. «Elle tient la porte de l'éternité ouverte pour que nous puissions avoir un aperçu de ce que c'est», m'a-t-il dit.

En me regardant toujours intensément dans les yeux, Justin a prononcé des paroles émanant d'un puits de sagesse reflétant une maturité bien au-delà de ses vingt ans. «Tu dois te sentir vraiment reconnaissante à l'égard de ta mère», a-t-il ajouté. Je comprenais exactement ce qu'il voulait dire. J'avais été une fille ingrate, qui en avait voulu pendant des années à sa mère, femme au caractère difficile. Désormais, mon cœur débordait de gratitude, ce qui était une émotion toute nouvelle à l'endroit de ma mère.

Justin avait eu lui aussi une vision, dont il ne m'a jamais révélé les détails. Mais il m'a dit des choses inoubliables dans cette chambre d'hôpital où reposait l'enveloppe charnelle, vieille de 81 ans, de sa grand-mère bien-aimée. Ma mère, m'a-t-il dit, était une âme riche, un être sage qui possédait beaucoup plus de sagesse que ce que son rôle dans cette vie lui avait permis d'exprimer. Elle avait joué un rôle beaucoup plus modeste que celui qui aurait été à sa mesure, afin que j'aie quelqu'un contre qui résister. Car c'est en lui résistant que j'allais pouvoir devenir moi-même. Mon rôle dans la vie, m'a-t-il expliqué, était de partager ce que j'avais appris à propos de la guérison, de la compassion, de Dieu et de la découverte de soi, et ma mère avait joué un rôle vital pour que je puisse accomplir ma destinée.

J'ai regardé par terre pour me ressaisir quelque peu, puis j'ai de nouveau plongé mon regard dans les doux yeux verts de mon fils. « Peux-tu me pardonner, Justin ? Je sais que j'ai commis beaucoup d'erreurs en tant que mère. Sais-tu combien je t'aime ? »

Il a pris ma main. « Les erreurs sont commises au service de l'amour », m'a-t-il répondu à voix basse.

Puis l'énergie qui habitait la chambre a changé, la lumière s'est atténuée, et nous nous sommes étreints pendant un long moment. Quand nous nous sommes séparés, Justin m'a dit en riant : « Hé ! maman, tu m'as infligé exactement les blessures qu'il me fallait. »

Aussitôt, nous nous sommes levés et avons exécuté ensemble une petite danse loufoque que nous avions vue un jour à la télévision dans l'émission de *Ren and Stimpy*, deux personnages de bande dessinée. « Bonheur, bonheur, joie, joie ! » chantions-nous en dansant avec abandon dans cette pièce où reposait le corps sans vie d'une mère et d'une grand-mère, dont l'amour nous avait tous deux touchés de façons si différentes.

« N'oublie pas que tu me pardonnes, chéri, ai-je rappelé à Justin quelque temps plus tard, car je suis certaine que je n'ai pas fini de faire des erreurs. »

Au cours des vingt années et plus que nous avons partagées ensemble depuis la mort de ma mère, Justin et moi avons tous deux fait des erreurs, et nous en avons pris la responsabilité et fait amende honorable du mieux que nous avons pu. Mais la grâce qui est celle du pardon entre mère et enfant, et le sentiment que nous sommes tous ici, ensemble, pour apprendre à aimer, ont rendu le processus beaucoup plus facile. Ne serait-ce que de cela, je serai éternellement reconnaissante.

(Extrait de *Inner Peace for Busy Women*, Hay House, 2003)

Gregg Braden

Melissa Sherman

L'auteur Gregg Braden, dont les ouvrages ont figuré sur la liste de *best-sellers* du *New York Times* et qui est souvent invité à des conférences internationales et des émissions spéciales dans les médias, explore le rôle de la spiritualité dans la technologie. Depuis *L'éveil au point zéro*, livre révolutionnaire, à *Marcher entre les mondes*, véritable travail de pionnier, en passant par *L'effet Isaïe*, *Le code de Dieu*, et *La divine matrice*, qui ont semé la controverse, Gregg s'aventure au-delà des frontières traditionnelles de la science et de la spiritualité, et offre des solutions pleines de sens aux défis de notre temps.

Site Web : www.greggbraden.com

MON AMI MERLIN

C'est avec des animaux que j'ai établi certaines de mes relations les plus profondes et durables. Au début des années 1990, j'animais une semaine combinant ateliers de formation et retraite fermée dans une auberge du mont Shasta, en Californie. C'est là qu'un minuscule chaton noir, qui s'était aventuré dans les couloirs de l'auberge, est entré dans ma chambre et en même temps dans mon cœur, et ne l'a plus jamais quitté.

Mon nouvel ami était né environ cinq semaines plus tôt d'une jeune femelle qui n'avait jamais eu de portée auparavant et avait été incapable de nourrir ses petits. Lorsque les employés de l'auberge ont découvert ce qui s'était produit, ils ont conclu que tous les chatons étaient morts. Quelques jours plus tard, toutefois, un petit miracle est survenu. La maman chat a émergé de sa cachette en transportant dans sa gueule un petit paquet d'os et de fourrure qui avait réussi à survivre pendant tout ce temps sans nourriture! Le personnel s'est immédiatement employé à nourrir le chaton pour le ramener à la vie. En l'honneur de sa force magique et de son énorme volonté de vivre, ils l'ont nommé Merlin.

Quand il est arrivé à ma chambre ce soir-là, Merlin a ronronné et miaulé à la porte jusqu'à ce que je cède à mon besoin de sauver tous les animaux de la planète et que je lui ouvre enfin. Au cours de la semaine qu'a duré le programme, il dormait avec moi toutes les nuits et s'asseyait à mes côtés tous les matins pendant que je prenais le petit-déjeuner dans ma chambre. Il me regardait me raser, assis à côté de l'évier de la salle de bain, et piétinait joyeusement les diapositives 35 mm (c'était *avant* l'arrivée du *PowerPoint*!) que je préparais pour les ateliers du lendemain. Chaque matin, il s'installait sur le rebord de la baignoire pendant que je me douchais, et s'amusait à attraper dans sa gueule des gouttelettes d'eau qui s'échappaient de la cabine. À la fin de la semaine, nous étions devenus bons amis, et j'étais devenu très attaché à ce petit miracle doté d'une indomptable volonté de vivre.

Au terme d'une série de synchronicités qui se sont produites par la suite, Merlin et moi avons fait ensemble un voyage en voiture à travers le pays pour nous rendre chez moi, dans la région désertique du nord du Nouveau-Mexique. Il est rapidement devenu ma «famille» et, pendant les trois années qui ont suivi, il s'installait à mes côtés tous les soirs alors que je préparais le repas, et il s'endormait à côté de mon vieil ordinateur Apple pendant que j'écrivais mon premier livre.

Un soir, Merlin est sorti à l'extérieur, comme il le faisait toujours à cette même heure du jour, et je ne l'ai plus jamais revu. C'était l'été 1994, la même semaine où une énorme comète entrait en collision avec Jupiter. Au début, j'ai cru qu'il avait décidé d'explorer les environs et qu'il reviendrait bientôt. Je me suis dit que Merlin s'était peut-être engagé dans le désert en s'orientant à partir des lignes magnétiques de la Terre, comme le font les oiseaux et les baleines, ces mêmes champs magnétiques qui avaient été dérangés cette semaine-là par l'étrange effet de Jupiter. Peut-être ces lignes, ainsi modifiées, l'avaient-elles mené en un lieu inconnu. Mais une multitude d'autres raisons pouvaient également expliquer sa disparition. Un fait demeurait : Merlin n'était plus là.

Au bout de deux jours, j'ai commencé à faire des recherches. Je n'ai pas répondu au téléphone et j'ai cessé mes activités professionnelles pendant presque une semaine, et j'ai parcouru de long en large les champs situés au nord de la ville de Taos, au Nouveau-Mexique. S'était-il pris dans un piège installé par les éleveurs pour stopper les coyotes qui dévoraient leurs moutons? Peut-être était-il resté enfermé dans un vieux bâtiment ou un puits et qu'il ne pouvait plus en sortir ? Pendant des jours, j'ai fouillé les nids de hiboux et cherché dans tous les terriers de blaireaux et les tanières de coyotes que j'ai pu trouver. Enfin, j'ai cessé de chercher Merlin et commencé à porter attention aux traces qu'il aurait pu laisser : sa fourrure ou son collier. Là aussi, tous mes efforts se sont révélés vains.

Un matin, j'étais étendu dans mon lit, juste avant le lever du soleil, dans un état de demi-sommeil proche du rêve, et j'ai simplement demandé un signe. J'avais besoin de savoir ce qui était arrivé à mon ami. Avant même que j'aie fini de formuler la question dans mon esprit, quelque chose est survenu qui n'était jamais arrivé auparavant et ne s'est jamais reproduit depuis. Du grenier où se trouvait ma chambre, dans ma maison, j'ai entendu un bruit venant de l'extérieur, puis un autre, et un autre. En quelques secondes, provenant de plusieurs directions à la fois et encerclant complètement la maison, le cri inimitable des coyotes s'élevait avec une intensité que je n'avais jamais connue depuis toutes les années où j'avais vécu à cet endroit.

Pendant ce qui m'a semblé être de longues minutes, les coyotes ont aboyé et hurlé, puis se sont arrêtés aussi soudainement qu'ils avaient commencé. Les yeux inondés de larmes, j'ai dit tout haut : « Je crois que Merlin n'est plus avec moi. » À ce moment-là, j'ai vu ce qui était arrivé à mon ami. Je savais que les coyotes l'avaient attaqué et que je ne le reverrais plus jamais.

Plus tard cette même journée, je me suis mis à voir des coyotes partout sur ma propriété, en plein jour ! Bien sûr, j'en avais vus par le passé, mais ils apparaissaient toujours au coucher du soleil ou juste avant le lever du jour. Ce jour-là, il y en avait partout, en plein milieu de l'après-midi. Certains étaient solitaires, d'autres en groupes de deux ou trois, et il y avait des jeunes et des familles entières ; tous déambulaient tranquillement dans les champs.

Voici la raison pour laquelle j'ai choisi de raconter cette histoire. La disparition de Merlin m'a fait mal. Ce chagrin aurait pu me donner envie de partir à la chasse et de tuer tous les coyotes que je rencontrais sur mon chemin, un à un, en pensant trouver « le coupable », celui qui m'avait pris mon ami. J'aurais pu aller me percher sur le toit d'un des bâtiments de ferme avec un fusil et venger la mort de Merlin jusqu'à ce qu'il ne reste plus un seul coyote dans la vallée. J'aurais pu faire tout cela… et rien n'aurait changé. Cela ne m'aurait pas rendu Merlin.

Je n'étais pas en colère contre les coyotes, mais je souffrais de l'absence de mon ami. Sa personnalité ainsi que les drôles de bruits qu'il faisait lorsqu'il chassait le « gros gibier », comme les papillons de nuit qui voletaient autour de la porte-moustiquaire, le soir, me manquaient. Je me rappelais avec nostalgie la façon dont il me regardait, à l'envers, alors qu'il était étendu de tout son long sur les dalles du parquet pour y trouver de la fraîcheur.

Cet après-midi-là, j'ai fait une promenade en voiture le long de la route de gravier qui traverse la vallée en direction de l'autoroute. C'est à cette occasion que j'ai vécu ma première expérience de bénédiction. Après avoir remonté les fenêtres de la voiture pour que personne ne puisse m'entendre (même s'il n'y avait probablement pas une âme qui vive à des kilomètres à la ronde !), j'ai béni Merlin, en lui rendant hommage et en le remerciant pour toute la joie qu'il avait apportée dans ma vie. C'était la partie facile. Puis, j'ai commencé à bénir les coyotes, en particulier ceux qui étaient responsables de sa mort. Peu après, je me suis mis à éprouver un étrange sentiment d'affinité avec eux. Je savais qu'ils n'avaient pas commis cet acte pour me blesser intentionnellement. Ils n'ont fait que ce que font les coyotes ! Je me suis ensuite béni moi-même, alors que je tentais de comprendre pourquoi la nature semble parfois si cruelle.

Au début, rien n'a semblé se produire. J'étais tellement blessé que je ne pouvais « intégrer » la bénédiction. Puis, après quelques répétitions, le changement a commencé à s'effectuer. Cela a commencé par une sensation de chaleur dans mon ventre, qui s'est intensifiée en se répandant dans tout mon corps et dans toutes les directions. Les larmes me sont montées aux yeux, et je me suis mis à sangloter abondamment. Je me suis garé sur le côté de la route et j'ai fait de mon mieux pour continuer mes bénédictions jusqu'à ce que je sois vidé de toute énergie. Je savais que, pour cette journée-là, les bénédictions étaient terminées.

Ce qu'il faut savoir à propos de la bénédiction, c'est que cet acte ne change pas le monde qui nous entoure, mais seulement nous-mêmes ! Grâce à notre volonté de reconnaître ce qui nous a fait du mal et de lâcher prise, le monde nous apparaît différemment et nous devenons des personnes plus fortes et plus saines.

Il est intéressant de mentionner que, depuis que j'ai fait la paix avec les coyotes, ce jour-là, je les entends parfois la nuit, mais je n'en ai jamais revu un seul sur ma propriété. L'année dernière, toutefois, j'ai aperçu un chat d'un tout autre genre : mon tout premier couguar. Elle s'était faufilée sous la clôture et s'était rendue jusque dans mon arrière-cour !

(Extrait de *Secrets de l'art perdu de la prière*, Éditions AdA, 2008)

Jim Brickman

Kevin Merrill

Grâce à ses incroyables talents de pianiste et d'auteur-compositeur, qui lui ont valu des nominations aux prix Grammy, Jim Brickman a vendu plus de six millions d'albums, en plus d'avoir à son actif plusieurs disques d'or et de platine. Il a donné des concerts télévisés à PBS, animé une émission de radio hebdomadaire et composé plusieurs chansons qui ont atteint le sommet des palmarès. Dans les salles de concert de tout le pays, Jim transforme une simple scène en un espace intime où l'imagination est souveraine, et utilise les notes de musique pour tisser un canevas où s'entremêlent émotion, couleur et énergie spirituelle. Il est l'auteur (avec Cindy Pearlman) de *Simple Things* et de *Love Notes*.

J'ADORE
LA VANILLE !

Un jour, à l'époque où j'étais en publicité, je travaillais sur un message publicitaire pour une importante chaîne de hamburgers que je m'abstiendrai de mentionner, parce que je ne tiens pas à recevoir un appel de ses avocats.

À mon arrivée à la séance de montage, tous les gens qui étaient présents se hurlaient après parce que les cornichons n'étaient pas assez gros, le hamburger avait l'air trop petit à côté des tranches de tomates et que, si un génie n'arrangeait pas tout ça illico, les oignons auraient alors l'air gigantesques. Je me suis mordu la lèvre pour ne pas rire, mais mon envie de rigoler fut de courte durée, car j'ai soudain entendu des mots que je n'oublierai jamais.

Un gros malin s'est écrié : «Et la musique aurait pu être écrite par Elmer Fudd dans ses heures de loisir !»

Il ne faut surtout pas avoir honte d'éprouver de la douleur, et je n'ai certainement pas oublié cette sensation ; lorsque votre estomac dégringole de quelques centaines de mètres, que votre cœur se met à danser le mambo et que votre crâne à vous fait tout à coup très mal, même si vous n'êtes pas du genre à souffrir de migraines.

Mais les insultes ne se sont pas arrêtées là. Le même matamore en a rajouté : «La musique est trop mièvre. Il ne s'agit pas d'un dessin animé !»

Les gens de la publicité sont cruels. Selon ma théorie, ils sont à ce point féroces parce qu'ils préféreraient écrire de la musique ou des livres, et ils croient que leurs bureaux rutilants et leurs cravates à la mode les autorisent à utiliser leur frustration comme s'il s'agissait d'un superpouvoir. Ils sont la *kryptonite* de votre *Superman*. Je m'excuse d'avance auprès des directeurs de publicité qui lisent ce texte. Bien sûr, je ne parle pas de vous, mais bien de vos collègues.

Lorsque j'ai commencé à écrire des refrains publicitaires, j'entendais souvent ces mots : «Jim, cette musique est détestable!» En fait, cela m'a aidé à de nombreux égards. À chaque rejet que je subissais, je gagnais une sorte de revêtement protecteur en téflon. Ce qu'on dit sur la nécessité de se construire une carapace est très vrai. Aujourd'hui, quand je me rends à ma compagnie de disques, je regarde autour de la pièce tous ces personnages influents du milieu de la musique, et je leur lance : «Salut, les gars. Lorsque je dis ceci, je suis vraiment sérieux : dites-moi ce que vous pensez de cette chanson.»

Je souhaite transmettre ici certains mots d'encouragement. Et je dis cela du fond de mon cœur.

Premièrement, si vous subissez un rejet, n'abandonnez surtout pas vos rêves. J'avais une amie qui étudiait en photographie à une importante université. Elle était extrêmement talentueuse, mais un certain professeur «émérite» n'aimait tout simplement pas les femmes. Il lui a fait la vie dure pendant tout un semestre, et par la suite, elle a décidé de réorienter ses études en commerce. Elle a complètement abandonné la photographie et laissé l'opinion d'une seule personne mettre fin au rêve de sa vie.

Si j'avais abandonné chaque fois qu'on m'a dit que je ne pourrais jamais devenir musicien professionnel, je serais aujourd'hui probablement assis dans le bureau d'un cadre d'une boîte de publicité qui me dirait : «Ta musique donne l'impression que le hot-dog est moins important que la moutarde.»

Le chanteur Richard Marx a été rejeté par douze maisons de disques avant de connaître le succès à l'échelle internationale. Sylvester Stallone s'est fait dire par la plupart des principaux studios de cinéma que *Rocky* était une idée de film stupide et que personne ne se déplacerait pour le voir. Et *Rocky* a gagné l'Oscar du meilleur film en 1976.

Ce que je veux dire, c'est qu'il n'y pas de notions de bon ou mauvais ; c'est toujours une question d'interprétation. Vous aimez la réglisse, et moi je la déteste. Vous adorez Madonna, et moi elle me laisse indifférente. J'aime le sucré, et vous le salé. Les saveurs de fruit me font fuir, mais je sais qu'il y a des gens qui adorent ces sucreries amères au goût de pomme. Moi, je ne jure que par les *M & M's* au chocolat.

Il existe toujours, et c'est très bien comme ça, une quantité d'aliments qui peuvent vous bloquer les artères et vous pourrir les dents. De toute évidence, nous n'avons pas tous les mêmes goûts. Et lorsqu'une personne vous rejette, que ce soit pour des raisons d'ordre professionnel, personnel ou gastronomique, cela veut tout simplement dire qu'elle ne partage pas vos goûts, un point c'est tout.

Au sein de ma compagnie de disques, certaines personnes ont toujours quelque chose à redire à propos de moi. Elles me suggèrent des choses comme celle-ci : « Jim, tu dois te fabriquer une image plus moderne. Nous n'aimons pas vraiment que tu racontes sur scène, quand tu prends la parole entre tes chansons, comment tu as appris à jouer du piano sur un morceau de feutre avant que ta mère ait les moyens de t'acheter un vrai instrument. »

Alors j'ai changé mon spectacle. Je me suis mis à sauter l'histoire du morceau de feutre. Puis, après le spectacle, quand je parlais avec des membres de mon public venus me voir en coulisses, on me disait à maintes reprises : « C'était un spectacle formidable, mais pourquoi n'avez-vous pas raconté l'histoire du morceau de feutre ? J'avais dit à mon mari : "Tu vas adorer cette partie où il raconte comment il a appris à jouer de la musique." »

Il se trouve toujours des gens pour dire, à propos de la vie des autres : « Nous n'aimons pas telle ou telle chose. » Je vous suggère d'adresser à ces cyniques une réponse très simple. Vous n'avez qu'à leur dire : «OK, que préféreriez-vous que je fasse?» Je parie que vous allez vous faire répondre : «Euh, je l'ignore.» Alors vous pourrez répliquer : «Eh bien, en attendant que vous le sachiez, je vais continuer de faire les choses à ma façon!»

Toutes les raisons sont bonnes pour rejeter quelqu'un : vous cuisinez ou embrassez mal, et j'en passe. Ce qui m'amène à parler des critiques, sujet que j'ai gardé pour la fin. De véritables maîtres du rejet. J'ai lu ce qui suit dans un journal : «La musique de Jim est très sirupeuse.» Ou, encore mieux, j'ai récemment été descendu par un journaliste (bien sûr, ma mère a découpé l'article dans le journal et me l'a envoyé) qui, il va sans dire, n'a pas été tendre : «Jim Brickman fait la musique la plus vanillée que j'aie jamais entendue de ma vie.»

Et moi je dis : *j'adore la vanille !* Je mets de la vanille partout, même dans mes boissons frappées protéinées. J'ai des bougies parfumées à la vanille. Et je connais de nombreuses personnes qui adorent elles aussi la vanille.

À bien y penser, je crois que cette critique ne s'adressait pas à moi, mais était en fait un mot d'encouragement pour tous les amateurs de vanille du monde…

(Extrait de *Simple Things*, Hay House, 2001)

Sylvia Browne

E. Chris Wisner

Sylvia Browne arrive au premier rang des auteurs figurant sur la liste des *best-sellers* du *New York Times*. Médium et voyante de renommée internationale, elle est souvent invitée aux émissions *The Montel Williams Show* et *Larry King Live*, en plus de faire d'autres innombrables apparitions en public et dans les médias. Grâce à sa personnalité terre à terre et à son grand sens de l'humour, Sylvia captive littéralement ses auditoires lors de ses tournées de conférences. Elle trouve tout de même le temps d'écrire des livres qui sont toujours extrêmement populaires ; elle a écrit notamment *Secrets et mystères de notre monde*, *Si vous pouviez voir ce que je vois* et *À la découverte des niveaux de la création*. Sylvia vit dans le nord de la Californie et prévoit continuer à écrire aussi longtemps qu'elle le pourra.

Site Web : www.sylvia.org

Mon paradis est ici même

J'apprends à comprendre la vie non seulement à partir de mes propres expériences, mais aussi au contact des autres. J'aimerais donc vous parler de sœur Francis et de quelques autres personnes.

Il y a environ quarante ans, j'étais enseignante de deuxième année à l'école Saint-Albert the Great. Sœur Francis était une collègue enseignante, et nous essayions de passer ensemble nos temps libres entre les cours ainsi que notre heure de dîner. Cela impliquait d'aller à l'extérieur, car sœur Francis adorait plus que tout se retrouver en plein air, dans la nature. Qu'il pleuve ou qu'il vente, nous sortions à l'extérieur, et elle disait toujours : « Quelle superbe journée ! Regarde les splendeurs que Dieu nous offre ! »

Au début, je croyais qu'elle exagérait, mais graduellement, je me suis mise à voir ce qu'elle voyait : les fluctuations de la température, les formations nuageuses, le doux bruit de la pluie qui tombe, et même le froid qui mettait du rose et du rouge sur nos joues lorsque, revigorées, nous rentrions à l'intérieur. Sœur Francis avait vraiment toujours le paradis en tête.

Puis il y avait aussi mon grand-père, Marcus Coil, qui était devenu millionnaire à Springfield, au Missouri, en ouvrant les premières buanderies commerciales de la ville. Toutefois, lorsque notre famille avait déménagé à Kansas City, il avait tout perdu en raison du krach boursier. Même si nous étions à l'époque de la dépression, mon grand-père pressait tous les jours son veston, désormais élimé, et sa chemise (dont ma grand-mère Ada devait constamment réparer les manchettes, qui s'effilochaient), et allait s'asseoir dans la salle d'attente de la société Pacific Gas and Electric, dans l'espoir d'y trouver du travail. Et tous les jours, le directeur de l'entreprise venait le voir pour lui répéter une fois de plus la même chose : « Désolé, Marcus, il n'y a rien pour vous aujourd'hui. »

Pendant un an, mon grand-père a maintenu cette routine. Un jour, le directeur de l'entreprise a fini par lui dire qu'il en avait assez de le voir tous les jours, et que toute personne douée d'une telle persévérance méritait un emploi. Mon grand-père a alors obtenu un poste subalterne, mais au bout de six mois, il était devenu chef du bureau de district. « J'ai réussi une fois, et je sais comment y arriver une deuxième fois », disait-il toujours à ma grand-mère Ada. Était-ce une question d'argent ? Ma foi, non. Il cherchait simplement à subvenir aux besoins de sa famille et à garder une attitude positive, en évitant de se décourager. Mon grand-père était capable de créer un paradis à partir de son enfer.

Le revers de cette médaille, c'était ma mère. Il est difficile de croire qu'elle ait pu faire partie de la même famille que mes merveilleux grands-parents, ses frères, Marcus, atteint de paralysie cérébrale, qui était un véritable ange descendu du ciel et que tout le monde appelait « Frère », ainsi que Paul, qui était lui aussi médium et qui s'entretenait avec Dieu tous les jours avant de mourir d'un cancer à l'âge de vingt et un ans. Oui, c'est à cette famille de gens merveilleux qu'appartenait ma mère. Je me suis longtemps sentie coupable de ne pas l'aimer, jusqu'à ce que Francine, ma guide spirituelle, me dise, de nombreuses années plus tard : « On ne peut honorer ses parents que s'ils sont des gens honorables. »

En plus de me maltraiter physiquement, ma mère excellait à faire du tort aux membres de sa famille, en ayant recours à la torture mentale. Selon elle, j'étais trop grande, pas jolie et trop entêtée. Mais *je* me considérais intelligente, même si elle m'affirmait le contraire ; ces brimades ont allumé en moi une envie irrépressible de prouver qu'elle avait tort. J'étais aussi la préférée de mon père, ce qui n'arrangeait pas les choses.

J'aurais pu me ratatiner sous les coups de cette violence et devenir comme ma mère, mais je me suis réfugiée sous l'aile de ma grand-mère bien-aimée et j'ai tiré pleinement parti de l'approbation de mon père. Ma pauvre sœur, Sharon, n'a malheureusement pas eu autant de chance : ma mère a mis le grappin dessus et l'a complètement contrôlée pendant un certain temps, au point de la rendre presque invalide. Même aujourd'hui, l'influence de ma mère continue d'affecter la vie de ma sœur, et de toutes les façons sauf positivement. (On pourrait dire que j'étais plus forte, et cela est peut-être vrai, mais j'ai aussi choisi mon chemin.)

Mes talents de médium ne m'ont pas aidée à me faire aimer de ma mère, même si elle avait grandi avec une mère, un frère, une grand-mère et un oncle doués de cette faculté. À sa décharge, elle en avait peut-être assez de tout cela, mais elle refusait de m'encourager comme le faisait ma grand-mère Ada. Lorsque j'avais dix ans, elle m'a lancé un avertissement : « Si tu continues ces comportements bizarres, je te fais interner. » Je me souviens que, ce soir-là, j'étais si effrayée que, étendue dans mon lit, je pouvais entendre mon cœur battre très fort dans ma poitrine. J'ai même prié pour que mon don disparaisse.

Lorsque j'ai raconté avec hésitation cet incident à ma grand-mère, je me rappelle qu'elle m'a écoutée attentivement, le regard sombre. Sans dire un seul mot, elle a enfilé son manteau et m'a prise par la main, et nous sommes allées voir ma mère. Ce fut l'une des deux seules fois, au cours des dix-huit ans où j'ai été près d'elle, que j'ai vu ma grand-mère se mettre en colère. Bouillante de rage, elle s'est avancée vers ma mère et, le visage très proche du sien, lui a lancé : « Celeste, si tu dis cela encore une fois à Sylvia, je m'arrangerai personnellement pour que *tu* sois internée ! » Cette intervention a mis fin à ce problème… mais pas aux constants grognements et soupirs de désapprobation que m'adressait ma mère au fil des ans chaque fois que je donnais de modestes consultations pour mes amis ou que je manifestais mes talents de voyance.

Mes dons de médium étaient même acceptés par mes amies d'enfance (qui peuvent en témoigner aujourd'hui). En fait, je me suis récemment rendue à une réunion des anciens du secondaire (la promotion d'il y a cinquante ans), et mes camarades de classe m'ont tous affirmé qu'ils étaient fiers de moi. Même les religieuses et les prêtres, croyez-le ou non, m'ont traitée avec respect, à l'époque. Ils ne comprenaient pas toujours comment j'arrivais à savoir ce que je savais, mais ils ne m'ont jamais condamnée. Pendant toutes mes études secondaires et collégiales, dans des institutions catholiques, et même durant les dix-huit années pendant lesquelles j'ai enseigné dans des écoles catholiques, personne ne m'a jamais fait me sentir comme si j'étais l'incarnation du mal ou simplement bizarre. À l'école Presentation, à San Jose, Californie, on m'a même laissée enseigner les religions du monde, et ce cours, je l'avoue, faisait plus de place au gnosticisme qu'à la Bible, la Bhagavad Gita, le Coran ou le Talmud. Bien sûr, j'ai abordé toutes ces croyances, mais je revenais constamment à l'idée d'un Dieu aimant, et je répétais souvent que la vie est ce que nous en faisons à l'intérieur de notre âme… parce que c'est là, après tout, que résident notre ciel et notre enfer.

Pour revenir à mon enfance, quand je suis arrivée à la fin de l'adolescence, mon père gagnait 3 000 $ par mois, ce qui représentait une fortune à l'époque. Je ne vivais donc pas dans la misère matérielle, mais j'aurais volontiers échangé ce bien-être pour un semblant de bonheur familial. Mais je peux honnêtement dire qu'en général, j'étais heureuse parce que je pouvais compter sur le reste de ma famille et mes amis. J'ai choisi de respecter ma mère, tout en la plaçant sur une petite étagère située dans des recoins éloignés de mon esprit.

Durant cette période, ma grand-mère a traversé des épreuves difficiles. Mon grand-père était décédé, et grand-mère Ada s'occupait de Frère. Il m'est très difficile de revivre cette partie de mes souvenirs, car ma mère a forcé grand-mère et Frère à vivre dans un véritable taudis. Peut-être vous demandez-vous pourquoi mon père n'est pas intervenu, mais les choses sont encore plus incroyables et complexes que vous ne pouvez l'imaginer. Mon père laissait ma mère s'occuper de tout parce qu'il voyageait constamment et ignorait totalement ce qui se tramait du côté de la famille de ma mère. J'étais présente lorsqu'elle a menti et lui a affirmé que personne ne voulait s'occuper de Frère en raison de sa paralysie cérébrale. Elle n'avait fait aucune recherche, et n'avait certainement pas l'intention de dépenser une partie de sa considérable allocation pour s'assurer du bien-être des membres de sa famille.

Je me souviens du jour où ma grand-mère Ada et Frère ont emménagé dans un appartement situé dans un bâtiment de trois étages que ma mère avait déniché. Frère avait peur des escaliers, car il perdait facilement l'équilibre en raison de sa maladie. Soudain, un homme alcoolique a surgi de nulle part en brandissant un couteau. Je crois que j'étais si chavirée de tristesse que je me suis avancée vers l'homme en criant : « Retourne dans ta chambre avant que je n'utilise ce couteau contre toi ! » Très éméché, il avait l'air abasourdi. Pas étonnant... ce n'est pas tous les jours qu'on voit une fillette de treize ans faire une crise de colère incontrôlée.

J'ai compris que les membres de ma famille bien-aimée allaient être réduits à vivre dans un appartement sale ne comportant qu'une seule pièce, ainsi qu'une salle de bain commune au fond du couloir. Je me disais souvent : « *S'il vous plaît, Dieu, faites que je grandisse au plus vite pour que je puisse prendre soin d'eux.* » La pièce contenait un lit, une chaise droite, deux plaques chauffantes, plusieurs grandes fenêtres dénuées de rideaux, un évier minuscule et une commode. C'était tout. (Oh ! j'oublie les deux pièces de vaisselle, les deux verres et les deux ensembles d'ustensiles, la paire de draps et la mince couverture, les deux oreillers et les deux serviettes que mon extravagante mère avait si généreusement fournis.) Voilà ce que ma grand-mère, qui descendait d'une famille de la noblesse allemande, qui avait échappé à la guerre, qui donnait aux œuvres de charité, qui guérissait les malades et qui aidait le plus de gens possible, avait obtenu de sa propre fille.

Grand-mère Ada s'est assise sur la chaise, et pendant un moment j'ai cru voir un nuage passer dans ses yeux bleu porcelaine. Puis, elle a lancé son chapeau sur le lit et exhalé longuement. Soudain, comme le fait aujourd'hui avec moi ma petite-fille, Angelia, je me suis élancée sur les genoux de ma grand-mère, malgré mes treize ans. Elle a dû voir ma tristesse, parce qu'elle m'a tout de suite rassurée : « Regarde-moi ces fenêtres ! Frère pourra regarder dehors tous les jours et observer ce qui se passe dans la rue, et nous aurons de la lumière toute la journée ! » Tout en me tapotant affectueusement le dos, elle a ajouté : « Tout ira très bien. Je vais retaper cette pièce en un rien de temps. »

J'aimerais prendre quelques instants ici pour parler un peu plus longuement de Frère, qui a vécu avec ma grand-mère jusqu'à la mort de celle-ci, à l'âge de 88 ans. Il était l'une des personnes les plus brillantes que j'aie jamais connues. Il lisait tout, histoire, religion, politique et j'en passe, et pouvait en parler abondamment. De constitution très frêle, il avait les cheveux roux et les yeux bleus, et ne mesurait environ que 1 m 80. Sa tête était toujours penchée d'un côté en raison de sa paralysie cérébrale, et son cou se tordait violemment quand il était agité ou nerveux. Quand je me promenais avec lui dans la rue et que les gens le regardaient avec curiosité (comme ils avaient coutume de le faire), je leur lançais un regard furieux, les mettant au défi de prononcer un seul mot.

Quand on lui demandait comment elle faisait pour prendre soin de lui, ma grand-mère répondait sans hésitation : « Vous voulez rire ? Regardez de quelle joyeuse compagnie je bénéficie pendant mes vieux jours. Nous nous amusons, nous bavardons et nous rions ; sans lui, je serais toute seule. Comment cette bénédiction pourrait-elle être un fardeau ? » Encore une fois, comme vous pouvez le constater, dans un enfer (ou ce qui était perçu comme tel) se trouvait un paradis.

Ma grand-mère ne m'a jamais prédit l'avenir parce que nous ne pouvions utiliser notre don de voyance l'une avec l'autre, mais elle m'a quand même dit un jour que j'aurais deux garçons, que j'irais vivre en Californie et que les gens connaîtraient mon nom.

— Moi, une petite fille du Missouri ? Jamais de la vie ! Et pourquoi connaîtraient-ils mon nom ? lui ai-je demandé instamment.

— Tu transporteras le flambeau qui s'est allumé ici il y a trois cents ans.

Comme c'est poétique, me suis-je dit, mais j'ai conclu que son amour pour moi l'aveuglait. En fait, je lui ai un jour posé une question, en blaguant à moitié, alors que nous cuisinions ensemble : «Grand-mère, est-ce que tu m'aimes très fort?»

Elle a interrompu ce qu'elle faisait, m'a regardée dans les yeux et a dit : «Mon cœur t'entendrait et se remettrait à battre même s'il était mort depuis un siècle.» Essayez de surpasser cela!

Ma grand-mère était aussi écrivaine, et un jour je publierai ses lettres. Chacune d'entre elles est remplie de citations, qui sont toutes incroyablement optimistes. Elle arrivait *toujours* à créer un paradis à partir d'un enfer. Par exemple, dans cette pièce qu'elle partageait avec Frère, elle avait déniché du tissu d'occasion et confectionné une jupe pour la commode et l'évier afin de dissimuler les ustensiles et la vaisselle, ainsi qu'un autre drap pour le lit. Mais l'endroit demeurait un taudis.

Quand mon père est rentré à la maison, deux semaines plus tard, j'ai immédiatement tenté de lui expliquer à quel point l'appartement était affreux. Il était préoccupé par ses affaires, et je pouvais voir qu'il ne m'écoutait pas vraiment. Ma mère n'a pas tardé à m'interrompre : «Bill, ne l'écoute pas. Elle fait toujours des drames pour rien de toute façon. Tu peux aller voir l'appartement toi-même pour constater à quel point il est confortable.» Mais elle savait très bien qu'il n'irait pas. Il voulait la croire ou avait peur de ne pas la croire, je ne le saurai jamais. Mais après cet incident, il me refilait en douce de l'argent pour que je prenne soin de grand-mère.

Je me souviens qu'à plus d'une occasion, j'ai séché l'école quand j'obtenais de l'argent de mon père. Je prenais le *tramway* dans la neige aveuglante jusqu'à l'angle de la 18e rue et de Baltimore, et je me rendais à pied jusqu'à ce terrible immeuble. Je regardais vers le haut et j'apercevais une silhouette familière debout à la fenêtre, avec sa coiffure de style Gibson Girl. Ma grand-mère me faisait bonjour de la main en souriant, parce que, grâce à son don de voyance, elle savait que je venais (après tout, elle n'avait pas de téléphone). Je gravissais les marches et lui remettais l'argent, et aussitôt elle joignait les mains avec enthousiasme en me disant à quel point mon père était bon, surexcitée à l'idée du festin que nous allions avoir. Cela voulait dire une boisson gazeuse, du fromage, du lait et un ragoût de bœuf haché.

Malgré les difficultés, grand-mère arrivait à illuminer de son amour et de sa joie même une pièce miteuse qui ressemblait à une prison. Elle disait toujours : « N'est-ce pas douillet ? » ou « Nous avons de la chance ! » ou « Comme nous sommes heureux d'être ensemble ! » J'ai alors décidé de la croire. Et les gens de son ancien quartier n'ont pas tardé à savoir où la trouver. De longues files d'attente de personnes venues la consulter ont commencé à se former devant chez elle. Des prêtres, des laïques, des personnes âgées ou malades… elle recevait tout le monde.

J'avais l'habitude de dire : « Dieu, faites que je bénéficie au cours de *ma* propre vie de seulement un dixième de la force, du courage et de l'espoir qui habitent ma grand-mère. »

Eh bien je n'essaierai pas de mentir et j'éviterai de faire preuve de fausse modestie, mais je ne peux honnêtement pas affirmer avoir encore atteint le niveau de mes grands-parents ou de sœur Francis, mais je fais de mon mieux ! Je *peux* toutefois affirmer que lorsque j'ai divorcé de mon premier mari, Gary, qui me battait, et que j'ai dû vivre dans un immeuble locatif plutôt minable, dont la piscine, à l'arrière, était infestée d'algues, j'ai dit à mes fils qu'il s'agissait de nénuphars. Toutefois, au bout de deux infections à l'oreille, j'ai décidé que j'en avais assez.

En plus d'élever Paul et Chris, je m'occupais de ma fille adoptive, Mary. Sa mère me l'avait tout simplement donnée quand l'enfant n'avait que six ans. (Mary a quitté la maison à l'âge de vingt-deux ans. Elle est aujourd'hui mariée et vit dans la région de Boston avec ses deux filles.) De plus, à cette époque, j'étais si perturbée en raison des menaces de mort proférées par mon ex-mari que je ne savais plus où j'allais. La police m'a dit que, même si Gary se postait sur le trottoir et me criait des menaces, ils ne pouvaient rien faire. L'un des agents m'a dit que la seule façon de l'arrêter serait de le faire entrer dans l'appartement et de le tuer d'un coup de feu. Comme j'étais incapable de faire du mal à qui ou à quoi que ce soit, cette solution ne me convenait pas.

Néanmoins, même au cours de cette terrible période, nous avons réussi à nous en sortir. Les gens étaient très généreux. Par exemple, lorsque Chris a souffert d'un terrible mal d'oreille (provoqué par les « nénuphars »), la voisine est venue à la maison et lui a administré rien de moins que de véritables gouttes magiques, qui l'ont immédiatement guéri. Mary était un amour, et ensemble, même à son âge, nous riions aux éclats en parlant des quantités phénoménales de porc et de haricots que nous mangions.

À cette même époque, ma mère a consulté un avocat pour essayer de me prendre mes enfants. Mon avocat n'en revenait pas : j'enseignais au secondaire dans une école catholique et j'étais une bonne mère, et elle essayait d'obtenir la garde des enfants avec mon ex-mari. La raison, m'a-t-elle expliqué plus tard, est qu'elle ne voulait pas nous perdre. *Est-ce que j'ai bien entendu ?*

À un certain moment, quand je suis arrivée à la fin de la vingtaine et au début de la trentaine, alors que j'élevais les enfants seule, que j'enseignais à l'école, que je donnais des consultations à titre de médium et que je suivais des cours, je me suis rendu compte que ma vie ne se déroulait pas exactement comme je le voulais. Mon existence n'était qu'une succession infinie de consultations, d'enseignement, de soins aux enfants et de cours du soir, rien d'autre. Puis, je me suis demandé : « Qu'est-ce que *tu* veux, Sylvia ? »

Je voulais vraiment enseigner et aider les gens, mais il me fallait aussi procurer aux enfants un bon foyer. J'ai donc quitté mon emploi d'enseignante et ouvert ma propre fondation. Nous disposions de deux pièces, où nous donnions des cours le soir, et j'emmenais les enfants avec moi. Ils s'asseyaient à l'arrière et faisaient leurs devoirs, puis nous allions chez Denny's pour dîner, et parlions de choses et d'autres. Bien sûr, nous étions dans une situation financière difficile, mais il y avait beaucoup de compensations. Ainsi, je pouvais avoir ma famille auprès de moi parce que, lorsque les enfants étaient à l'école, je donnais des consultations à la maison, et trois soirs par semaine, les enfants venaient avec moi à des conférences ou à des cours.

Puis la vie a continué... Les choses peuvent parfois prendre une tournure shakespearienne (ou même ressembler à une comédie d'erreurs), mais on apprend à encaisser les coups. La vie comporte de grands moments de peine et de tristesse. Elle peut nous tromper et nous décevoir, mais aussi nous procurer du bonheur, de l'extase, de la satisfaction. Des amis bienveillants, des animaux fidèles, une famille aimante, tout cela fait partie du montage qui rend notre vie à l'image de la perception que nous en avons : une véritable joie.

Lorsque mon troisième mari, Larry, nous a quittés il y a quelques années, les choses sont devenues particulièrement difficiles. J'aime l'idée d'avoir un partenaire à cette étape de ma vie, mais je crois aussi que les gens de mon âge, ou même plus jeunes, devraient chercher à être comblés par la vie en faisant ce qu'ils croient être bon pour eux, et non pas ce que dicte la société. Ainsi, au beau milieu du divorce, Dal Brown (mon deuxième mari, dont je porte toujours le nom, même si j'ai ajouté un *e*) m'a rendu visite à mon bureau pour m'annoncer qu'il divorçait de son épouse, à l'amiable, après deux ans de mariage. Il était directeur d'un magasin à Auburn, Californie, et il s'était rendu dans la région de San Francisco pour affaires quand il a décidé spontanément de venir me voir. Ses enfants avaient quitté la maison, et nous avons parlé du passé. Nous communiquions sporadiquement depuis notre divorce et, une chose en amenant une autre...

Même si Dal avait de graves problèmes de santé (il souffrait de troubles cardiaques et avait subi plusieurs opérations qui l'avaient forcé à arrêter de travailler pendant quelque temps), peu après nos divorces respectifs, nous avons décidé de redevenir compagnons. Après tout, je le connaissais depuis presque quarante ans, et nous avions été mariés pendant dix-huit ans. Toutes les vieilles blessures étaient oubliées ; ce qu'il avait fait à l'époque avec l'argent de la famille était attribuable à la stupidité et non pas à une intention malicieuse. Aujourd'hui, nous sommes amis, et même s'il ne participe aucunement à l'aspect professionnel de ma vie, je trouve qu'il est très agréable d'avoir près de moi quelqu'un qui me connaît bien. Il a sa vie et j'ai la mienne, mais nous essayons de passer le plus de temps possible ensemble.

Comme vous pouvez le constater, quand une porte se ferme, une autre s'ouvre. Même si mon dernier divorce a été difficile, je me suis consolée en me tournant vers les nombreuses belles choses de la vie. Ces jours-ci, mon scénario idéal est de revenir à la maison après un voyage et de m'installer près de l'âtre avec ma petite-fille, Angelia, puis de parler de choses et d'autres tout en faisant de la tapisserie à l'aiguille, pendant que mon petit-fils, Willy, joue avec ses camions miniatures et qu'un ragoût mijote sur le feu en attendant que nous le dégustions.

Puis je perçois tous ces êtres chers qui sont décédés — papa, grand-mère Ada et Frère, mon cher ami le Dr Small, qui était toujours prêt à me venir en aide quand je ne pouvais payer les factures médicales pour mes enfants, Bob Williams, mon mentor, ami et professeur, que j'aimais tendrement, Joe, qui a été l'une de mes premières amours, Abass, mon ami et guide touristique en Égypte (lorsque je traversais mon dernier divorce, il me téléphonait tous les jours pour me demander : «Comment ça va, Queenie?» — un surnom qu'il m'avait attribué), ainsi qu'une myriade d'autres âmes disparues. Je sais qu'ils sont tous là, avec Francine et les anges, et la pièce est remplie d'amour.

C'est dans des moments comme celui-là que je me dis : «Sylvia, ton paradis est ici même.»

(Extrait de *Si vous pouviez voir ce que je vois*, Éditions AdA, 2008)

Peter Calhoun

Toby Foster

Peter Calhoun, auteur de *Le feu de l'âme*, est un ancien prêtre épiscopal qui emprunte depuis presque quatre décennies la voie du chamanisme moderne. Il voyage constamment à travers les États-Unis pour prendre part à des séances de signature de livres et donner des conférences et des ateliers sur le chamanisme, la guérison et la prise en main personnelle.

De plus, Peter offre un programme d'apprentissage permettant une étude approfondie du chamanisme moderne. Lui et sa partenaire, Astrid, sont cofondateurs de l'Alliance internationale pour l'écologie spirituelle. Pendant la saison chaude, ils emmènent des groupes d'adultes dans la nature sauvage pour effectuer des quêtes de visions.

Site Web : www.petercalhoun.com

PETITE COLOMBE

Même si nous nous connaissions depuis plusieurs années
— nous nous étions mariés récemment — Astrid et moi
éprouvions toujours un sentiment d'euphorie chaque fois que
nous passions du temps ensemble dans cette nature que nous
aimions et vénérions tant. Un matin, nous nous sommes levés
tôt pour entreprendre une expédition dans les Smoky Mountains,
qui se trouvaient tout près. Nous avons emporté une vingtaine
de contenants en plastique de quatre litres chacun afin de
rapporter de l'eau potable d'une source naturelle à laquelle
s'approvisionnaient les gens de la région.

C'était l'une de ces merveilleuses matinées dans les contreforts ; en ce jour calme de la fin d'août, nous pouvions sentir
l'automne dans l'air. La sérénité de l'endroit instillait en moi
un sentiment d'insouciance et d'abandon. Je me suis alors
souvenu d'une expérience extraordinaire que j'avais vécu dix
années auparavant avec une colombe. Je roulais en voiture sur
une route de campagne lorsqu'une colombe est entrée en
collision avec mon pare-brise. Anéanti de tristesse, j'ai arrêté la
voiture et adressé une prière à l'esprit de l'oiseau. J'ai demandé
que la colombe soit guérie du traumatisme de sa mort et soit
guidée sur le chemin du retour à sa source. Je lui ai donné ma
bénédiction, en exprimant tout mon amour pour cet être dont
j'avais, sans le vouloir, mis fin à l'existence.

Puis une chose des plus inattendues est survenue. Je me suis soudain senti submergé par un océan d'amour, telle une marée invisible. Je n'avais aucune idée de la provenance de ce débordement, mais je savais que l'amour que j'avais envoyé m'était rendu. Pendant toute la journée, j'ai savouré cette merveilleuse énergie. La colombe que je croyais avoir perdue était devenue pour moi plus vivante que jamais grâce à cette vague déferlante d'amour inconditionnel qui, fort probablement, provenait de l'esprit de toutes les colombes.

Ce matin-là, dans les contreforts des montagnes, je repensais à cette expérience pour la première fois depuis des années. À l'époque, je ne pouvais pas savoir qu'il s'agissait d'un épisode prémonitoire à une autre rencontre hors de l'ordinaire avec une colombe. Une fois nos contenants remplis d'eau, Astrid et moi avons décidé d'aller faire un tour au milieu du gué de la rivière, dont les eaux cristallines jaillissaient des majestueuses Smoky Mountains à moins d'une quinzaine de kilomètres de là.

Avancer à pied dans une rivière aux eaux glacées est une excellente façon de stopper notre dialogue intérieur. Une fois que l'agitation mentale a cessé, nous accédons automatiquement à la sphère spirituelle, sans même nous en rendre compte. Notre conscience magique inhérente constitue un aspect de cette sphère spirituelle. J'ai pu observer que même les animaux sauvages perdent leur peur instinctive de nous lorsque nous nous trouvons dans cet état magique.

Alors que nous cheminions dans les eaux froides de la rivière, nous avons été captivés par un banc de vairons nageant juste sous la surface de l'eau, et auxquels les reflets du soleil donnaient l'apparence de diamants scintillants. Cette image nous a fait prendre conscience du caractère sacré de cet endroit unique.

Enfin, rafraîchis et remplis d'un sentiment de quiétude, nous sommes sortis de la rivière et avons marché jusqu'à une clairière gazonnée située à proximité. J'étais allé derrière les buissons pour me soulager pendant qu'Astrid prenait le chemin menant à notre voiture. Elle avait fait à peine quelques pas lorsqu'une colombe sauvage s'est envolée d'un arbre voisin et a atterri juste à côté d'un de ses pieds. Même si l'oiseau savait voler, Astrid pouvait voir qu'il était très jeune. Elle s'est demandé si la colombe ne l'avait tout simplement pas vue, bien que cela fût peu probable. Enthousiasmée, elle m'a appelé pour que je sois, moi aussi, témoin de cet étrange événement.

Nous sommes demeurés immobiles pour ne pas effrayer l'oiseau. Pas le moins du monde intimidée, la colombe s'est avancée vers nous et s'est mise à picorer le sol à quelques centimètres à peine de nos pieds. Puis, à notre grande surprise, elle a sautillé sur ma chaussure de tennis et s'est mise à tirer sur les lacets avec son bec. Nous n'en revenions pas.

Par curiosité, nous nous sommes reculés pour voir ce que l'oiseau allait faire. Il nous a suivis. Nous nous sommes éloignés à plusieurs reprises, toujours avec le même résultat. Cette petite colombe bizarre croyait qu'elle nous appartenait.

En nous demandant jusqu'où ce petit manège pouvait aller, nous nous sommes éloignés d'environ vingt pas pour voir sa réaction. Au début, le petit oiseau a semblé ne pas trop savoir où nous étions passés, mais dès qu'il a entendu notre voix, il a volé vers nous. Puis, comme s'il disait : «Vous êtes sur mon territoire!» il s'est perché sur la chaussure d'Astrid. Nous ne pouvions en croire nos yeux.

C'était trop fort! Nous étions littéralement enchantés par cette petite colombe qui nous suivait comme un chiot. Finalement, je me suis penché doucement et je l'ai prise dans ma main, puis l'ai posée sur la tête d'Astrid, certain qu'elle allait s'envoler. Au lieu de cela, l'oiseau s'est mis à tirer les cheveux de mon épouse avec son bec. Puis, comme s'il avait décidé que cette nouvelle résidence lui plaisait, il s'est niché confortablement dans sa chevelure.

Malheureusement, le temps était venu pour nous de partir, mais cela était plus facile à dire qu'à faire. Même quand nous avons ouvert la portière de la voiture, l'oiseau n'a pas bougé d'un iota. Apparemment, il tenait à demeurer dans sa nouvelle demeure. La petite colombe avait rapidement gagné notre affection en raison de son étrange attachement envers nous et de sa décision hilarante de se nicher dans les cheveux d'Astrid.

Nous avons hésité avant d'entrer dans la voiture pour voir quel choix l'oiseau allait faire. Pendant quelques instants supplémentaires, il est demeuré immobile, en nous regardant. Puis, son instinct naturel a dû prendre le dessus sur l'étrange affinité qu'il éprouvait envers nous, car il s'est mis à battre des ailes puis s'est envolé.

Nous étions captivés par la magie de cette expérience, mais par la suite, lorsque je réfléchissais à ce qui s'était produit, j'avais l'impression que quelque chose nous avait échappé. Je savais qu'à de nombreuses reprises, Astrid avait pris soin d'oiseaux malades ou blessés et les avait ramenés à la vie. En fait, à peine six mois auparavant, elle avait tenté de sauver un pigeon mourant. J'ai soudain compris qu'il y avait un lien entre tous ces événements. Se pouvait-il que ces actes de compassion de la part d'Astrid aient créé un lien entre elle et l'esprit collectif des colombes et des pigeons, et que ce lien m'ait inclu, moi aussi ?

Ensemble, nous avons compris que nos actes de compassion envers les créatures sauvages nous avaient valu cette précieuse reconnaissance de l'amour et les soins que nous avions prodigués. À partir de ces expériences, j'ai appris qu'il y avait des fils invisibles qui traversent le temps et l'espace et qui nous relient de façon mystérieuse à la vie dans son infinie diversité.

Cette merveilleuse expérience avec la petite colombe nous a montré, à moi et à Astrid, que nos relations avec la Création recèlent des possibilités insoupçonnées. Cette expérience nous a procuré une joie proche de l'extase. L'effort que nous avions fait pour apaiser notre intellect et nous fondre avec le monde naturel qui nous entourait avait été récompensé par cette extraordinaire visite.

Nous avons compris, qu'en adoptant ces disciplines toutes simples, il était possible d'apaiser le conflit immémorial entre le monde des humains et celui des animaux. Nos vies peuvent s'enrichir énormément lorsque nous passons d'un état de séparation existentielle à un état extatique d'unité avec la vie qui nous entoure !

(Extrait de *Le feu de l'âme*, Éditions AdA, 2008)

Sonia Choquette

John Reilly

Sonia Choquette est une auteure de renommée internationale, une conteuse, une guérisseuse ayant recours aux ondes vibratoires et une enseignante spirituelle douée d'un sixième sens qui est très sollicitée partout dans le monde pour ses conseils, sa sagesse et sa capacité à guérir les âmes. Elle est l'auteure de huit best-sellers, dont *Journal d'un médium* et *À l'écoute de vos vibrations*, ainsi que de nombreux enregistrements audio et jeux de cartes. Sonia a étudié à l'University of Denver et à la Sorbonne, à Paris, et possède un doctorat en métaphysique de l'American Institute of Holistic Theology. Elle vit avec sa famille à Chicago.

Site Web : www.soniachoquette.com

UN VÉRITABLE
COUP DE CHANCE

Quand j'étais en troisième année, j'ai connu un changement draconien dans mes aptitudes parapsychologiques. Je ne me contentais plus de *percevoir* ce que les gens pensaient, mais j'ai commencé à entendre ces pensées dans mon esprit, ce qui était à la fois déconcertant et excitant.

Un jour, j'étais assise en classe, perdue dans mes pensées, quand j'ai soudain entendu la voix de la maîtresse, sœur Mary Margaret : « Je vais leur donner un examen d'orthographe surprise demain. Ça les secouera un peu. »

Abasourdie d'entendre si clairement la voix de mon professeur, je me suis redressée brusquement sur ma chaise, en me demandant si sœur Mary Margaret avait parlé tout haut sans que je m'en aperçoive. Remarquant mon sursaut ainsi que l'expression de surprise sur mon visage, la maîtresse m'a observée un moment, l'air suspicieux et les sourcils froncés.

— Sonia, qu'est-ce que tu trames ? m'a-t-elle alors demandé.

— Rien, ai-je répondu, me sentant coupable d'avoir épié ses pensées et effrayée à l'idée qu'elle puisse s'en être aperçue.

En effet, sœur Mary Margaret était une enseignante irritable qui n'hésitait pas à frapper les élèves sur la tête quand l'envie lui en prenait, ce qui arrivait souvent.

Elle a continué à me regarder d'un air soupçonneux pendant que je me concentrais de toutes mes forces sur la surface de mon bureau. Puis, elle a dit avec humeur : « Cesse de rêvasser et mets-toi au travail. »

Son ton abrupt m'a fait frissonner et a surpris les autres enfants, qui se sont tous tournés vers moi, se demandant ce qui se passait. Car j'étais habituellement une élève modèle, qui ne se faisait jamais, au grand jamais, réprimander. Intriguée d'avoir entendu la voix de la maîtresse dans ma tête, et particulièrement surexcitée par ce que j'avais entendu, je ne pouvais m'empêcher de le dire à quelqu'un. C'était un secret trop important pour que je le garde pour moi. J'en ai donc parlé à mon amie Diane, à la récréation.

— Devine quoi ? lui ai-je dit. Demain, nous allons avoir un examen d'orthographe surprise.

— C'est impossible, a répondu mon amie, demain c'est mercredi, et nous avons des examens d'orthographe seulement le vendredi.

— Peut-être, mais j'ai entendu sœur Mary Margaret dire que nous allions en avoir un, alors ça veut dire que nous allons en avoir un.

— À qui l'a-t-elle dit ?

— Oublie tout ça, ai-je répondu, sachant qu'elle ne me croirait jamais. Elle l'a dit, un point c'est tout.

Même à l'époque, je savais qu'il serait très dangereux de révéler à Diane que j'avais entendu la voix de la maîtresse dans ma tête. Mes camarades de classe avaient déjà des réticences face à moi parce que j'étais une « bonne petite fille », alors si je leur disais par-dessus le marché que je pouvais entendre les pensées des gens, je ne ferais rien pour améliorer ma réputation déjà chancelante. Ce n'était pas une bonne idée.

— Mais ne le dis à personne, d'accord ? C'est un secret, ai-je ajouté.

— Je ne dirai rien, a promis Diane.

À la fin de la récréation, toute la classe était au courant.

Et comme je l'avais prédit, le lendemain, sœur Mary Margaret a donné le coup de sifflet annonciateur (elle portait toujours un sifflet autour du cou) et déclaré : « Bon, voyons voir si vous avez fait vos devoirs d'orthographe hier soir. Tout le monde en rang le long du mur. Nous allons avoir un examen d'orthographe.»

J'avais les yeux exorbités, comme le reste de la classe. Tous les élèves se sont jeté un regard furtif. Certains affichaient un petit sourire narquois et rigolaient, satisfaits à l'idée que la surprise du professeur n'en soit pas une.

C'était néanmoins tout un événement pour moi. Il s'agissait probablement de la première confirmation publique que j'avais de la fiabilité dans mes perceptions. Les élèves se sont précipités vers le tableau, contrairement à l'habitude, où les fréquentes embuscades de sœur Mary Margaret étaient accueillies avec crainte et appréhension. Mais en raison des révélations que j'avais faites à Diane, cette fois les élèves étaient prêts.

Un à un, chaque étudiant a épelé les mots demandés à la perfection. Au bout de trois rondes, un seul élève (Robert Barcelona, qui échouait toujours de toute façon) s'était trompé sur un mot. Pas Teddy Alvarez, qui était nul en orthographe. Pas Robert Castillo, qui habituellement ne réussissait même pas à épeler le premier mot demandé. Pas même Darlene Glaubitz, qui faisait exprès de se tromper pour faire rire les garçons. Ce jour-là, nous avons tous épelé comme des champions.

Étonnée et agréablement surprise, sœur Mary Margaret a repoussé vers son visage ses lunettes, qu'elle portait habituellement au bout du nez, et fermé lentement le livre d'orthographe. En nous regardant attentivement l'un après l'autre, elle a dit : «Hum! il semble qu'un miracle se soit produit aujourd'hui. Vous avez tous très bien réussi.»

Pendant qu'elle prononçait ces paroles, mon cœur battait si fort que je craignais qu'il me sorte de la poitrine. Abasourdie de constater que ce que j'avais entendu la veille était exact, et émue que mes camarades m'aient crue lorsque la nouvelle s'était répandue dans la cour de récréation, j'ai failli éclater en sanglots. J'étais toujours au bord des larmes parce que j'étais très sensible. Mais ce jour-là, j'ai désespérément tenté de réprimer mes émotions parce que je ne voulais pas me ridiculiser. Car chaque fois que je me mettais à sangloter sans raison, tout le monde se moquait de moi, et je détestais cela. Sentant tous les regards tournés vers moi, j'ai dû faire des efforts surhumains pour garder mon calme.

Juste au moment où nous allions retourner à nos pupitres, une fillette nommée Debbie a tout gâché en disant : « Sonia nous a dit que nous allions avoir un examen d'orthographe aujourd'hui. »

Quelle idiote. Je n'avais jamais aimé cette fille de toute façon.

— Pardon ? a dit sœur Mary Margaret. Qu'est-ce que tu as dit ?

— Sonia nous avait prévenus, ma sœur. Dans la cour de récréation, hier.

Elle avait prononcé ces paroles en hochant la tête et en affichant un air plein de suffisance, satisfaite d'avoir mouchardé.

« Ouais », ont alors renchéri les autres élèves, ne voulant pas être en reste. Même Vickie, ma meilleure amie, s'est rangée du côté des autres. C'était pénible à entendre. *Ces sales mouchards*, pensai-je. *C'est comme ça qu'ils me remercient !*

Puis, la classe entière s'est mise à crier en chœur, trop contente de révéler son secret à sœur Mary Margaret : « Sonia nous a dit que vous alliez nous faire passer un examen d'orthographe, alors on s'y attendait ! » Les yeux brûlants de larmes, envahie par la peur et me sentant totalement abandonnée, je suis restée assise sans bouger. J'ai pensé à ce que Jésus avait dû ressentir quand on l'a emmené devant Ponce Pilate. La trahison totale.

Furieuse et confuse, sœur Mary Margaret m'a regardée d'un air menaçant, ses yeux creusant des trous au centre de ma poitrine. « Est-ce vrai, Sonia ? As-tu averti les élèves qu'il y aurait un examen d'orthographe ? »

Terrifiée, j'étais incapable d'émettre un son. Je ne pouvais que faire oui de la tête pendant que les larmes me coulaient le long des joues.

Puis, la cloche annonçant le déjeuner a sonné. Sœur Mary Margaret a frappé lourdement son bureau de la main et ordonné : « Tout le monde dehors ! Et avancez en file. Allez ! » Les élèves m'ont tous jeté un regard combinant malice et pitié alors que je m'apprêtais à rejoindre la file.

— Pas toi, Sonia! s'est écriée la religieuse. Viens à mon bureau, j'ai à te parler.

Tout le monde a éclaté de rire.

— Silence! a hurlé sœur Mary Margaret. À moins, bien sûr, que quelqu'un veuille se joindre à elle.

La classe est devenue tellement silencieuse qu'on aurait pu entendre une mouche voler. Tremblante, sanglotant et craignant littéralement pour ma vie, je me suis approchée du bureau de sœur Mary Margaret, en regardant mes camarades de classe partir joyeusement déjeuner. Même Vickie n'a pas daigné me jeter un regard. J'avais souvent eu des fantasmes de ce genre, où l'on me laissait, comme morte, et l'on me trahissait de cette façon.

Frustrée d'avoir été ainsi déjouée, la maîtresse me regardait d'un air mauvais. «Tu as des explications à me donner, jeune fille, et j'espère qu'elles seront bonnes.»

J'ai ouvert la bouche, mais les mots ne venaient pas. J'avais perdu la voix. Je ne savais pas par où commencer.

Elle est revenue à la charge.

— As-tu averti les autres élèves que nous allions avoir un examen d'orthographe aujourd'hui?

Prenant mon courage à deux mains, j'ai réussi à émettre un «oui» presque inaudible.

— Quand?

— Hier.

— Hier?

— Oui, ai-je dit, en regardant par terre pour éviter son regard courroucé.

Elle m'a dévisagée avec l'intensité d'un rayon laser, puis m'a demandé d'un ton à la fois calme et menaçant: «Comment as-tu fait pour savoir?»

— Je ne sais pas, ai-je répondu. Je vous ai simplement entendu le dire.

— Qu'est-ce ça signifie? Tu m'as entendue? Mais je ne t'ai *rien* dit.

— Je ne vous ai pas entendu me le dire à moi. Je vous ai entendu le dire dans ma tête.

Sœur Mary Margaret est restée silencieuse, furieuse de ma réponse.

— Que veux-tu dire, dans ta tête?

— Je ne sais pas. J'étais assise à mon pupitre hier, avant la récréation, et je vous ai entendue le dire. Comme ça. Je vous ai entendu dire : «Je vais faire passer un examen d'orthographe surprise aux élèves demain.» Vous le pensiez, et je vous ai entendu le dire.

Ne sachant pas trop comment réagir à cette révélation, sœur Mary Margaret a opté pour sa tactique d'attaque habituelle : «Ne t'avise pas de me mentir de nouveau comme cela. Si tu désobéis, je te donnerai cinquante coups avec cette pale.» Elle faisait référence à la planche de bois de 45 sur 10 cm, bien connue et souvent utilisée, qu'elle gardait sur son bureau et sur laquelle les mots «Réchauffement de derrière» étaient inscrits en rouge. Dans un coin de l'instrument, on pouvait voir un dessin illustrant un petit garçon qui pleurait, penché vers l'avant, en frottant le derrière de son pantalon. Elle a soulevé la pale au-dessus de ma tête et m'a frappée avec force. Puis, elle m'a frappée de nouveau.

En mettant les mains au-dessus de ma tête pour me protéger, je me suis accroupie en grimaçant de douleur. Pendant que les coups me résonnaient dans les oreilles, je me demandais si je devais lui dire que je ne mentais pas.

C'est à ce moment qu'une voix s'est fait entendre dans ma tête : «Surtout pas.»

«Et compte-toi chanceuse que ce soit un mensonge, a dit la religieuse d'une voix hargneuse, en continuant de me frapper, parce que si tu ne mens pas et que ce que tu dis est vrai — que tu as entendu mes pensées — alors, que Dieu ait pitié de ton âme, jeune fille, car ce n'est pas normal.»

Voilà une idée que je n'ai jamais entendue auparavant, me suis-je dit, alors que je demeurais penchée vers l'avant pour me protéger des insultes et des coups.

«Ne dis plus jamais, jamais, jamais une chose pareille, a ordonné la maîtresse. De plus, étant donné que tu *mens*, tu vas rester après l'école pour une détention d'une heure, puis tu iras te confesser. Tu devrais avoir *honte*, c'est tout ce que j'ai à dire.»

Je suis extrêmement déçue que tu sois descendue si bas. Va déjeuner maintenant, et ne refais plus jamais cela. »

Les larmes aux yeux, le cœur battant la chamade et l'esprit si confus que ma vision en était déformée, je suis sortie de la classe en courant si vite que je suis entrée en collision avec un mur.

Cet épisode m'a sidérée. J'avais toujours su que sœur Mary Margaret était une râleuse, et qu'elle n'appréciait aucun d'entre nous, mais j'avais toujours réussi, jusque-là, à me protéger de sa mauvaise humeur en m'appliquant à faire les choses exactement comme elle le voulait. Je m'étais même mérité le titre de « chouchou du professeur », décerné par le reste de la classe, ce qui était une position peu enviable, mais la plus sûre dans les circonstances. Tout à coup, pour des raisons que je ne comprenais pas, j'étais traitée comme si j'avais fait quelque chose de très mal, ce qui n'était pas le cas. Et le pire, c'est que tout le monde le savait.

Jusque-là, mes expériences de perception parapsychique avaient été réservées à ma famille. Connues seulement de mes proches, ces aptitudes étaient tenues par ma mère et par moi-même en très haute estime. L'idée qu'une pensée ou une perception d'ordre parapsychique, silencieuse ou exprimée tout haut, puisse me procurer autre chose qu'un grand sentiment de fierté et de satisfaction personnelle était pour moi inconcevable.

Qu'avait-elle voulu dire par avoir « honte » ? Elle aurait dû dire : « Beau travail. Tu as aidé tout le monde à réussir l'examen d'orthographe. » C'était vraiment injuste.

Lorsque la première vague de terreur s'est apaisée en moi, au lieu de me sentir honteuse et pleine de remords, j'ai éprouvé de la colère. En fait, j'étais furieuse et j'avais envie de me rebeller. Elle n'allait pas m'enlever mon plus grand talent, celui dont, même à mon jeune âge, j'étais intensément fière et que je cultivais depuis quelque temps déjà. Sœur Mary Margaret avait été stupide de me dire ces choses.

Je me suis assise dans la salle à manger, seule, les autres enfants ayant terminé leur repas et s'amusant dans la cour de récréation. Essayant frénétiquement de comprendre cet étrange épisode avant d'avoir à retourner en classe affublée d'une lettre écarlate version sœur Mary Margaret, j'ai désespérément demandé à Dieu : «Pourquoi cela est-il arrivé?»

Alors que je mâchouillais la dernière bouchée de mon sandwich jambon fromage, j'ai soudainement entendu une voix, qui résonnait fortement et clairement comme la veille, sauf que cette fois-ci, il s'agissait de la voix d'une femme pleine de douceur qui apaisait comme un baume ma sensibilité traumatisée. «*Pardonne-lui, Sonia. Elle ne te comprend pas. Sois discrète pour le moment. Nous t'aimons.*»

C'était ma guide, Rose, celle à qui je parlais du fond de mon cœur depuis l'âge de cinq ans, celle dont j'entendais la voix dans ma tête chaque soir avant de m'endormir. Je l'ai reconnue en raison de la sensation qui m'a enveloppée, comme si mon aura déchiquetée venait d'être immédiatement réparée. Il s'agissait d'amour absolu.

J'étais si contente de pouvoir entendre la voix de Rose aussi clairement que celle de tout le monde que j'ai cessé de penser à sœur Mary Margaret. Dans mon cœur, je savais que ma guide, Rose, était plus forte qu'elle et allait me protéger.

C'était la première fois que j'entendais Rose s'adresser directement à moi tout haut, et non pas silencieusement dans mon cœur. J'étais aussi sidérée que je l'avais été la veille lorsque j'avais entendu les pensées de sœur Mary Margaret. Je me suis mise à pleurer, mais cette fois de soulagement. Juste à ce moment-là, la cloche a sonné, signalant le retour en classe. Je me suis ressaisie, car je voulais éviter à tout prix de retourner en classe le visage barbouillé de larmes.

«Merci, Rose», ai-je dit. Je savais que tout allait bien aller.

En classe, Sœur Mary Margaret agissait avec calme et neutralité envers moi, et je ne me sentais plus menacée. Mais j'étais loin de me douter qu'elle venait de passer une heure de déjeuner aussi étrange que la mienne, car elle avait été forcée de réfléchir à ce que j'avais dit, et avait commencé à se poser de sérieuses questions sur certaines choses.

Je ne l'ai pas compris à ce moment-là, mais au cours des 24 heures qui venaient de s'écouler, j'avais fait la découverte de mon *canal de clairaudience*. Cette faculté allait devenir mon principal outil parapsychique dans le cadre de ma profession.

Sans le savoir, j'avais ouvert mon circuit télépathique, ce qui me donnait la capacité d'entendre mes guides et de me mettre à l'écoute des autres à un degré plus profond que jamais auparavant. J'allais plus tard utiliser ce canal dans le cadre de mon travail à titre d'enseignante parapsychique et de guérisseuse. J'allais devenir mon propre commutateur parapsychique, et pouvoir simultanément communiquer avec les autres et avec mes guides et, plus tard, avec la matrice de l'âme. Mais à l'époque, tout ce que cela signifiait pour moi était : *Dieu merci, je peux t'entendre, qui que tu sois, car j'ai besoin d'aide.*

Ma réalité et ma façon de voir les choses ont profondément changé ce matin-là. Personne ne s'était jamais opposé auparavant à ce que j'écoute ma voix intérieure, et personne n'avait jamais dit que c'était *mal* de faire cela. J'avais relevé le défi, et j'étais devenue plus résolue que jamais à demeurer à l'écoute de mes vibrations, car j'avais compris que ce que je savais était important… et que j'allais devoir défendre ma position chaque fois qu'on me mettrait à l'épreuve.

(Extrait de *Journal d'un médium*, Éditions AdA, 2004)

Dᵣ John F. Demartini

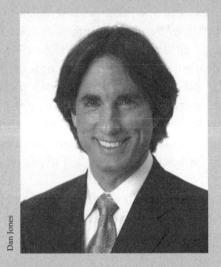

Dan Jones

Le Dʳ John F. Demartini, auteur de *The Breakthrough Experience* et de *Count Your Blessings*, entre autres, est conférencier professionnel et auteur. Il est aussi un expert-conseil en affaires dont les clients vont des financiers de Wall Street aux planificateurs financiers, en passant par les cadres d'entreprises, les professionnels de la santé, les acteurs et les vedettes sportives. Fondateur de la Concourse of Wisdom School, John a commencé sa carrière à titre de chiropraticien, pour ensuite entreprendre l'exploration de plus de 200 disciplines différentes dans le but de comprendre ce qu'il appelle les principes universels de la vie et de la santé. Conférencier de renommée internationale, il étonne ses auditoires partout dans le monde avec ses points de vue éclairants, ses observations pleines d'humour sur la nature humaine et ses étapes pratiques menant au changement.

Site Web : www.DrDemartini.com

PERSONNE NE PEUT VOUS ENLEVER VOTRE AMOUR ET VOTRE SAGESSE

L'une des plus importantes bénédictions cachées dont j'ai bénéficié dans ma vie est survenue lorsque j'étais en première année. Gaucher et dyslexique, j'étais incapable de lire et de comprendre, et mon professeur savait peu de choses à propos des troubles de l'apprentissage. Après avoir commencé l'année dans une classe régulière, j'ai été placé dans une classe spéciale de rééducation en lecture et j'ai fini dans la « classe des ânes », où je devais parfois m'asseoir dans un coin affublé d'un bonnet d'âne de forme conique. Je me sentais honteux, différent et rejeté.

Un jour, mon professeur a demandé à mes parents de venir en classe. Devant moi, elle leur a dit : « Monsieur et madame Demartini, votre fils a un trouble de l'apprentissage. J'ai peur qu'il ne soit jamais capable de lire, d'écrire ou de communiquer normalement. Si j'étais vous, je ne m'attendrais pas à ce qu'il accomplisse grand-chose dans la vie, et je ne crois pas qu'il ira très loin. Je vous suggère de l'encourager à s'orienter vers les sports. » Même si je n'ai pas compris pleinement le sens de ces paroles, j'ai clairement perçu l'incertitude et l'inquiétude de mes parents.

Je me suis orienté vers les sports et j'ai acquis un véritable amour pour le surf. À l'âge de quatorze ans, j'ai dit à mon père : « Papa, je m'en vais en Californie pour faire du surf. » Il m'a regardé dans les yeux et a senti que j'étais sincère et que, quoi qu'il dise, j'allais partir quand même, parce que ma place était clairement là-bas.

— Es-tu capable de faire face à tout ce qui t'arrivera ? Es-tu prêt à prendre toutes les responsabilités qui viennent avec cette décision ? m'a-t-il demandé.

— Oui, je le suis.

— Je ne vais pas me battre avec toi, mon fils. Tu as ma bénédiction.

Il a ensuite préparé une lettre notariée indiquant ce qui suit : « Mon fils n'est pas un fugueur, ni un vagabond. C'est un garçon qui a un rêve. »

Des années plus tard, j'ai appris que, lorsque mon père était revenu de la Deuxième Guerre mondiale, il avait espéré aller en Californie, mais n'avait jamais pu mener à bien ce projet. Quand il m'a entendu lui dire que je voulais aller dans cet État, je crois que son vieux rêve lui est revenu en mémoire et qu'il s'est dit : *Je n'ai pas réussi, mais je ne vais pas t'empêcher de partir.*

C'est ainsi, qu'à l'âge de quatorze ans, j'ai abandonné l'école. Mes parents m'ont conduit jusqu'à l'autoroute et m'ont dit au revoir en m'encourageant à « suivre mes rêves ».

Je suis parti en auto-stop vers la Californie et suis rapidement arrivé à El Paso, au Texas. Alors que je marchais dans la ville sur un trottoir, en direction ouest, j'ai aperçu trois cow-boys un peu plus loin devant moi.

Dans les années 1960, les cow-boys et les adeptes du surf ne s'entendaient pas très bien. Il existait une guerre larvée entre les péquenauds aux cheveux courts et les jeunes aux cheveux longs. En marchant sur le trottoir avec mon sac à dos, ma planche de surf, mes cheveux longs et mon bandeau, je savais que l'affrontement était inévitable. Quand je me suis approché des cow-boys, ils se sont placés tous les trois en travers du trottoir, les pouces dans la ceinture. Ils n'avaient pas l'intention de me laisser passer.

Je me disais : Mon Dieu, que vais-je faire ? lorsque soudain, pour la toute première fois, ma voix intérieure s'est manifestée.

Elle m'a dit… d'aboyer! Ce n'était peut-être pas la voix intérieure la plus inspirée, mais c'était la seule dont je disposais.
Elle m'avait dit d'aboyer, alors j'ai obtempéré et je me suis mis
à aboyer : *Ouah! Ouah! Grrr!* Comme par magie, les cow-boys
se sont écartés de mon chemin.

Pour la première fois, j'ai compris que, si je faisais confiance
à mon intuition, des choses étonnantes pouvaient se produire.

Je suis passé devant les trois hommes en grognant, en
continuant à pousser des «Ouah! Ouah! Ouah!» et des
«GRRRRR!» et ils sont restés à l'écart, en se disant probablement : *Ce jeunot est complètement taré!* En m'éloignant sans une
égratignure des trois hommes, je me sentais comme si je sortais
d'une transe. Quand j'ai tourné lentement l'intersection suivante, j'ai aperçu un vieil homme chauve dans la soixantaine,
arborant une barbe de quatre jours, qui hurlait de rire, appuyé
à un lampadaire. Il riait tellement qu'il devait se tenir au lampadaire pour rester debout.

«Mon gars, a-t-il dit, c'est la chose la plus vachement drôle
que j'aie jamais vue. Tu t'es débarrassé de ces cow-boys d'une
belle façon!» Il a posé sa main sur mon épaule et s'est mis à
marcher avec moi.

— Je peux t'offrir un café? a-t-il demandé.

— Non, Monsieur, je ne bois pas de café.

— Eh bien! Un Coca, alors?

— Avec plaisir!

Nous nous sommes rendus à un petit restaurant doté de
tabourets pivotants plantés le long d'un grand comptoir. Nous
avons pris place et l'homme m'a demandé : «Où t'en vas-tu
comme ça, fiston?»

— Je vais en Californie.

— Tu as fait une fugue?

— Non, mes parents sont venus me conduire à l'autoroute.

— As-tu abandonné l'école?

— Ouais! On m'a dit que je ne pourrais jamais lire, écrire
ou communiquer, alors j'ai choisi les sports. Je vais en Californie
pour faire du surf.

— As-tu terminé ton Coca? m'a-t-il dit soudain.

— Oui.

— Alors suis-moi, jeune homme.

J'ai suivi cet homme dépenaillé jusqu'à quelques rues plus loin, puis encore quelques rues, et nous avons enfin franchi le seuil de la bibliothèque d'El Paso.

Il a montré du doigt un espace sur le sol. « Pose ton sac par terre ici, personne ne le volera », a-t-il dit. Puis, nous sommes entrés dans la bibliothèque et il m'a invité à m'asseoir à une table.

« Assieds-toi, jeune homme, assieds-toi et je reviens tout de suite. » Il s'est alors élancé en direction des étagères.

Quelques minutes plus tard, il est revenu avec quelques livres et s'est assis près de moi.

— Il y a deux choses que j'aimerais t'enseigner, jeune homme, deux choses que tu ne devrais jamais oublier. Tu me le promets ?

— Oui, Monsieur.

— Premièrement jeune homme, a commencé mon nouveau mentor, il ne faut jamais, juger un livre par sa couverture.

— Oui, Monsieur.

— Parce que tu crois probablement que je suis un clochard bon à rien, mais laisse-moi te dire un petit secret. Je suis l'un des hommes les plus riches d'Amérique. Je viens du nord-est du pays, et je possède toutes les choses que l'argent permet d'acheter : des voitures, des avions, des maisons. Il y a un an, une personne qui m'était très chère est décédée, et quand elle est partie, j'ai réfléchi à ma vie et je me suis dit : *J'ai tout ce que j'ai voulu, mais il me manque une expérience. Comment se sent-on quand on n'a rien et qu'on vit dans la rue ?* Alors, je me suis engagé à traverser l'Amérique en allant de ville en ville, sans rien, juste pour vivre cette expérience avant de mourir. Alors, mon garçon, ne juge jamais un livre par sa couverture, parce que cela peut être trompeur.

Puis il a agrippé ma main droite et l'a placée sur les deux livres qui se trouvaient sur la table. Il s'agissait des œuvres d'Aristote et de Platon, et il m'a dit avec une intensité et une clarté telles que je ne l'ai jamais oublié : « Apprends à lire, jeune homme. Apprends à lire, parce qu'il n'y a que deux choses que personne ne pourra jamais t'enlever : ton amour et ta sagesse. Les êtres qui te sont chers peuvent partir, tu peux perdre ton argent, tu peux perdre pratiquement tout, mais jamais ton amour et ta sagesse. N'oublie jamais ça, mon garçon.»

— Non, Monsieur, jamais, ai-je répondu.

Puis il a marché avec moi pendant quelque temps et m'a dit au revoir alors que je reprenais la route vers la Californie. Je n'ai jamais oublié ce message, qui se trouve dorénavant au cœur de mon système de croyances : *L'amour et la sagesse sont l'essence de la vie.*

(Extrait de *The Breakthrough Experience*, Hay House, 2002)

Dr Wayne W. Dyer

Greg Bertolini

Le Dr Wayne W. Dyer est un auteur et un conférencier de renommée internationale œuvrant dans le domaine de la croissance personnelle. Il a écrit trente livres et créé de nombreux programmes audio et vidéo, et a été invité à des milliers d'émissions de télévision et de radio. Ses livres *Accomplissez votre destinée*, *La sagesse des anciens* et *Il existe une solution spirituelle à tous vos problèmes*, ainsi que *Les dix secrets du succès et de la paix intérieure*, *Le pouvoir de l'intention* et *Inspiration*, qui ont figuré sur la liste des bestsellers du *New York Times*, ont tous fait l'objet d'émissions spéciales à la télévision publique nationale.

Wayne est titulaire d'un doctorat en *counselling* pédagogique de la Wayne State University. Il a été professeur agrégé à la Saint-John's University, à New York.

Site Web : www.DrWayneDyer.com

LE MIRACLE
DU PAPILLON

Le jour où j'ai terminé le chapitre 17 de mon livre intitulé *Inspiration* et que j'ai lu le manuscrit au téléphone à Joanna, mon éditrice, à Bainbridge Island, Washington, j'ai eu la plus profonde expérience mystique d'être en-esprit de mes soixante-cinq années d'existence. (La photographie de la page précédente est une reconstitution de ce qui s'est produit.)

Ce jour-là, après avoir terminé ma conversation avec Joanna, je suis allé faire ma promenade quotidienne d'une heure sur la plage. Pour une raison que j'ignore, j'ai décidé de prendre une route légèrement différente et de longer une surface gazonnée *adjacente* à la plage. Je pensais à mon ami Jack Boland, un pasteur de l'Église Unie, à Détroit, qui était décédé quelque dix années auparavant. Jack adorait les papillons monarques, et parlait souvent de l'émerveillement que lui inspiraient ces créatures fines et légères comme une feuille de papier, qui parcouraient chaque année des milliers de kilomètres à travers les vents violents pour retourner à la même branche, sur le même arbre d'où ils avaient émergé de leur cocon.

Avant son décès, j'ai donné en cadeau à Jack un superbe presse-papiers contenant un monarque que j'avais trouvé sans vie et en parfaite condition. À la mort de Jack, son épouse m'a retourné l'objet, en me disant à quel point Jack aimait ce présent et admirait ces créatures étonnantes dont le cerveau, de la grosseur d'une tête d'épingle, contenait une intelligence si mystérieuse.

Jack me conseillait sans cesse d'« être dans un état de gratitude », et terminait toujours ses sermons avec ce message adressé à Dieu : « Merci, merci, merci. » Depuis sa mort, un papillon monarque est venu se poser sur moi à trois reprises. Étant donné que ces créatures évitent habituellement soigneusement tout contact humain, chaque fois que cela est arrivé, j'ai pensé à Jack en me disant : « Merci Dieu, merci, merci. »

Ainsi, ce jour-là, alors que je marchais dans l'air frais du matin, tout heureux d'avoir terminé l'avant-dernier chapitre de mon livre, un monarque a atterri sur le sol, à un mètre devant moi. J'ai alors répété en esprit les mots magiques de Jack (*Merci, Dieu, merci, merci*), et j'ai éprouvé un profond sentiment d'appréciation pour ma vie et pour la beauté de cette journée. Le papillon est resté au même endroit jusqu'à ce que je m'approche, puis il s'est mis à battre des ailes et s'est envolé. Tout en pensant à Jack, et me sentant à la fois perplexe et immensément reconnaissant, je regardais voleter le papillon, qui se trouvait maintenant à quarante ou cinquante mètres de distance.

Tout à coup, Dieu m'est témoin, le papillon a non seulement fait demi-tour, mais il s'est dirigé vers moi, puis s'est posé sur mon doigt ! Inutile de dire que j'étais abasourdi, sans toutefois être totalement surpris. En effet, j'ai remarqué que, plus mon esprit demeure réceptif, plus je vis de synchronicités comme celle-ci. Mais ce qui s'est produit ensuite est à la limite du possible, même pour moi.

Cette petite créature est devenue ma compagne pendant les deux heures et demie qui ont suivi. Le papillon a commencé par se poser sur l'une de mes mains, puis sur l'autre, sans jamais faire mine de s'envoler. Il semblait essayer de communiquer avec moi en battant des ailes et même en ouvrant et en fermant sa petite bouche, comme s'il essayait de parler. Aussi insensé que cela puisse paraître, j'ai ressenti une profonde affinité avec cette précieuse créature vivante. Je me suis assis sur le sol et suis simplement resté là, avec mon nouvel ami, pendant les quelques trente minutes qui ont suivi. Puis, avec mon cellulaire, j'ai téléphoné à Joanna, qui n'en revenait pas de cette synchronicité et m'a demandé de prendre une photo de ce moment unique.

J'ai alors décidé de retourner à mon domicile, qui se trouvait à environ un kilomètre et demi, avec mon nouveau compagnon. J'ai emprunté le chemin de la plage, où les vents étaient plus violents, et malgré les bourrasques qui lui faisaient ballotter les ailes, le papillon est resté sur mon doigt et s'est même déplacé jusqu'à mon autre main sans faire la moindre tentative pour s'envoler. Sur mon chemin, j'ai rencontré une petite fille de quatre ans accompagnée de sa mère. L'enfant pleurait en raison de quelque tragédie qui avait fait chavirer sa jeune vie, et lorsque je lui ai montré « mon » papillon, son expression est passée de la tristesse au bonheur en l'espace d'une seconde. Souriant de toutes ses dents, elle m'a posé moult questions sur la petite créature ailée qui trônait sur mon index.

Arrivé à la maison, je suis monté à l'étage tout en parlant dans mon portable avec mon ami Reid Tracy (le président de Hay House). Il riait franchement pendant que je lui racontais la bizarre synchronicité qui se déroulait en ce moment même. « Reid, cela fait 90 minutes que ce petit être est avec moi. Il faut croire qu'il m'a adopté », ai-je dit. Reid m'a lui aussi encouragé à prendre une photo de l'événement, d'autant plus que cette expérience était en complète harmonie avec ce que j'écrivais.

J'ai posé mon nouvel ami, que j'avais baptisé « Jack », sur la pile de papiers qui constituait le manuscrit du chapitre 17 de mon livre, dans la véranda, et je suis retourné au rez-de-chaussée. Là se trouvait Cindy, une jeune femme qui travaillait dans les environs. Je lui ai demandé de courir au magasin acheter une caméra jetable, ce qu'elle a fait sans attendre. Je suis ensuite retourné sous la véranda, j'ai posé ma main à côté de Jack, et il a immédiatement sautillé jusqu'à mon doigt ! Mon compagnon papillon avait apparemment décidé de vivre avec moi pour toujours.

Pendant une heure environ, j'ai médité et communié avec cette petite créature de Dieu, et j'ai réfléchi à ce qui constituait selon moi l'épisode spirituel le plus extraordinaire que j'aie jamais vécu. Ensuite, j'ai doucement reposé Jack sur mon manuscrit et suis allé prendre une longue douche chaude. De retour sous la véranda, j'ai placé mon doigt à côté de mon compagnon ailé comme je l'avais fait à de nombreuses reprises au cours des 150 minutes qui venaient de s'écouler, mais le papillon semblait avoir complètement changé de comportement. Il a pris son envol, a atterri sur une table, a battu des ailes deux fois puis s'est finalement envolé vers le ciel. Les instants que j'avais passés avec lui n'étaient dorénavant plus qu'un souvenir, mais j'ai gardé les photos, que je chéris.

Le matin suivant, j'ai décidé de regarder l'un de mes films favoris, *François et le chemin du soleil*, que je n'avais pas revu depuis plus d'une décennie. Et dans la scène d'ouverture du film de Franco Zeffirelli relatant la vie de saint François, on voit le jeune homme marcher dans la nature… un papillon posé sur le bout de son doigt.

(Extrait de *Inspiration*, Éditions AdA, 2006)

John Edward

Devon Cass

John Edward est un médium acclamé dans le monde entier, et l'auteur de plusieurs ouvrages, dont *One Last Time*, *Crossing Over* et *Derniers commencements*, qui ont tous trois fait partie de la liste des best-sellers du *New York Times*. En plus d'animer sa propre émission télévisée, intitulée *Crossing Over with John Edward*, John a été fréquemment invité à l'émission *Larry King Live* ainsi qu'à quantité d'autres émissions-débats, et a figuré dans un documentaire de la chaîne HBO intitulé *Life After Life*. Il publie son propre bulletin et donne des ateliers et des séminaires partout aux États-Unis. John vit à New York avec sa famille.

Site Web : www.johnedward.net

UNE MESSAGÈRE SPIRITUELLE

En février 2003, je m'étais rendu à Houston pour donner un séminaire, et j'ai commencé la séance comme je le faisais toujours : une explication sur la façon dont j'obtiens de l'information en provenance de l'Au-delà, suivie d'une période de questions de l'auditoire. Certaines personnes ont posé les questions habituelles à propos de mes expériences personnelles, tandis que d'autres sont allées au micro pour me remercier de faire ce que je faisais. Une femme en particulier m'a presque fait fondre en larmes lorsqu'elle a raconté avoir récemment perdu un enfant, et m'a dit que le fait de regarder mon émission télévisée *Crossing Over* était devenu pour elle une forme de thérapie qui l'aidait à composer avec son immense chagrin.

Dès que la conférence et la période de questions furent terminées, quelque chose a attiré mon attention vers le milieu de la salle. Je me revois debout sur la scène du théâtre, le bras tendu, indiquant quelque chose du doigt, comme si une ligne droite invisible s'était formée entre mon doigt et le milieu de la salle. En même temps que je faisais ce geste, j'ai vu apparaître dans mon esprit une puissante image… c'était la navette spatiale *Columbia*. Je savais… je *savais*… que ce message qui me parvenait avait quelque chose à voir avec l'explosion qui s'était produite trois semaines plus tôt, et qu'une personne qui se trouvait juste devant moi avait un lien avec ce triste épisode.

Mon propre lien avec ce désastre avait commencé avant même qu'il ne se produise. Le 16 janvier, à la maison, j'avais regardé le décollage de la navette à la télévision avec ma femme, Sandra, et je me souviens d'avoir éprouvé un mauvais pressentiment en observant l'appareil s'élancer vers le ciel. Ce n'était qu'un sentiment de malaise général, rien de précis. C'est souvent de cette façon que je ressens ce type de prémonition, car mes guides ne me donnent aucun détail. Alors, quand les gens me demandent pourquoi je ne fais rien pour prévenir les tragédies, voici ce que je leur réponds : j'ignore moi-même ce qui va se produire.

Cinq jours plus tard, à Los Angeles, alors que je m'apprêtais à partir pour l'Australie, j'ai fait une entrevue avec un magazine. La journaliste m'a demandé si j'avais des prémonitions, et si je pouvais lui faire part de ma plus récente. Je lui ai dit que bien sûr je pouvais, mais que ce n'était pas une prémonition très positive. Je lui ai confié, qu'en regardant le décollage de la navette *Columbia*, je m'étais senti préoccupé pour les astronautes. La journaliste n'a pas perdu une seconde et m'a demandé : « La navette va-t-elle s'écraser ? Ou exploser ? » J'ai alors pris peur, craignant d'avoir trop parlé. J'ai essayé de reculer un peu afin de calmer le jeu : « Non, non, ai-je dit, c'est simplement que je ne me sens pas tout à fait rassuré. »

C'est la dernière pensée que j'ai eue à propos de la navette avant le soir du 29 janvier 2003. Ce soir-là, je dînais à Melbourne, en Australie, avec toutes les personnes qui avaient participé à l'organisation de la tournée. Moi et mon amie Natasha Stoynoff, correspondante du magazine *People*, étions en train de savourer un steak, en bavardant à propos des vins locaux, lorsque je me suis soudain figé au beau milieu d'une phrase, la fourchette à la main.

« John... qu'est-ce qui ne va pas ? » a demandé Natasha. Elle reconnaissait cette *expression* sur mon visage.

« J'ai l'impression que quelque chose est en train d'exploser, ai-je répondu en posant ma fourchette, et qu'il y a une espèce... de lien avec Israël. »

Quoi ? Quand ? Où ? Natasha m'a posé en rafale une douzaine de questions typiques d'une journaliste, calepin et stylo à la main, mais je ne pouvais répondre à aucune d'entre elles parce que j'en ignorais moi-même la réponse. Je lui ai dit de ne pas s'en faire pour le moment, et j'ai essayé d'oublier ce que j'avais ressenti. Je me suis dit : *Voyons voir… Israël… il y a continuellement des explosions dans ce pays… il ne s'agit probablement pas vraiment d'une perception extrasensorielle.* Ce soir-là, nous sommes tous deux allés au lit quelque peu déstabilisés.

Le lendemain, nous avons pris l'avion vers l'Amérique. Lorsque nous attendions un vol de correspondance, à Los Angeles, nous avons entendu un bulletin d'informations diffusé dans l'aéroport par la chaîne CNN : la navette avait explosé ce matin-là, tuant les sept membres de l'équipage, dont le premier astronaute israélien de l'histoire à entreprendre cette expédition. Assis dans l'aéroport, j'ai ressenti la profonde tristesse que j'éprouve toujours quand un mauvais pressentiment se concrétise, et j'ai récité une prière silencieuse pour les membres de l'équipage et leur famille.

« Je me sens un peu bizarre de demander cela, ai-je dit à mon auditoire de Houston, mais y a-t-il quelqu'un ici qui aurait un lien avec une personne qui a péri lors de l'explosion récente de la navette ? »

L'auditoire est immédiatement devenu silencieux. Je me sentais mal à l'aise de poser cette question, parce que l'événement venait juste de se produire, et je savais que toutes les personnes liées à cette tragédie devaient encore avoir les émotions à fleur de peau. Je dis souvent aux gens que l'intervention d'un médium n'est pas un remède à la douleur, et qu'elle ne peut être utile que lorsqu'elle survient au moment approprié au cours du cheminement d'une personne qui *traverse* une période de deuil — moment qui survient rarement juste après la disparition de l'être cher.

J'hésitais à parler du désastre de la navette de peur que la perte soit trop récente, mais ma règle d'or dans mon travail est la suivante : *S'ils (mes guides) me montrent quelque chose, j'en fais part.* Une bonne partie du processus consiste à ne pas censurer ou tronquer les messages que je reçois.

« Quelqu'un qui se trouve dans cette section de la salle, ai-je ajouté, montrant du doigt l'espace devant moi, a un lien avec l'un des astronautes décédés dans la navette spatiale *Columbia* il y a trois semaines. » Une femme qui se tenait directement devant moi, à l'arrière de la salle, s'est alors levée.

« Mon mari est le cousin de Rick Husband », a-t-elle dit.

J'ignorais de qui elle parlait, car je ne connaissais pas les noms des astronautes. La femme a expliqué que Rick Husband était le commandant de la navette *Columbia*, et son cousin par alliance. Lorsqu'elle m'eut donné ces précisions, l'information s'est mise à couler dans ma tête. Rick avait dit que les familles recevraient de l'information additionnelle à propos du désastre, peut-être une bande vidéo, qui pourrait être rendue publique. Il y avait aussi des messages « audibles » de l'équipage de la navette dont le public n'avait pas encore entendu parler, mais dont il apprendrait bientôt l'existence. On m'a montré que le décès des astronautes avait été rapide et les avait pris par surprise, et qu'ils étaient déjà inconscients avant que quoi que ce soit n'arrive à leur corps physique.

« C'est comme s'ils étaient endormis », ai-je dit à l'auditoire, en inclinant la tête de côté en position de sommeil pour mieux exprimer ce que je voyais et entendais. À ces paroles, toute la salle a applaudi, soulagée pour les astronautes et leur famille.

« Rick venait d'une famille religieuse… » était l'autre élément d'information que j'ai obtenu. La salle entière a alors hoché la tête à l'unisson. Tout le monde à part moi semblait connaître ce détail à propos de ce garçon natif de Houston.

« Il y a un nom contenant les lettres *LN*… comme Lynne… qui a un lien avec Rick. Est-ce vous ? »

Elle a fait non de la tête. Puis, je me suis senti tiré dans deux directions opposées, comme si j'étais une feuille de papier qu'on déchirait.

« Y a-t-il quelqu'un d'autre dans cette salle qui connaît aussi Rick ? Ou y a-t-il quelqu'un ici qui a un lien avec *un autre* membre de l'équipage de la navette ? »

Une petite femme assise à environ dix rangées de la scène a levé la main. «Oui, a-t-elle dit. Je connaissais l'astronaute israélien qui se trouvait dans la navette. Son nom était Ilan.»

Voilà qui expliquait le nom «Lynne». Quand on me transmet des noms qui commencent par une voyelle, je n'entends pas cette première voyelle. J'entends plutôt avec force et prédominance les consonnes qui suivent la voyelle. Alors, dans ce cas-ci, «Ilan» est devenu dans ma tête le son «Lan» ou «Lin», car je n'ai pas entendu le son «I». Je me suis alors mis à recevoir de l'information sur ce deuxième astronaute.

— Il veut que je parle de ses enfants... et de quelque chose à propos de la musique. Quelqu'un lui chantait-il des chansons à partir d'ici? Ou chantait-il des chansons quand il se trouvait en mission?

— Lui et sa femme avaient une chanson qui parlait de la difficulté d'être loin, a répondu la femme sur un ton rempli d'émotion. Et elle lui chantait cette chanson quand il se trouvait là-haut.

À ce stade, l'émotion commençait à me gagner moi aussi.

— Et sa fille, sa petite fille, a ajouté la femme, a regardé son père décoller dans la navette spatiale. À ce moment-là, elle a dit tout haut : «Je viens de perdre mon papa.»

Je faisais tout en mon pouvoir pour ne pas éclater en sanglots sur la scène. Habituellement, quand je donne des consultations, je suis capable de rester détaché de l'aspect émotionnel des propos échangés. C'est ce qui me permet de transmettre chaque fois des renseignements très poignants sans me mettre moi aussi à pleurer. Mais cette dernière image de la petite fille qui dit au revoir de la main à son papa m'a fait craquer. Depuis la naissance de mon fils Justin, les consultations qui portent sur les relations parents-enfants ont sur moi un effet plus profond et plus déchirant que jamais.

Après la soirée, mon assistante, Carol, m'a dit que les journaux avaient amplement fait état des mots prononcés par la petite fille lors du décollage de la navette. L'enfant avait-elle senti ce qui allait se produire? Pour ma part, je crois que notre âme décide quand elle a fini d'apprendre ce qu'elle avait à apprendre ici dans la sphère physique. Et lorsque ce moment arrive, nous nous donnons la permission de partir. Certains événements, que nous appelons «accidents», pourraient ne pas être des accidents du tout du point de vue de l'Au-delà.

Vers la fin de ces deux consultations, à Houston, les astronautes avaient introduit les parents des deux femmes. J'espère qu'elles ont été réconfortées de ces rencontres, et heureuses de savoir que les astronautes avaient fait appel à elles pour transmettre des messages à des êtres chers et leur faire savoir qu'ils allaient bien.

Deux semaines après le séminaire, le 1er mars, les bulletins de nouvelles ont validé ce qui était ressorti lors des consultations de Houston. Le *Daily News* de New York a révélé qu'une bande vidéo retrouvée au Texas montrait les derniers moments de l'équipage. Les astronautes riaient, bavardaient, ignorant totalement que quoi que ce soit ne tournait pas rond. Il s'agissait d'une «séquence vidéo remarquable qui a survécu au terrible incendie qui a consumé la navette spatiale *Columbia*», pouvait-on entendre au bulletin de nouvelles. «Il n'y avait pas une trace d'inquiétude, d'anxiété, rien du tout… Les spécialistes en épisodes traumatiques ont affirmé que ces images joyeuses contribueraient à réconforter les familles qui, après avoir visionné la bande vidéo, ont accepté qu'elle soit rendue publique.»

Quelque temps après mon passage à Houston, Nancy Marlowe Sheppard, la parente par alliance de Rick avec qui je m'étais entretenu lors du séminaire, m'a téléphoné. Institutrice à la retraite, Sheppard voulait absolument me dire ce qui lui était arrivé avant même qu'elle se rende au séminaire cette journée-là. Depuis l'explosion de la navette, elle sentait qu'elle devait à tout prix assister à un enregistrement de *Crossing Over* et que, si elle le faisait, quelque chose d'important en ressortirait. Quand elle a appris qu'un séminaire allait avoir lieu dans sa région, elle a appelé l'auditorium afin d'obtenir un billet, mais s'est fait dire que tout était vendu depuis des mois.

« J'ai dit à la femme, au téléphone : *Écoutez, je dois vraiment y aller. Pouvez-vous essayer encore ?* » a raconté Nancy.

Selon moi, il arrive souvent que l'Au-delà fasse en sorte qu'une personne se trouve exactement où elle doit être. Il est arrivé à quelques reprises que des gens qui essayaient d'avoir des billets pour *Crossing Over*, pour un séminaire ou pour une consultation privée, réussissent à en obtenir par un coup de chance ou apparemment par « coïncidence », et que la consultation obtenue par la suite se révèle déterminante.

Mais je répète que je ne crois pas aux coïncidences. La préposée à la vente de billets a soudainement « trouvé » deux billets pour ce séminaire à guichets fermés, qu'elle a remis à Nancy. Alors qu'elle se préparait à quitter la maison pour se rendre au séminaire, Nancy espérait que ses parents, décédés, se manifesteraient ce jour-là. Mais avant de quitter son domicile, elle a eu ce que l'on ne peut décrire que comme une prémonition : elle a senti l'énergie de Rick. « J'ai perçu la présence de Rick, a-t-elle dit, et je savais qu'il allait se manifester pendant la consultation. » Sa prémonition comportait aussi un message, selon lequel « Rick et le reste de l'équipage n'avaient pas souffert et étaient reconnaissants de l'amour que leur avait manifesté l'Amérique ».

Ce message avait surpris Nancy, sans toutefois lui causer un choc total. « J'ai toujours eu beaucoup d'intuition, dit Nancy, depuis l'enfance. Mais je n'avais jamais voulu tenir compte de ces pressentiments, ces sentiments, ces visions, ces certitudes. »

Il n'est pas rare que certaines personnes sentent qu'elles communiquent avec le monde spirituel. Ces personnes peuvent avoir des pensées, entendre une voix ou humer des effluves du parfum que leur maman avait l'habitude de porter. En fait, la plupart des gens vivent ce type d'expérience parapsychique à un moment ou à un autre de leur vie. Nous possédons tous en nous cette capacité, à différents degrés, mais au lieu d'y porter attention, la plupart des gens n'en tiennent pas compte. Nancy avait essayé d'ignorer ses pressentiments pendant toute sa vie, mais le jour du séminaire, elle ne pouvait plus le faire.

« J'étais assise à l'avant-dernière rangée de la salle, dans le dernier siège, raconte Nancy. Je savais que vous ne pouviez même pas me voir d'où vous étiez, sur la scène. Lorsque vous avez demandé s'il y avait quelqu'un qui avait un lien avec l'équipage de la navette *Columbia* et que je me suis levée, j'étais la seule personne debout dans la salle, et mon cœur battait à tout rompre. Je vous ai dit que j'avais un lien avec Rick, et vous avez dit : "Rick Husband est *ici*." L'un des messages que vous avez reçus est que Rick était un homme pieux, et cela est vrai. Il allait à l'église, faisait des exposés dans les classes de religion du dimanche et toutes sortes d'autres choses du genre. Puis, mes parents se sont manifestés… »

Nancy était enchantée que son père et sa mère se manifestent et fassent une « apparition éclair ». Lorsqu'ils ont donné des dates d'anniversaire exactes et mentionné les maladies dont avaient souffert des membres de la famille, Nancy a eu la confirmation que c'était bien eux. Mais ce qui l'a le plus touchée est une chose que j'ai dite au groupe à la fin de la soirée.

« Vous avez fait une pause, a raconté Nancy, puis vous avez dit : "Y a-t-il quelqu'un ici qui savait *avant* de venir au séminaire que tout ceci allait se produire ?" C'est ce moment-là qui a été pour moi vraiment incroyable. J'étais encore debout, et j'ai dit : "Je savais !" »

Un mois après le séminaire, Nancy a envoyé une lettre à la mère et à l'épouse de Rick pour leur faire part de ses expériences, dans l'espoir que ses mots les réconforteraient. Cette journée-là, à Houston, Nancy a su avec certitude qu'elle était une « messagère spirituelle ». Cela avait commencé avec sa prémonition, plus tôt dans la journée, et s'était poursuivi lorsqu'elle avait transmis un message de l'au-delà par courrier à la famille de Rick.

La tâche de messager spirituel en est une que nombre d'entre nous effectuons sans toujours en être conscients. La petite fille qui a assisté au départ de son père dans la navette transmettait un message, elle aussi. Il n'est pas nécessaire d'être médium pour avoir des rapports avec l'au-delà. Il suffit d'être ouvert aux vibrations et de demeurer à l'écoute.

« Je crois fermement que je devais me trouver là, dit Nancy. Et je crois que c'est pour ça que j'ai pu avoir un billet à la dernière minute. Je crois que Rick Husband savait que j'allais être présente, et m'a choisie pour transmettre son message. »

(Extrait de *After Life*, Princess Books/Hay House, 2003)

Lesley Garner

Romas Foord

Lesley Garner, auteure de *Tout ce que la vie m'a appris sur l'harmonie*, observe depuis toujours la vie qui l'entoure. Ses réflexions et ses observations ont été publiées dans des articles de magazines, des profils et des chroniques parues dans des publications comme le *London Daily Telegraph*, le *Daily Mail* et *Evening Standard*, au Royaume-Uni. Elle a été critique d'art, de livres et de films, et quand elle n'écrit pas, elle adore chanter dans une chorale. Elle a beaucoup voyagé, vécu en Éthiopie et en Afghanistan, et habite présentement Londres.

LA CONDITION
HUMAINE

Il arrive parfois qu'une personne perde tout. Que la crise qui traverse sa vie n'en soit pas une qui affecte le cœur, l'ego ou le compte en banque. Elle ne perd pas un emploi, un conjoint ni même un de ses membres. La vision qu'elle avait de son avenir n'a pas simplement disparu comme une illusion qui se serait évaporée dans son imagination ; elle s'est littéralement réduite en poussière sous ses yeux. Derrière un mur familier se cache un tireur d'élite. Une maison aimée est consumée par les flammes. Les hommes qui aidaient cette personne sont tués ou disparaissent. Les femmes qu'elle respecte et aime se font violer. Les enfants meurent de faim. Le pays tombe en ruines. Dans ce type de contexte extrême, qu'est-ce qui reste ?

Lors d'une chaude journée de mai, en 1999, je me trouvais à flanc de montagne, en Macédoine, parmi des gens dont l'existence n'avait plus grand-chose d'humain. La terre avait été rasée de toute végétation au *bulldozer*, et il n'y avait même plus d'herbe. Les vertes collines des Balkans s'étendaient au loin tout autour, mais des clôtures en grillage les séparaient de cette vaste étendue sèche et rocailleuse. Je me trouvais à Cegrane, le plus récent camp de réfugiés créé en Macédoine pour héberger les milliers de réfugiés qui traversaient la frontière en provenance du Kosovo. Le camp accueillait les Kosovars albanais qui avaient abandonné leur foyer à l'arrivée des milices serbes, et qui avaient ensuite passé des jours et des semaines à parcourir les montagnes en quête d'un refuge.

Cegrane n'était pas un endroit où quiconque voudrait se trouver. Le camp était si récent et désorganisé que les tentes n'étaient pas encore toutes installées, et des familles entières devaient encore dormir à même le sol rocailleux. À l'extérieur des clôtures attendaient des autobus rouges remplis à craquer de gens exténués qui avaient traversé la frontière macédonienne. J'avais déjà aperçu ces autobus en train d'attendre au poste frontière, ainsi que les visages en état de choc, livides et exténués des passagers, qui ne ressemblaient à aucun visage humain que j'avais vu auparavant. C'était les visages de personnes qui avaient abandonné, les visages au regard flou et éteint de personnes qui se sont rendues à la limite de l'endurance. Lorsque j'ai vu ces gens, j'ai cru savoir à quoi ressemblaient les juifs dans les trains qui les emmenaient vers les camps de concentration.

Cinq mille personnes entraient à Cegrane chaque jour. Pendant que le plus récent groupe de réfugiés attendait passivement dans les autobus, à l'intérieur des clôtures, j'ai engagé la conversation avec des gens qui avaient déjà passé une nuit dans le camp. Un système commençait à s'établir : là où des tentes avaient été érigées et des couvertures distribuées, le besoin humain de créer et d'organiser un foyer s'affirmait.

Les gens avaient fui les Serbes en n'emportant que les vêtements qu'ils avaient sur le dos. Pour avoir des vêtements propres, ils devaient se couvrir avec leur couverture pendant que leurs vêtements séchaient, étendus sur des cordes de leur tente. Des mères avec leurs enfants faisaient la queue sous le chaud soleil de mai pour obtenir leur ration quotidienne de trois couches jetables. Plus loin, un camion déchargeait une cargaison de nourriture, qui équivalait à un morceau de pain par jour par personne. Il y avait une autre file d'attente devant une table installée par la Croix-Rouge, où pouvaient s'inscrire les gens qui essayaient de retrouver un membre de leur famille.

Partout où j'allais, il régnait un sentiment palpable de confusion, de fatigue et de frustration, autant d'émotions de surface suscitées par le chaos qui régnait dans le camp. Mais sous l'anxiété de tous les instants qu'éprouvaient tous les hommes et toutes les femmes qui tentaient de fonctionner dans cet environnement désolé et hostile, se cachaient des sentiments plus profonds de perte et de douleur ainsi qu'une peur terrible de ce que réservait l'avenir.

Et pourtant, même dans les circonstances les plus difficiles, l'esprit humain s'affirme inéluctablement. Des enfants jouaient en riant près des tuyaux d'eau. On pouvait déjà apercevoir près de l'ouverture des tentes des balais fabriqués avec de petites branches, qui témoignaient d'une tentative de créer de l'ordre à partir d'un affligeant désordre.

Je n'oublierai jamais ce jour ; je me trouvais dans la zone la plus exposée du camp, une étendue blanche couverte de roches pointues où étaient éparpillées les possessions des petits groupes de personnes qui venaient de passer la nuit dehors à flanc de montagne. Je me suis mise à parler avec un couple d'âge moyen visiblement las à propos de la nuit blanche qu'ils venaient de passer, quand j'ai aperçu un petit groupe plutôt inhabituel gravir la pente en notre direction. Telle Mère Courage, Begishe, une femme de 32 ans, barbouillée de saleté, mais pleine d'entrain, marchait en tête d'un groupe dépenaillé de cinq enfants qui se dirigeait vers le haut de la colline. Exténués, le visage couvert de poussière, ils avaient les bras chargés de sacs, de couvertures et de bébés. Ils dormaient depuis cinq jours à la belle étoile, couchant directement sur le sol pierreux de Cegrane. Avant d'arriver au camp, Begishe avait guidé les enfants à travers les montagnes, de village en village, depuis que les milices serbes avaient attaqué leur village, les forçant à fuir vers la forêt. Leur père était en Allemagne, et cette petite famille empoussiérée respirait la volonté de vivre et la résilience.

Alors qu'ils s'entretenaient avec le couple plus âgé, je leur ai exprimé, fort inadéquatement, ma sympathie face à leur situation, et ce sont mes mots maladroits, mais pleins de gentillesse, plutôt que leur situation difficile qui leur ont fait monter les larmes aux yeux. Je voulais savoir ce qui leur donnait la force et le courage de continuer malgré ces circonstances extrêmes et chaotiques. «Nous faisons tout ensemble. Nous nous soutenons moralement les uns les autres. Nous agissons de façon très humaine les uns envers les autres », m'a répondu la femme plus âgée.

Cette réponse saisissante a été pour moi une leçon d'humilité. Lorsque tout ce qui est intangible a disparu — le statut, l'identité, l'optimisme face à l'avenir, l'ambition — les gens peuvent encore agir humainement les uns envers les autres. Lorsque tout ce qui est tangible a disparu — la maison, les terres, la famille, les animaux de ferme, les vêtements et les possessions — les gens peuvent encore agir humainement les uns envers les autres. Se comporter en humains est tout ce qu'il leur reste.

Que voulait dire cette femme, sans abri et errant sur ce flanc de montagne, par le mot humain ? Après tout, les soldats qui avaient chassé ces gens de leur maison et de leur pays étaient aussi des êtres humains. J'ai souvent réfléchi à cette question, et je crois qu'être humain veut simplement dire être vulnérable et ouvert. Cela veut dire éprouver de l'empathie envers autrui et savoir qu'on n'est pas différent des autres. Cela signifie faire partie d'un même organisme, sans se cacher ni se séparer. Cela veut dire abandonner les rôles, les attentes, les jugements et les oppositions. Cela veut dire perdre le besoin de contrôler les autres. Cela veut dire réagir à son environnement et ne pas en être coupé, et encore moins éprouver le besoin de l'exploiter et de le détruire. Cela veut dire aller vers les autres au lieu de se refermer sur soi. Et cela ne veut certainement *pas* dire discriminer, opprimer, exclure et même tuer.

La chance et la malchance peuvent toutes deux inciter une personne à devenir plus humaine. La chance favorise la détente et la confiance en chassant la peur, et la malchance nous force à reconnaître notre irréductible nature humaine et les liens qui nous unissent aux autres. Mais la chance risque d'encourager la complaisance et le détachement face aux expériences des autres. Les enclaves de riches ne sont certainement pas reconnues pour leur humanité, peu importe le nombre de chèques que les gens fortunés envoient aux organismes de charité. Ironiquement, ces grandes qualités que sont l'ouverture, la générosité et la gentillesse ne se manifestent souvent que dans des circonstances extrêmes — comme le bombardement de Londres, et le 11 septembre aux États-Unis. Dans une situation où il existe une menace extrême, lorsque tout ce qui était familier a disparu, rester humains est tout ce qu'il nous reste.

Un jour, j'ai entendu Ram Dass dire que le défi de la vie consistait à garder son cœur en état d'ouverture même en enfer. Ces paroles m'ont frappée, mais quand je repense à ces Kosovars vivant dans la pierraille et la poussière, je me demande s'il n'est pas plus facile de garder le cœur ouvert en enfer, car le cœur est tout ce qu'il nous reste. Le défi consiste à rester humain lorsque la complexité et la normalité de la vie quotidienne reviennent, avec les possessions suffocantes et la course au statut.

J'ai compris une chose : aussi vrai que le soleil se lève tous les matins, la vie redeviendra difficile un jour, et c'est la raison pour laquelle j'écris ces mots. J'ai sincèrement espoir qu'ils me seront utiles dans cette entreprise magnifique mais parfois affligeante consistant à *être un humain*.

(Extrait de *Tout ce que la vie m'a appris sur l'harmonie*,
Éditions AdA, 2006)

Keith D. Harrell

Rick Diamond

Keith D. Harrell est un accompagnateur et motivateur dynamique, ainsi que l'auteur de *An Attitude of Gratitude* et de *Attitude is Everything for Success*. Il est président de Harrell Performance Systems, une entreprise qu'il a créée et dont la raison d'être est d'aider les personnes qui évoluent dans le milieu des affaires à atteindre leurs objectifs en adoptant une attitude positive. En août 2000, Keith a été intronisé au NSA Speaker Hall of Fame, hommage qui lui a été rendu pour toute une vie d'excellence et de professionnalisme à titre de conférencier. De plus, l'une des principales agences de conférences au pays l'a classé dans sa liste des « 22 ovations garanties ».

Site Web : www.keithharrell.com

LE MATCH
DE LA RÉUSSITE

Du plus loin que je me souvienne, j'ai toujours voulu jouer au basket-ball dans la ligue professionnelle. Malheureusement, le jour où la NBA procédait à une visite pour le repêchage dans mon université, alors que j'en étais à ma dernière année d'admissibilité, mon rêve a brusquement pris fin. Cependant, je n'ai pas laissé cet échec m'empêcher de viser le succès. J'ai plutôt établi un nouveau plan de match : au lieu de la NBA, j'ai choisi IBM.

J'ai passé un coup de téléphone à mon cousin Kenny Lombard :

— Kenny, je suis prêt pour un autre genre de match.

— Qu'est-ce que tu veux dire ? a-t-il demandé.

— J'ai eu beaucoup de plaisir à jouer au basket-ball, mais je veux maintenant évoluer sur le terrain des affaires. Je veux réussir, et je crois que ce que le basket a fait pour moi dans le passé, les affaires peuvent faire la même chose aujourd'hui. J'aimerais travailler dans la même entreprise que toi. Rappelle-moi son nom ?

— IBM.

— Crois-tu que je possède les qualités requises ?

Après un moment de silence, mon cousin a répondu : « Keith, je crois que tu as ce qu'il faut, mais pour devenir un gros joueur dans le domaine des affaires, il te faudra y mettre encore plus d'efforts qu'au gymnase… »

Kenny a continué à parler, et ce qu'il disait me plaisait beaucoup, parce que, dans mon esprit, il créait un parallèle entre les affaires et le sport : si l'on y met l'effort nécessaire, on réussit… à condition de ne pas laisser s'installer la peur ou le doute.

Mais le destin a voulu qu'IBM ne soit pas en période d'embauche au moment où Kenny et moi avions cette conversation.

— Ce n'est pas parce qu'ils n'embauchent pas *présentement* que nous ne pouvons pas commencer à nous préparer, a dit mon cousin.

— Parfait, je suis prêt, ai-je répondu avec enthousiasme. Allons-y !

Étant donné que, pour moi, la réussite avait toujours été liée à l'intervention d'autres personnes responsables de mon entraînement, je connaissais l'importance des mentors. Kenny n'avait que quelques années de plus que moi, mais il avait plusieurs longueurs d'avance dans le domaine des affaires. Il avait commencé chez IBM à titre de représentant, et avait déjà été promu à un poste dans le secteur du marketing. J'étais très heureux qu'il accepte de jouer le rôle de mentor pour m'aider à décrocher un emploi dans son entreprise. Tout comme j'avais passé des heures au gymnase à me préparer pour un match important, j'étais prêt à passer autant d'heures à étudier et à me préparer pour une entrevue d'embauche.

— Je suis prêt à te consacrer tous mes samedis matins, m'a généreusement offert Kenny. Tu vas apprendre les techniques d'entrevue et le jargon de l'entreprise, ainsi que les rudiments des affaires. Mais écoute-moi bien, Keith : étant donné que je te consacre du temps, je vais te demander une certaine préparation avant chacune de nos rencontres.

— OK, ai-je répondu, me sentant prêt à faire tout ce qu'il fallait pour réussir dans mon nouveau projet.

— Je vais te donner de la matière à étudier, des livres à lire et des problèmes à résoudre, a-t-il ajouté.

— Je le ferai.

— Et une chose encore : je m'attends à ce que tu arrives à l'heure à chacune de nos rencontres.

— Bien sûr.

— Si tu ne respectes pas ces consignes, tu vas m'entendre en parler. Est-ce que je me suis bien fait comprendre ?

J'ai acquiescé.

La préparation pour la première rencontre du samedi matin a commencé quelques jours plus tard, lorsque j'ai reçu un coup de téléphone de Kenny : « Je veux simplement te rappeler que tu as un rendez-vous avec moi ce samedi. »

— Je sais. Et j'ai très hâte.

— Notre rencontre aura lieu à 8 h, a ajouté Kenny, et voici ce que j'aimerais que tu saches. Nous allons faire comme s'il s'agissait d'une *vraie entrevue* chez IBM. Je veux que tu fasses semblant que tu ne me connais pas. Alors, emporte ton curriculum vitae, gare-toi devant chez moi, frappe à la porte, présente-toi et dis que tu as une entrevue à 8 h avec Ken Lombard, directeur des ventes. Puis, nous commencerons l'entrevue.

— Parfait, ai-je répondu, de plus en plus enthousiaste à mesure que mon cousin parlait.

Pendant toute la semaine, je me suis préparé de mon mieux à l'« entrevue ». Vendredi soir, des amis m'ont téléphoné pour me demander si je voulais les rencontrer le lendemain matin pour une partie de basket-ball.

— Je ne pourrai plus être présent à nos parties du samedi matin pendant quelque temps, leur ai-je dit.

— Pourquoi ?

— Je me prépare dans le but d'obtenir un emploi à IBM.

Ce à quoi mon copain a répondu, sur un ton sarcastique : « Dis-moi, Keith, pendant combien de temps te faudra-t-il te préparer avant qu'ils te donnent un emploi ? »

Imaginez leur réaction quand je leur ai répondu ce qui suit : « Eh bien, ils n'embauchent pas en ce moment ! »

J'ai entendu un éclat de rire tonitruant au bout de la ligne. « Celle-là, elle est bonne. »

— Écoutez-moi, ai-je dit fermement, je me prépare pour être en mesure de décrocher un emploi lorsqu'ils *seront* de nouveau en période d'embauche.

Quelques minutes avant 8 h, samedi matin, je garais ma voiture devant la maison de Kenny. Après avoir frappé à la porte d'entrée, j'ai été accueilli de manière très officielle par mon cousin.

— Oui ? a-t-il dit, agissant comme s'il ne me connaissait pas.

— Mon nom est Keith Harrell, ai-je annoncé, j'ai rendez-vous à huit heures avec Ken Lombard.

— Entrez et asseyez-vous ici, a dit Kenny en me guidant jusqu'à son bureau.

Je l'ai suivi, et me suis assis. J'étais certain que les choses avaient très bien commencé, mais soudainement, Kenny a cessé de jouer son rôle et m'a regardé droit dans les yeux.

— L'entrevue est terminée ! s'est-il exclamé.

— Pourquoi ? ai-je demandé, interloqué.

— Regarde comment tu es habillé, a-t-il dit en montrant mes vêtements du doigt.

J'ai regardé mon accoutrement et me suis dit que *j'avais un look du tonnerre*. Je portais des chaussures bleues en suède, une chemise de soie bleue au col très ouvert et une chaîne en or autour du cou. Je ne comprenais pas. « Qu'est-ce qui ne va pas dans ma présentation ? »

— Tu ressembles à un gars qui s'apprête à faire la tournée des bars, a dit Kenny. Tu as l'air d'être en route pour la discothèque, pas pour IBM.

— Qu'est-ce que je devrais porter ?

— Ce sera ton devoir pour la semaine prochaine, a dit mon cousin en souriant. Deux choses : premièrement, va à la librairie acheter un exemplaire du livre *Dress for Success*, de John T. Molloy, et lis-le. Deuxièmement, lundi matin, je veux que tu ailles au centre-ville et que tu te postes devant l'immeuble d'IBM. Observe ce que portent les employés. C'est comme ça que je veux que tu te présentes la prochaine fois. Alors, quand tu reviendras samedi prochain, porte des vêtements appropriés, et nous poursuivrons l'entrevue. Si tu n'es pas vêtu comme il faut, je te renvoie de nouveau chez toi.

Je n'en croyais pas mes oreilles. « Nous avons terminé pour aujourd'hui ? »

— Oui, a répondu Kenny. C'est terminé. Est-ce que tu comprends pourquoi ?

— Pourquoi ?

— Parce que tu as *échoué*.

Sur ces paroles, il s'est levé et m'a accompagné jusqu'à la sortie.

Naturellement, la première chose que j'ai faite a été d'acheter *Dress for Success*, que j'ai dévoré. Puis, lundi matin, je suis allé au centre-ville, à l'heure où les cadres d'IBM rentrent au travail. Et quand j'ai rencontré Kenny le samedi suivant, il ne m'a pas renvoyé à la maison.

Les rencontres du samedi ont duré pendant plusieurs mois. Kenny m'a merveilleusement bien préparé, ne négligeant aucun détail. Par exemple, il m'a beaucoup aidé avec ma diction ; il m'a montré à m'exprimer comme un membre du milieu des affaires, en abandonnant l'argot que j'adoptais automatiquement lorsque je m'adressais aux membres de ma famille ou à des amis. Quand j'étais avec eux, les « bin oui » et les « tsé » fusaient de toutes parts.

« Il y a une différence entre la façon dont tu t'adresses à un client d'IBM et la façon dont tu parles à tes copains quand tu joues au basket-ball », m'a dit Kenny.

J'ai appris le vocabulaire de la profession et l'étiquette du milieu, ainsi qu'à adopter une meilleure posture et à me présenter correctement, et j'ai acquis de l'assurance. C'est comme si je travaillais à l'obtention d'une maîtrise tous les samedis matins. Et j'en apprenais de plus en plus sur le fonctionnement interne d'IBM. Je savais comment allaient les ventes dans les bureaux de Seattle comparativement aux autres bureaux de la région, je pouvais nommer les directeurs locaux et énumérer leurs réussites au cours de l'année précédente, et j'ai acquis une solide compréhension de la structure de l'entreprise.

Durant cette période de l'histoire d'IBM, la main-d'œuvre de l'entreprise était répartie dans trois divisions : la division du traitement des données vendait des ordinateurs centraux, la division des systèmes généraux vendait des ordinateurs moyens et la division du matériel de bureau (que les employés d'IBM appelaient OPD) vendait des photocopieuses, des machines à écrire, de l'équipement de traitement de texte et d'autres produits relatifs au travail de bureau. Au sein d'IBM, cette dernière division était considérée comme la plus « basse » des trois. J'en suis venu à bien connaître l'OPD parce que j'effectuais des recherches sur cette division toutes les semaines.

Mais en plus de faire de moi une véritable encyclopédie sur tout ce qui concernait IBM, Kenny m'a aidé à analyser objectivement mes forces et mes faiblesses. Il m'a enseigné comment contourner chacune de mes faiblesses en misant sur mes forces. « En examinant votre curriculum vitae, m'a-t-il dit un jour en prétendant être un directeur qui me faisait passer une entrevue, je constate que vous ne possédez pas de diplôme en études commerciales. Je vois aussi que vous n'avez suivi aucun cours en informatique ou en commerce. »

J'avais une réponse toute prête. « Monsieur, mon père enseigne le commerce au niveau collégial, alors je vous assure que je comprends l'importance d'un bilan financier et d'une déclaration de revenus, de même que tout ce qui touche l'actif et le passif. »

Kenny a eu un moment d'hésitation. « Oui, mais... »

— Monsieur, si vous me permettez, regardez plutôt les atouts que je *possède*. J'ai des compétences en matière de direction qui pourraient être très utiles dans le cadre de ce poste. J'ai joué au basket-ball à l'Université de Seattle pendant quatre ans, et pendant trois de ces quatre années, j'étais capitaine de l'équipe.

— C'est très bien, a répondu Kenny.

— Je connais l'importance d'en savoir le plus possible sur les concurrents. Par exemple, je sais que nos concurrents sont Xerox, Wang, Lanier et Kodak, pour ne nommer que ceux-là. Je sais à quel point il importe de connaître leurs stratégies d'attaque et de défense pour pouvoir les surpasser.

— Continue, a dit Kenny en souriant.

— Mon expérience de capitaine de l'équipe m'a aussi enseigné à prendre les choses en main. Et je sais, qu'à titre de vendeur, il importe que je m'occupe de mes clients et de mon territoire et que j'atteigne mon quota de vente. Je suis prêt à faire tout ce qu'il faut pour contribuer à la progression de l'entreprise.

Kenny a beaucoup apprécié ma réponse.

— Tu as très bien répondu à mes questions. Tu as utilisé tes forces dans le but de compenser tes faiblesses. Je crois qu'il est temps d'organiser une simulation d'entrevue avec une personne de chez IBM.

— C'est formidable! me suis-je exclamé.

— J'ai un bon ami qui est l'adjoint du directeur régional, ici à Seattle. Je veux que tu lui téléphones et que tu prennes rendez-vous avec lui. Emporte ton curriculum vitae, et comme d'habitude, fais exactement comme s'il s'agissait d'une vraie entrevue. Es-tu prêt à passer à cette étape?

— Je crois bien l'être.

Le jour de la «fausse» entrevue, je suis allé rencontrer l'ami de Kenny. J'étais nerveux, mais je voulais réussir plus que tout au monde, alors je me suis concentré et j'ai suivi mon plan.

L'homme qui me faisait passer l'entrevue m'a posé une bonne partie des mêmes questions sur lesquelles Kenny et moi avions travaillé pendant des semaines, et j'étais heureux de pouvoir formuler des réponses claires et cohérentes. Mais je me rappelle qu'il m'a aussi posé une question à laquelle je ne m'attendais pas : «Keith, comment arriveras-tu à demeurer motivé dans un emploi comme celui-là?»

J'ai répondu à cette question sans la moindre assistance de mon cousin. «Eh bien, il s'agit de savoir *se fixer des objectifs*! Je me donnerais comme objectif d'atteindre mon quota, et je ferais tout ce qui est en mon pouvoir pour être promu au poste de directeur du marketing. J'établirais une série d'objectifs qui sont à la fois atteignables et stimulants, assez pour me pousser à donner ma pleine mesure dans l'entreprise, et je suis certain que l'atteinte de ces objectifs entretiendrait mon sentiment de motivation.»

Cette réponse m'était venue tout naturellement. Après tout, ma capacité à me fixer des objectifs m'avait été très utile dans ma carrière sportive et au cours de mes études, lesquelles avaient mené à l'obtention de mon diplôme. L'adjoint au directeur régional était très impressionné, et l'entrevue a été pour moi une expérience très positive. À la fin de l'entrevue, l'ami de Kenny m'a complimenté sur mon excellente préparation. Il m'a donné deux ou trois conseils pour améliorer mes techniques d'entrevue et a accepté de me rencontrer de nouveau un mois plus tard pour une autre entrevue simulée.

Je suis devenu littéralement obsédé : j'allais être embauché chez IBM, et rien ne pourrait m'en empêcher. J'ai passé les semaines suivantes à étudier intensément, et la seconde entrevue avec l'adjoint du directeur régional a été encore plus réussie que la première. En fait, l'entrevue a été si concluante qu'il m'a fait une suggestion : « Keith, je crois que tu es prêt, alors j'aimerais que tu puisses passer une entrevue de courtoisie. »

— Vraiment ?

— Oui, mais j'insiste sur le mot *courtoisie*, parce qu'IBM n'embauche pas en ce moment. Mais nous sommes toujours à l'affût des nouveaux talents. Est-ce que ça t'intéresse ?

— Absolument. Dites-moi où et quand, et j'y serai.

Un rendez-vous fut fixé, et j'étais surexcité. Toutes les personnes qui avaient le malheur de se trouver dans mon entourage pendant un minimum de temps avaient droit à la présentation que je préparais pour l'entrevue. Ma mère l'avait entendue tellement de fois qu'elle pouvait m'en citer de longs passages. J'ai fait ma présentation à ma sœur ainsi qu'à tous mes amis. Je vivais, mangeais et dormais avec cette entrevue en tête.

Avec Kenny, nous avons également intensifié notre travail de préparation. À nos rencontres du samedi se sont ajoutés deux ou trois soirs par semaine. De plus, j'allais fréquemment à la bibliothèque pour étudier. Je ne pouvais donc pas être mieux préparé. La rencontre aurait lieu avec M. Colby Sillers, un directeur de la division des ventes d'IBM reconnu pour son perfectionnisme et son intransigeance. Il était coriace, mais j'étais prêt.

— Vous n'avez suivi aucun cours en commerce quand vous étiez au collège, Keith, a-t-il dit dès le début de l'entrevue. Qu'est-ce qui vous fait croire que vous avez les compétences requises pour travailler chez IBM ? Qu'est-ce qui vous fait penser que vous êtes bien outillé pour travailler dans une industrie comme la nôtre ?

J'ai souri, pris une profonde respiration et entrepris mon explication. « M. Sillers, j'ai passé quatre années au collège, et j'ai obtenu mon diplôme dans les délais réglementaires. Mon domaine d'études, les services communautaires, m'a permis d'apprendre comment avoir des relations avec des gens de tous les horizons ainsi que bâtir et gérer des relations. Ces compétences sont particulièrement importantes dans le marché moderne où, pour réussir, les gens d'affaires doivent cultiver des relations, travailler au sein d'équipes et savoir ce qu'il faut faire pour gagner. Dans mon équipe de basket-ball, j'ai été meneur de jeu pendant quatre ans, ce qui prouve que je travaille dur. Pendant trois de ces quatre années, j'ai été capitaine de l'équipe, ce qui témoigne de mes capacités de *leadership* et montre que je sais en quoi consistent la préparation et la compétition, et que j'ai une bonne attitude. Mon père enseigne le commerce depuis plus de vingt ans au Collège de Seattle, alors je connais les règles de base. Je suis convaincu de posséder les qualités requises pour cet emploi, et d'avoir la capacité d'apprendre les choses que j'ignore. Je vous assure que je peux accomplir tout ce qu'IBM me demande. »

J'avais l'impression que l'entrevue se déroulait bien. J'étais satisfait de mes réponses et très content d'avoir passé tant de temps à me préparer. Finalement, Colby Sillers en est venu à poser l'une des questions qu'IBM considère cruciales dans toutes ses entrevues d'emploi : « Keith, comment me vendrais-tu ce crayon ? » Il avait posé la question en montrant du doigt un crayon posé sur le bureau.

— M. Sillers, avant de vous vendre quoi que ce soit, laissez-moi prendre le temps de comprendre exactement quels sont vos besoins. Je veux vous vendre ce dont vous avez besoin, et non pas ce dont je *crois* que vous avez besoin. Je suis ici dans le but d'établir avec vous une relation, un partenariat. Alors, laissez-moi *vous* poser quelques questions pour que je puisse mieux cerner vos besoins.

M. Sillers a aimé ma réponse. Par la suite, nous nous sommes rencontrés à quelques reprises, jusqu'à ce que le processus soit considéré comme terminé. J'étais optimiste. J'avais prié et je m'étais préparé, et le reste était indépendant de ma volonté.

Je m'étais fixé des objectifs très ambitieux, et les membres de ma famille avaient exprimé certains doutes au cours de mes mois de préparation. Ma sœur croyait que j'étais fou, et à ma grande surprise, ma mère, qui m'avait toujours soutenu dans tout ce que j'entreprenais, croyait que je visais trop haut. Elle me le faisait savoir discrètement, en rapportant à la maison des formulaires de demande d'emploi d'entreprises telles que Boeing et ceux de la Ville de Seattle. Ces deux entreprises offraient des possibilités de carrière intéressantes, mais je visais IBM et rien d'autre.

Je croyais sincèrement qu'IBM était la *seule* entreprise qui pourrait répondre à mes besoins. Selon moi, elle était la meilleure entreprise au monde parce qu'elle respectait vraiment les gens, elle visait à un rendement optimal ainsi qu'à l'excellence, et tenait à offrir aux clients le meilleur service qui soit. L'entreprise avait un fonctionnement qui correspondait si complètement à ma philosophie sportive que, pour moi, c'était IMB ou rien.

Vous pouvez imaginer ma joie le jour où le téléphone a sonné.

— Allô? ai-je répondu.

— Est-ce que je m'adresse à M. Keith Harrell?

— Oui, c'est bien moi.

— Toutes mes félicitations, M. Harrell, votre premier jour de travail chez IBM sera le 17 octobre prochain.

(Extrait de *An Attitude of Gratitude*, Hay House, 2003)

Esther et Jerry Hicks

Esther et **Jerry Hicks**, auteurs des livres *Créateurs d'avant-garde*, *L'étonnant pouvoir de l'intention délibérée* et *La loi de l'attraction*, produisent et présentent les enseignements éclairés d'Abraham-Hicks, portant sur l'art de laisser s'épanouir notre bien-être naturel. Les Hicks proposent des ateliers ouverts dans soixante villes chaque année, et ont publié jusqu'à maintenant plus de 700 livres, enregistrements, CD, bandes vidéo et DVD sur les enseignements d'Abraham-Hicks.

Leur site Web, acclamé dans le monde entier, se trouve à l'adresse suivante : www.abraham-hicks.com.

Elle parle
avec les esprits !

« **S**heila parle avec les esprits ! se sont exclamés nos amis. Elle sera ici la semaine prochaine, et vous pouvez prendre rendez-vous avec elle et lui demander tout ce que vous voulez ! »

C'est probablement la dernière chose au monde que je voudrais faire, me suis-je dit, mais au même moment, Jerry, mon mari, prononçait ces paroles : « Nous aimerions vraiment prendre rendez-vous. Comment devons-nous procéder ? »

⌒

C'était en 1984, et au cours des quatre années pendant lesquelles nous avions été mariés, Jerry et moi, nous n'avions jamais eu de désaccord ni de dispute. Nous étions deux êtres joyeux, vivant ensemble dans le bonheur total et compatibles pour à peu près tout. Les seules fois où j'éprouvais un certain inconfort étaient lorsque Jerry divertissait ses amis en leur racontant l'une de ses histoires, remontant à vingt ans auparavant, sur ses expériences *avec* le jeu de Ouija. Quand nous étions au restaurant ou dans un autre lieu public et que je sentais qu'il était sur le point de se lancer dans l'une de ces histoires, je m'excusais poliment (et parfois un peu moins poliment) et j'allais à la salle de bain ou m'asseoir au bar, ou encore je faisais une promenade jusqu'à la voiture. Quand j'évaluais que suffisamment de temps s'était écoulé et que le récit de Jerry était probablement terminé, je revenais me joindre au groupe. Heureusement, Jerry a fini par cesser de raconter ces histoires en ma présence.

Je n'étais pas ce qu'on pourrait appeler une personne religieuse, mais j'avais assisté à suffisamment de classes du dimanche pour développer une très grande peur du mal et du démon. Quand j'y repense, je me demande si nos professeurs de l'école du dimanche consacraient une proportion plus importante du temps d'enseignement à nous apprendre à craindre le démon ou si ce sujet s'est particulièrement incrusté dans mon esprit. Quoi qu'il en soit, c'est cette peur, en grande partie, qui m'est restée de ces années.

Ainsi, comme on me l'avait enseigné, j'évitais scrupuleusement tout ce qui pouvait avoir un lien avec le diable. Un jour, au cours de mes jeunes années, j'étais allée voir un film dans un ciné-parc et je me suis retournée pour jeter un coup d'œil à l'écran voisin, à travers le pare-brise arrière de la voiture. J'ai aperçu une scène particulièrement horrible du film *L'exorciste* (un film que j'avais délibérément évité d'aller voir). Même s'il n'y a avait pas de son, cette scène m'a affectée si profondément que j'en ai fait des cauchemars pendant des semaines.

~

«Je vais prendre un rendez-vous pour vous deux avec Sheila», a dit notre amie à Jerry.

Mon mari a passé les quelques jours qui ont suivi à rédiger ses questions. Il disait avoir des interrogations en tête depuis sa tendre enfance. Pour ma part, je n'ai pas dressé de liste. Je me demandais plutôt si j'allais me rendre ou non à ce rendez-vous.

Au moment où nous nous garions dans l'entrée d'une superbe maison située au centre de la ville de Phoenix, en Arizona, je me demandais dans quoi je m'étais laissée entraîner. Nous avons frappé à la porte d'entrée, et une femme d'une grande gentillesse nous a accueillis et invités à prendre place dans une adorable salle de séjour où nous allions attendre l'heure de notre rendez-vous.

La maison était grande, meublée avec simplicité mais un goût très sûr, et très silencieuse. Je me souviens d'avoir éprouvé une sorte de sentiment de révérence, comme à l'église.

Soudain, une grande porte s'est ouverte, et deux jolies femmes vêtues d'un chemisier et d'une jupe en coton léger aux couleurs vives sont entrées dans la pièce. Apparemment, nous étions les premiers à être reçus après l'heure du goûter. Les deux femmes semblaient heureuses et épanouies. Je me suis détendue quelque peu. Cette rencontre ne serait peut-être pas une expérience si bizarre après tout.

Peu après, on nous a invités à passer dans une jolie chambre à coucher où trois chaises avaient été placées au pied du lit. Sheila était assise sur le bord du lit, et son assistante sur l'une des chaises, une petite enregistreuse posée sur une table à côté d'elle. Jerry et moi avons pris place sur les deux chaises restantes, et je retenais mon souffle, prête à affronter ce qui allait suivre.

L'assistante nous a alors expliqué que Sheila allait se détendre et libérer sa conscience, puis que Theo, une entité non physique, allait s'adresser à nous. À ce moment-là, nous allions pouvoir aborder tous les sujets que nous désirions.

Sheila était étendue au pied du lit, à un mètre à peine d'où nous étions assis, et respirait profondément. Soudain, une voix au timbre inhabituel s'est fait entendre : «C'est le début, n'est-ce pas? Vous avez des questions?»

J'ai regardé Jerry, espérant qu'il était prêt à commencer, parce que, pour ma part, je n'étais certainement pas prête à m'entretenir avec l'être qui s'adressait à nous, quel qu'il soit. Jerry s'est penché vers l'avant, impatient de poser sa première question.

Je me suis peu à peu détendue à mesure que les paroles de Theo s'échappaient de la bouche de Sheila. Et même si j'étais consciente que la voix que nous entendions était celle de Sheila, je savais aussi que la source de ces merveilleuses réponses était un être bien différent de Sheila.

Jerry a dit avoir des questions en réserve depuis l'âge de cinq ans, puis les a posées aussi vite qu'il a pu. Les trente minutes qui nous étaient allouées sont passées très rapidement, mais pendant cette période, sans que je prononce un seul mot, la peur que je ressentais face à cette étrange expérience s'est dissipée, et j'étais habitée par un sentiment de bien-être qui surpassait tout ce que j'avais pu éprouver auparavant.

Une fois de retour dans notre voiture, j'ai dit à Jerry : «J'aimerais beaucoup revenir demain. Il y a des questions que *je* voudrais poser moi aussi.» Jerry était ravi de prendre un autre rendez-vous, parce qu'il lui restait des questions sur sa liste.

Le jour suivant, environ au milieu de la séance, Jerry a laissé à ma disposition les minutes restantes, non sans hésitation, et j'ai demandé à Theo : «Comment pouvons-nous atteindre plus efficacement nos objectifs?»

La réponse est venue sans attendre : «La méditation et les affirmations.»

L'idée de la méditation ne m'attirait pas du tout, et je ne connaissais personne qui pratiquait cette discipline. En fait, le mot évoquait pour moi des gens étendus sur des planches de clous, marchant sur des charbons ardents, se tenant debout sur une seule jambe pendant des années ou quêtant des dons dans les aéroports. «Qu'entendez-vous par *méditation*?» ai-je alors demandé.

La réponse fut brève, et les mots de Theo m'ont fait du bien. «Assoyez-vous dans une pièce silencieuse. Portez des vêtements confortables, et prenez conscience de votre respiration. À mesure que votre esprit vagabonde, et il le fera, laissez aller les pensées qui surgissent et concentrez-vous sur votre respiration. Ce serait une bonne chose que vous méditiez ensemble. Ce serait plus puissant.»

— Pourriez-vous nous indiquer une affirmation qui nous serait utile? avons-nous alors demandé.

— *Je* [dites votre nom] *vois et attire vers moi, de par l'amour divin, ces êtres qui recherchent l'illumination à travers le processus que j'entreprends. Ce partage nous élèvera maintenant tous deux.*

En écoutant les mots émaner de Sheila/Theo, je les ai sentis pénétrer au cœur de mon être. Un sentiment d'amour que je n'avais jamais éprouvé auparavant m'a envahie et enveloppée.

La peur m'avait quittée. Jerry et moi nous sentions merveilleusement bien.

— Devrions-nous emmener notre fille, Tracy, vous rencontrer? ai-je demandé.

— Oui, si elle en fait la demande, mais ce n'est pas nécessaire... car vous aussi, Esther, êtes un canal.

Cette affirmation n'avait pour moi aucun sens. Je ne croyais pas qu'il soit possible que j'aie pu atteindre l'âge que j'avais (j'étais dans la trentaine) sans avoir remarqué une chose comme celle-là, si c'était effectivement vrai.

Au son de l'enregistreuse qui s'arrêtait, Jerry et moi avons tous deux éprouvé un sentiment de déception, car cette expérience extraordinaire tirait à sa fin. L'assistante de Sheila nous a demandé si nous avions une dernière question. «Aimeriez-vous connaître le nom de votre guide spirituel?» a-t-elle demandé.

Je n'aurais jamais pu poser cette question, parce que je n'avais jamais entendu le terme *guide spirituel*, mais cela semblait être une bonne question. J'aimais l'idée des anges gardiens.

— Oui, s'il vous plaît, pourriez-vous me dire le nom de mon guide spirituel? ai-je alors demandé.

— On nous dit qu'il vous sera révélé directement. Vous allez avoir une expérience de clairaudience, et vous saurez, a dit Theo.

Qu'est-ce qu'une expérience de clairaudience? me suis-je demandé. Mais avant que je puisse poser ma question tout haut, Theo a dit, sur un ton qui n'admettait aucune réponse : «Que l'amour de Dieu soit avec vous!» Sheila a ensuite ouvert les yeux et s'est assise sur le lit. Notre extraordinaire conversation avec Theo était terminée.

En quittant la maison de Sheila, Jerry et moi nous sommes rendus en voiture à un point de vue situé sur le flanc d'une des montagnes de Phoenix. Appuyés sur la voiture, nous avons regardé l'horizon, où le soleil se couchait. Nous n'avions aucune idée de la transformation qui s'était opérée en nous ce jour-là. Nous ne savions qu'une chose, c'est que nous nous sentions extraordinairement bien.

Lorsque nous sommes rentrés à la maison, j'étais habitée par deux puissantes nouvelles intentions : j'allais faire de la méditation, même sans trop savoir ce que cela voulait dire, et j'allais découvrir le nom de mon guide spirituel.

Nous avons enfilé des vêtements confortables, fermé les rideaux de la salle de séjour et nous sommes installés chacun dans un gros fauteuil, une étagère placée entre nous. On nous avait recommandé de méditer ensemble, mais l'expérience était étrange, et l'étagère nous aidait à atténuer ce sentiment d'étrangeté.

Je me suis rappelé les instructions de Theo : *assoyez-vous dans une pièce silencieuse. Portez des vêtements confortables, et prenez conscience de votre respiration.* Nous avons réglé une minuterie à quinze minutes, puis j'ai fermé les yeux et commencé à respirer consciemment. Dans mon esprit, je me posais la question : *qui est mon guide spirituel ?* Puis, je me suis mise à compter mes respirations ; inspiration, expiration, inspiration, expiration. Immédiatement, j'ai senti un engourdissement dans tout mon corps. Je ne pouvais distinguer mon nez de mes orteils. C'était une sensation à la fois étrange et réconfortante, très agréable. J'avais l'impression que mon corps tournoyait lentement, même si je savais que j'étais installée dans un fauteuil. Soudain, la sonnerie de la minuterie a retenti, nous faisant sursauter. « Recommençons », ai-je dit aussitôt.

Encore une fois, j'ai fermé les yeux et compté mes respirations, et je me suis sentie engourdie de la tête aux pieds. Et encore une fois, la sonnerie a retenti. « Recommençons », ai-je dit.

Nous avons de nouveau réglé la minuterie à quinze minutes, et j'ai de nouveau senti un engourdissement envahir tout mon corps. Mais cette fois-ci, quelque chose, ou quelqu'un, s'est mis à « respirer mon corps ». De mon point de vue, c'était comme un sentiment d'amour extatique, qui partait des profondeurs de mon être et se projetait vers l'extérieur. Quelle merveilleuse sensation ! Jerry a entendu mes doux gémissements de plaisir et m'a dit plus tard avoir eu l'impression que j'étais en pleine extase.

Lorsque la sonnerie a retenti et que j'ai émergé de ma méditation, je claquais des dents comme jamais il ne m'était arrivé de le faire auparavant. Le mot *bourdonnement* décrirait mieux l'expérience. Durant presque une heure, mes dents ont bourdonné pendant que je tentais de me détendre et de revenir à mon état de conscience normal.

À ce moment-là, je n'avais pas compris ce qui venait de m'arriver, mais je sais maintenant que j'avais eu mon premier contact avec Abraham. Même si j'ignorais *ce* qui s'était produit, je savais que, quoi que ce fût, *c'était bon !* Et je voulais que cela se reproduise.

Jerry et moi avons alors pris la décision de méditer tous les jours pendant quinze minutes. Je ne crois pas que nous ayons sauté une seule journée au cours des neuf mois qui ont suivi. Chaque fois, j'éprouvais la même sensation d'engourdissement ou de détachement, mais à part cela, rien d'extraordinaire ne s'est produit durant nos séances. Puis, juste avant l'Action de grâces 1985, ma tête s'est mise à se balancer doucement de gauche à droite lors d'une séance de méditation. Pendant les quelques jours qui ont suivi, chaque fois que je méditais, ma tête oscillait doucement, avec fluidité. Cela me procurait une sensation très agréable, comme si je volais. Puis, le troisième jour, je me suis rendu compte que ma tête ne bougeait pas au hasard, mais que le bout de mon nez traçait des lettres dans le vide. J'ai compris qu'il s'agissait de « M-N-O-P ».

« Jerry, me suis-je écriée, je trace des lettres avec mon nez ! » Aussitôt que j'eus prononcé ces paroles, la sensation d'extase est revenue. Mon corps s'est couvert de chair de poule de la tête aux pieds, à mesure qu'une délicieuse énergie non physique parcourait mon être.

Jerry a immédiatement saisi son calepin et s'est mis à y inscrire les lettres, à mesure que mon nez en traçait la forme dans les airs : « JE SUIS ABRAHAM. JE SUIS VOTRE GUIDE SPIRITUEL. »

Depuis ce jour, Abraham nous a expliqué qu'il y avait un grand nombre d'entités rassemblées avec « eux ». Ils parlent d'eux-mêmes au pluriel parce qu'ils forment une conscience collective. Ils nous ont expliqué que, au début, les mots « Je suis

Abraham » avaient été transmis à travers moi simplement parce que mes attentes face à mon guide spirituel étaient formulées au singulier, mais qu'il y avait *un grand nombre* d'entités avec eux, qui s'exprimaient, dans un sens, d'une seule voix, tel un consensus de la pensée.

Je cite les paroles d'Abraham : *Abraham n'est pas une conscience singulière comme vous avez la sensation de l'être dans votre corps physique. Abraham est une conscience collective. Il existe un courant de conscience non physique, et quand l'un d'entre vous pose une question, il y a un très, très grand nombre de points de conscience qui sont canalisés par l'intermédiaire de ce qui semble être une seule perspective (parce qu'il y a, dans ce cas, un seul être humain, Esther, qui interprète ou formule la réponse), et c'est pourquoi cela apparaît comme l'intervention d'un être singulier. Nous sommes multidimensionnels et doués de multiples facettes et de multiples consciences.*

Depuis son arrivée dans ma vie, Abraham a expliqué qu'ils ne chuchotent pas des réponses à mon oreille, que je répète par la suite aux autres, mais qu'ils offrent plutôt des blocs de pensées, comme des signaux radio, que je capte dans mon inconscient. Par la suite, je traduis ces blocs de pensée en leur équivalent dans notre langage. J'« entends » les mots qui me sont adressés, mais au cours du processus de traduction, j'ignore ce qui va venir, et je n'ai aucun souvenir de ce qui m'a déjà été transmis.

Abraham a expliqué qu'ils me faisaient parvenir ces blocs de pensées depuis un bon bout de temps, mais j'essayais tellement de suivre les instructions de Theo — « À mesure que votre esprit vagabonde, et il le fera, laissez aller les pensées qui surgissent et concentrez-vous sur votre respiration » — que chaque fois qu'une pensée se présentait, je l'abandonnais le plus vite possible et revenais à ma respiration. J'imagine que la seule façon dont ils ont pu me rejoindre a été de tracer des lettres dans l'air avec mon nez. Abraham dit que ces merveilleuses sensations qui ont envahi mon corps quand j'ai compris que j'épelais des mots étaient la manifestation de la joie qu'ils avaient ressentie en constatant que j'avais enfin reconnu l'existence de notre lien conscient.

Notre processus de communication a évolué rapidement au cours des semaines qui ont suivi. L'épellation de mots dans l'air avec mon nez était un processus très lent, mais Jerry était si enthousiaste face à cette source d'information claire et fiable qu'il lui arrivait souvent de me réveiller au beau milieu de la nuit pour poser des questions à Abraham.

Un soir où nous étions au lit, en train de regarder la télévision, j'ai éprouvé une sensation très intense qui se déplaçait dans mes bras, mes mains et mes doigts, et ma main s'est mise à taper sur la poitrine de Jerry. Pendant que ma main continuait à taper, j'ai été prise d'une forte impulsion qui m'a guidée vers ma machine à écrire IBM, de modèle Selectric. Dès que j'ai posé les doigts sur le clavier, mes mains se sont mises à bouger rapidement sur les touches, comme celles d'une personne qui découvre à quoi sert une machine à écrire et qui tente de repérer où se trouvent les différentes lettres. Puis, mes mains se sont mises à taper. Toutes les lettres, tous les chiffres, encore et encore. Peu à peu, des mots ont commencé à prendre forme sur le papier : *Je suis Abraham. Je suis votre guide spirituel. Je suis ici pour travailler avec vous. Je vous aime. Nous allons écrire un livre ensemble.*

Nous avons découvert que je pouvais placer les mains sur le clavier puis me détendre, comme je le faisais lorsque je méditais, et qu'Abraham répondait ensuite à toutes les questions que Jerry posait. C'était une expérience étonnante. Ils étaient si intelligents, si aimants, si disponibles! À n'importe quel moment du jour ou de la nuit, ils étaient prêts à parler avec nous de tout ce que nous voulions discuter.

Puis, un après-midi, alors que je roulais sur une autoroute de Phoenix, j'ai éprouvé une sensation dans la région de la bouche, du menton et du cou, similaire à ce que l'on ressent quand on est sur le point de bâiller. C'était une très forte impulsion, si forte qu'il m'était impossible de la réprimer. Nous étions dans un virage, entre deux gros camions, qui semblaient tous deux empiéter en même temps dans notre voie, et j'ai cru pendant un moment que nous allions être écrasés entre ces deux mastodontes. À ce moment-là, les premiers mots d'Abraham à sortir de ma bouche ont été : «Prenez la prochaine sortie!»

Nous avons quitté l'autoroute et nous sommes garés dans un stationnement situé sous une bretelle, et Jerry s'est entretenu pendant des heures avec Abraham. J'avais les yeux fermés, et ma tête bougeait de haut en bas à un rythme régulier pendant qu'Abraham répondait aux questions de Jerry.

Comment se fait-il que cette chose merveilleuse me soit arrivée à moi? Parfois, quand j'y pense, j'ai peine à croire que tout cela est vrai. Cela ressemble en tous points à un conte de fées ou à ce qui se produit quand on fait un vœu en frottant une lanterne magique. À d'autres moments, cela m'apparaît comme l'expérience la plus naturelle et logique au monde.

Parfois, j'ai peine à me rappeler comment était ma vie avant qu'Abraham arrive dans notre existence. Sauf quelques exceptions, j'ai toujours été ce qu'on pourrait appeler une personne heureuse. J'ai eu une enfance merveilleuse, sans traumatisme majeur. J'avais deux sœurs, et nos parents étaient des gens aimants et généreux. Comme je l'ai déjà mentionné, Jerry et moi étions mariés depuis quatre ans, et nous formions un couple des plus heureux. Je ne me serais jamais décrite comme une personne ayant de nombreuses questions sans réponse. En fait, je ne posais pas beaucoup de questions, et je n'avais jamais formulé d'opinion arrêtée sur quoi que ce soit.

Jerry, en revanche, était rempli de questions qui soulevaient sa passion. Il lisait avidement, toujours à la recherche d'outils et de techniques qu'il pourrait transmettre aux autres pour les aider à vivre une vie plus heureuse. Je n'ai jamais rencontré quelqu'un qui tienne autant que lui à aider les autres à réussir leur vie.

Abraham nous a expliqué que la raison pour laquelle Jerry et moi étions une combinaison aussi parfaite pour accomplir ce travail ensemble était que le puissant désir qui animait Jerry faisait venir Abraham, tandis que mon absence d'opinions ou d'angoisse faisait de moi la réceptrice idéale pour l'information que Jerry sollicitait.

Jerry était très enthousiaste, même lors de ses premières interactions avec Abraham, parce qu'il comprenait la profondeur de leur sagesse et la clarté de ce qu'ils offraient. Et des années plus tard, son enthousiasme pour le message d'Abraham ne s'est jamais démenti. Personne n'apprécie davantage les paroles d'Abraham que Jerry.

Lors de nos premières interactions avec Abraham, nous ne comprenions pas vraiment ce qui se passait, et nous n'avions aucun moyen de savoir à qui Jerry s'adressait vraiment, mais ces séances étaient tout de même excitantes, étonnantes, merveilleuses… et bizarres. Ces rencontres étaient si inusitées que j'étais certaine que la plupart de mes connaissances ne comprendraient pas, et ne *voudraient* pas comprendre. Par conséquent, j'ai fait promettre à Jerry de ne rien révéler à quiconque de notre étonnant secret.

J'imagine qu'il est aujourd'hui évident que Jerry n'a pas tenu cette promesse, mais je n'ai aucun regret. Il n'y a rien que nous aimions davantage que de nous trouver dans une pièce remplie de gens qui tiennent à discuter de certaines choses avec Abraham. Parmi les commentaires que nous recevons le plus fréquemment des personnes qui entrent en contact avec Abraham par l'intermédiaire de nos livres, nos bandes vidéo, nos enregistrements audio, nos ateliers et notre site Web, ceux-ci reviennent le plus souvent : «Merci de m'aider à me rappeler ce que j'ai en fait toujours su», et «Ces outils m'ont aidé à relier ensemble tous les petits morceaux de vérité que j'avais trouvés sur mon chemin. Je suis enfin arrivé à comprendre le tout!»

Abraham ne semble pas vouloir prédire l'avenir aux gens, comme le ferait une cartomancienne, même si, selon moi, les d'entités représentées par Abraham savent très bien ce que l'avenir nous réserve. Ils sont plutôt des enseignants qui nous guident de l'endroit où nous sommes à l'endroit où nous voulons aller. Ils nous ont expliqué que ce n'était pas à eux de décider ce que nous devrions vouloir, mais que *leur* travail consistait à nous aider à réaliser nos désirs. Voici les paroles d'Abraham à ce sujet : «*Abraham ne cherche pas à guider les gens vers une chose ou une autre, ni à les éloigner de quoi que ce soit. Nous voulons que vous preniez vous-mêmes toutes vos décisions à propos de ce que vous désirez. Notre seul souhait est que vous découvriez la façon de réaliser vos désirs.*»

Le commentaire que j'ai le plus aimé à propos d'Abraham provient d'un adolescent qui venait d'écouter un enregistrement où Abraham répondait à des questions posées par des jeunes. «Au début, je ne croyais pas qu'Esther parlait vraiment au nom d'Abraham, a dit le jeune garçon. Mais lorsque j'ai entendu l'enregistrement et écouté les réponses d'Abraham aux questions, j'ai su qu'Abraham existait vraiment, parce qu'il n'émettait aucun jugement. Je ne crois pas qu'une personne humaine puisse être aussi sage, aussi juste et aussi dénuée du besoin de juger.»

Pour moi, cette expérience avec Abraham a été si merveilleuse que je ne trouve pas les mots pour l'exprimer. J'apprécie au plus haut point le sentiment de bien-être que j'ai acquis grâce à ce que j'ai appris d'eux. Et j'adore le fait que leurs conseils me donnent toujours le sentiment d'avoir ma vie bien en main. J'aime voir la vie de tant de nos amis bien-aimés (anciens et nouveaux) s'améliorer grâce à l'application des enseignements d'Abraham. J'apprécie que ces êtres brillants et aimants se présentent dans ma tête chaque fois que je les appelle, toujours prêts à nous aider à mieux comprendre les choses.

(Plusieurs années après notre rencontre avec Sheila et Theo, Jerry a cherché *Theo* dans le dictionnaire. «La signification de *Theo*, m'a-t-il alors joyeusement annoncé, est Dieu!» C'est la perfection! J'ai souri en me rappelant ce jour merveilleux, qui a constitué pour nous un tournant extraordinaire. Je me revois, craintive à l'idée d'entrer en interaction avec le diable, alors que j'allais, en réalité, avoir une conversation avec Dieu!)

(Extrait de *Créateurs d'avant-garde*, Ariane, 2006)

John Holland

Jack Foley

John Holland est un médium de renommée internationale ainsi qu'un professeur et un conférencier qui donne des démonstrations et des consultations privées. Il a consacré plus de vingt ans au perfectionnement de ses compétences, et toute sa vie à la croissance personnelle. Il enseigne maintenant aux autres comment, avec intégrité, se rapprocher de leurs capacités spirituelles naturelles et comment puiser à même leurs ressources illimitées.

John a fait l'objet d'une émission sur les chaînes télévisées History Channel et A&E, et son profil a été présenté à l'émission *Unsolved Mysteries* et dans de nombreux articles. Sa voix est également devenue familière à certaines stations de radio partout dans le monde. Il est l'auteur de *Né clairvoyant*, *Le navigateur psychique* et *Le pouvoir de l'âme*.

Site Web : www.JohnHolland.com

LA PETITE DANSEUSE DU PARADIS

Durant son séjour sur Terre, Jennifer se faisait souvent appeler le « petit ange papillon ». Il y avait en elle une étincelle si forte que cette petite fille de cinq ans semblait irradier une lumière intense, et son esprit était d'une vivacité étonnante. La petite fille voulait voler.

Bien sûr, j'ignorais tout de cette enfant exceptionnelle avant de la « rencontrer » à l'occasion d'une consultation avec sa mère, Melinda, employée dans un hôpital de Californie.

Depuis plus d'un an, Melinda songeait à consulter un médium, quand elle a entendu parler de moi par une amie, à l'époque où je vivais à Los Angeles.

« Dans mon esprit, je croyais avoir des visions de ma petite fille, mais je ne pouvais en être certaine, dit-elle aujourd'hui. Est-ce que je perdais la raison ? J'avais besoin d'une personne en qui je pouvais avoir confiance et qui arriverait à me dire pourquoi j'avais toujours refusé de croire qu'un être aussi précieux puisse être perdu à jamais. »

Notre première rencontre a en fait eu lieu à l'occasion d'une brève conversation téléphonique que je me suis senti poussé à avoir avec Melinda avant de lui serrer la main. Habituellement, c'était une assistante qui s'occupait de mes rendez-vous, mais quelque chose me disait que je devais téléphoner moi-même à cette femme. Quelqu'un insistait pour que je le fasse.

Environ une minute après le début de notre courte conversation téléphonique, j'ai vu une petite fille qui était partie tout récemment. «Melinda, avez-vous perdu une petite fille?» ai-je demandé à la femme.

Une brève et intense inhalation fut ma réponse. La fille de Melinda était décédée à la suite de complications survenues lors d'une opération au rein. La petite fille était restée reliée à un système de maintien des fonctions vitales pendant deux jours avant que ses parents ne prennent la déchirante décision de la laisser partir.

«Elle veille sur son frère, ai-je dit, car elle l'aime énormément.»

Quand j'ai prononcé ces paroles, Melinda m'a dit avoir jeté un coup d'œil furtif du côté de son fils, qui jouait tranquillement à proximité.

Un mois plus tard, j'ai eu le plaisir de rencontrer Melinda. Nous nous sommes installés dans mon bureau, et j'ai soudain senti un lien avec un homme âgé au visage chaleureux strié de rides creusées par le rire. «Melinda, je crois que je vois votre grand-père, il est debout et il y a une personne qui se cache derrière sa jambe. En fait, elle adore jouer à cache-cache.» J'ai souri, car je savais qu'il s'agissait sans doute de la petite fille. «Elle me dit que son nom commence par un J», ai-je ajouté.

Melinda m'a alors confirmé que sa fille bien-aimée s'appelait Jennifer. Puis, j'ai entendu un bruit, *clac-clac-clac*. Je me suis dit que Jennifer aimait peut-être la danse à claquettes, mais sa mère s'est simplement mise à rire, a essuyé quelques larmes et m'a expliqué que sa fille avait une paire de chaussures préférée de chaussures qui faisaient un bruit de claquement quand elle courait.

— Elle les appelait ses chaussures «clackity-clac», et c'était sa paire préférée. Nous l'avons enterrée avec ces chaussures aux pieds, a dit la mère de Jennifer en réprimant un sanglot.

— La douleur et la confusion de cette époque sont terminées, ai-je assuré Melinda. En ce moment même, je vois Jennifer danser avec sa robe jaune préférée. En fait, elle se balade dans l'Au-delà comme si elle était chez elle.

— Ma... ma petite fille va-t-elle bien ? Souffre-t-elle encore ? a demandé Melinda.

C'était la vraie raison pour laquelle Melinda était venue me voir. Elle avait besoin d'apaiser son âme, car elle n'arrivait pas à sortir de son esprit cette vision de sa petite fille malade reliée à tous ces tubes.

— Jennifer est en santé, heureuse et libre, ai-je dit.

Le visage de Melinda s'est aussitôt éclairé. J'ai su immédiatement d'où la petite Jennifer tenait son étincelle.

— Je veux que vous sachiez que votre fille va bien, ai-je dit. Plus rien ne peut dorénavant lui faire du mal.

— Merci, a dit Melinda en remuant les lèvres silencieusement. Puis, elle a levé les yeux au ciel.

— *Attends, maman.* Jennifer se comporte présentement de façon très turbulente. Elle veut que je vous rappelle la date du 9 mai. Cette date a-t-elle une signification particulière ?

Au début, je ne pouvais entendre la réponse de Melinda, car Jennifer riait trop fort.

— C'est incroyable ! s'est exclamée Melinda, qui s'est calée plus confortablement dans son fauteuil pour me raconter l'histoire.

Il se trouve que, le 9 mai, quelques semaines avant l'opération fatale, une assiette de petits gâteaux avait été livrée à la maternelle pour célébrer l'anniversaire de Jennifer. La maîtresse avait serré dans ses bras la fille de Melinda et avait dit à la classe : « C'est une journée très spéciale pour Jennifer, alors nous allons déguster ces petits gâteaux et lui transmettre nos bons vœux. » (Elle avait ensuite téléphoné à Melinda pour lui dire que les petits gâteaux étaient destinés à une autre Jennifer, dans une autre classe de maternelle !)

À son retour à la maison, Jennifer avait raconté l'histoire à sa mère d'un air penaud : « C'était si bizarre, la maîtresse croyait que c'était mon anniversaire aujourd'hui, a-t-elle admis. Je sais que ce n'était pas bien, maman, mais tu sais à quel point j'aime les petits gâteaux. Cette journée a quand même été pour moi très spéciale. »

Sa mère lui a pardonné, et la famille a associé le 9 mai au deuxième anniversaire de Jennifer, ou à sa « journée très spéciale ». Ce soir-là, lorsqu'ils ont mis au lit une Jennifer rayonnante, les parents de la petite fille n'ont pu s'empêcher de rire de ce drôle d'épisode. Ils étaient loin de se douter, qu'un mois plus tard, la vie allait prendre une tournure tragique…

Au cours des 36 heures pendant lesquelles Jennifer est restée reliée au système de maintien des fonctions vitales, la mère de Melinda a rendu visite à sa petite-fille. « Bientôt, tu seras capable de voler haut, tout là-haut dans les airs, mais tu seras toujours notre petit ange papillon », avait dit tout bas la vieille dame en tenant la main de la petite fille.

Quand Jennifer est décédée, sa famille avait pris une pause et quitté l'hôpital. Au moment même où Jennifer rendait son dernier souffle, Lisa, sa sœur, était en train de jouer dans la cour de la maison familiale. Elle a soudainement interrompu sa course et, en regardant un papillon blanc qui volait dans les airs, s'est exclamée : « Regardez, c'est ma sœur, ma sœur ! »

— Melinda, ai-je dit lors de la séance, je ne veux pas que vous pensiez que vous êtes folle parce que vous avez vu Jennifer dans votre maison. Elle me dit qu'elle vous rend souvent visite, et qu'elle fait toujours partie de la famille.

J'ai vu l'expression de stress et de tension quitter le visage de Melinda. C'était presque comme si je lui donnais la permission d'y croire.

— John, l'autre jour, je lisais un livre dans la salle de séjour, a-t-elle dit, et quand j'ai regardé en direction de la fenêtre, j'ai aperçu ce qui semblait être un visage pressé contre la vitre. J'ai vu une petite fille me faire signe de la main. Je suis alors sortie de la maison, et il n'y avait personne. De plus, partout où je vais, je vois toujours des papillons. Par exemple, l'autre soir, mon mari et moi sommes allés faire une promenade, et un superbe papillon tropical bleu, une espèce que je n'avais jamais vue dans notre région, s'est posé sur le bout de sa chaussure. Il a même laissé mon mari le poser sur sa main. C'était comme s'il nous appartenait.

— Lisa aussi a vu Jennifer, ai-je dit en hochant la tête. En ce moment même, Jennifer dit bonjour à sa sœur et à son frère. Elle veut que vous sachiez qu'elle leur parle à tous les deux.

— Son petit frère affirme qu'il entend toujours des bruits. J'ai même cru que ses conduits auditifs étaient bloqués, mais le docteur a dit que non, a ajouté Melinda. Et l'autre jour, Lisa est allée à une sortie en nature avec l'école, et un papillon est venu se poser sur son doigt et y est resté pendant très longtemps. Tout le monde a trouvé cela étonnant.

À ce moment-là, Jennifer m'a dit quelque chose de si merveilleux qu'il me fallait en faire part à sa mère.

— Votre fille dit qu'elle adore étreindre son frère et sa sœur, et qu'elle a très hâte d'étreindre son nouveau petit frère, ai-je dit à Melinda, qui a aussitôt secoué la tête.

— Je suis désolé, John, mais pour une fois, vous vous trompez. Jennifer n'a qu'un seul frère.

— Ma chère, je crois que votre fille est en train de me dire que vous êtes enceinte, ai-je ajouté doucement.

Melinda a laissé tomber son sac à main sur le sol, puis s'est mise à rire en secouant la tête :

— Il est absolument impossible que je sois enceinte, mais c'est une jolie idée, a-t-elle dit.

— En tout cas, tenez-moi au courant, ai-je dit.

À ce moment-là, Jennifer m'a fait un petit clin d'œil, et j'ai su avec certitude qu'un autre enfant se joindrait bientôt à cette famille, et qu'il s'agirait d'un garçon. Bien sûr, Melinda était ici pour parler de la petite fille qu'elle avait perdue, alors j'ai abandonné le sujet et reporté mon attention sur Jennifer.

— Jennifer veut que je vous dise qu'elle adore les ballons et les messages. Elle me dit qu'elle sait que vous n'avez pas l'intention de souffler des ballons cette année, mais qu'elle en voudrait vraiment. Est-ce que cela vous dit quelque chose ?

— Chaque année depuis son décès, a dit Melinda avec excitation, nous célébrons l'anniversaire de Jennifer en libérant dans le ciel des ballons blancs contenant des messages écrits par nous, où nous lui exprimons tout notre amour. Cette année, j'ai commandé des papillons d'une ferme de la région qui en fait l'élevage. J'ai invité tous les camarades de classe de Jennifer à venir à la maison et à libérer un papillon dans le ciel.

— Eh bien, maman, votre petite fille adore cette idée, mais elle dit vouloir aussi ses ballons, car ils la rendent heureuse !

Les yeux de Melinda se sont embrumés de nouveau.

— Il y aura certainement des ballons cette année, a-t-elle promis.

Quelque temps plus tard, elle m'a dit ce qui suit :

— Quand j'ai quitté votre bureau, j'avais l'impression qu'on m'avait retiré un poids énorme des épaules. J'avais enfin eu la confirmation que Jennifer était heureuse et en santé. Elle est redevenue la petite fille joyeuse qu'elle avait toujours été, et je sais qu'elle demeure une partie importante de notre famille.

Jennifer me semble aussi être une petite fille très intelligente !

— Une semaine après mon retour à Los Angeles, a ajouté Melinda, j'ai appris que j'étais enceinte, et huit mois plus tard, j'ai donné naissance à un superbe garçon.

Un jour, après la naissance du bébé, Melinda était devant chez elle, sur la pelouse, quand une amie de longue date, qui ne croit pas en ces choses dont Melinda et moi avions parlé, est passée lui rendre visite. Soudain, la femme s'est arrêtée au beau milieu de la pelouse, le souffle coupé. Quand Melinda lui a demandé ce qui se passait, elle n'a pu que murmurer : «Je viens de voir quelque chose d'extrêmement étrange. Une petite fille qui me rappelle Jennifer a couru derrière toi et a mis ses bras autour de tes jambes. Je te jure que je l'ai vue ! »

— Jennifer avait l'habitude de me dire bonjour de cette façon tous les matins, m'a dit Melinda. Un autre soir, mon fils a vu une boule de feu traverser la cour. Mon petit Matthew est alors accouru vers moi en m'assurant que c'était sa sœur. Je ne pouvais que sourire, car je savais que notre petit ange papillon veillait sur sa famille. Je ne remets plus en question ces apparitions, John. Le fait de m'entretenir avec vous m'a énormément réconfortée, parce que je sais que personne ne pourra plus jamais m'enlever ma petite fille. Ses ailes lui ont permis de s'envoler très haut, mais elle peut aussi revenir chez elle.

Après cette consultation remplie d'émotion avec Melinda, je suis allé me promener à la plage pour me clarifier les esprits. J'étais seul sur la plage, et je me suis assis dans le sable pour contempler un superbe coucher de soleil. Alors que je regardais vers l'horizon, j'ai remarqué quelque chose sur l'eau qui s'approchait lentement de la grève. J'ai marché en direction de l'objet, et je ne pouvais en croire mes yeux. C'était un ballon rouge. Je me suis dit qu'il s'agissait d'un témoignage de remerciements envoyé par livraison exprès par Jennifer !

(Extrait de *Né clairvoyant*, Éditions AdA, 2007)

Immaculée Ilibagiza

Lisa Kahane

Immaculée Ilibagiza est née au Rwanda et a étudié dans le domaine du génie électronique et mécanique à la National University. Quatre ans après avoir perdu la plus grande partie de sa famille, lors du génocide de 1994, elle a émigré aux États-Unis et trouvé un emploi aux Nations Unies, à New York. Elle travaille présentement à la mise en place de la Fondation Ilibagiza, dont la mission consistera à aider d'autres personnes comme elle à guérir des effets à long terme de la guerre et du génocide. Immaculée vit à Long Island avec son mari, Bryan Black, et leurs deux enfants, Nikeisha et Bryan Jr. Elle est l'auteure, avec Steve Erwin, de *Miraculée : une découverte de Dieu au cœur du génocide rwandais*.

PARDONNER AUX VIVANTS

Miraculeusement, j'ai survécu au massacre rwandais. Pendant 91 jours, avec sept autres femmes, je suis demeurée tapie, en silence, dans la minuscule salle de bain d'un pasteur local, pendant que des centaines de tueurs armés de machettes parcouraient la région à notre recherche.

C'est durant ces interminables heures de terreur indicible que j'ai découvert le pouvoir de la prière, que j'ai fini par perdre ma peur de la mort et que j'ai établi une relation profonde et durable avec Dieu. Quand j'ai enfin émergé de ma cachette, j'avais véritablement compris ce qu'était l'amour inconditionnel : un amour si fort qu'il m'a permis d'aller à la rencontre des hommes qui avaient assassiné ma famille et de leur pardonner...

Je savais que les membres de ma famille étaient en paix, mais ils me manquaient tout de même atrocement. Et je ne pouvais stopper la douleur paralysante qui m'envahissait le cœur chaque fois que j'imaginais la façon dont ils avaient été tués. Chaque soir, je priais pour être délivrée de cette agonie intime et des cauchemars qui hantaient mes nuits et assombrissaient mes jours. Cela a pris du temps, mais comme toujours, Dieu a répondu à mes prières. Cette fois-là, il m'a exaucée en m'envoyant un rêve qui ne ressemblait à rien de que j'avais rêvé auparavant.

Je me trouvais dans un hélicoptère qui volait juste au-dessus de la maison de ma famille, mais j'étais enfermée dans un nuage noir. Je pouvais voir ma mère, mon père ainsi que mes frères, Damascene et Vianney, flotter tout là-haut au-dessus de moi dans le ciel, enveloppés d'une lumière chaude et blanche qui irradiait la tranquillité. Puis, la lumière s'est intensifiée et s'est déployée dans le ciel, jusqu'à ce qu'elle absorbe le nuage noir qui m'emprisonnait. Et soudain, j'étais de nouveau avec ma famille. Le rêve était si réel que j'ai pu les toucher et sentir la chaleur de leur peau, la douceur de leurs gestes. J'étais si heureuse que je me suis mise à danser dans le ciel.

Damascene portait une chemise blanche toute propre et des pantalons bleus. Il m'a regardée d'un air joyeux en affichant son sourire éclatant. Ma mère, mon père et Vianney étaient derrière lui, et se tenaient la main en me regardant, le visage rayonnant de joie. « Hé ! Immaculée, cela fait plaisir de voir que nous pouvons toujours te rendre heureuse, a dit mon frère adoré. Tu es triste depuis beaucoup trop longtemps, et tu dois sécher tous ces pleurs. Regarde l'endroit merveilleux où nous nous trouvons... ne vois-tu pas à quel point nous sommes heureux ? Si tu continues à croire que nous souffrons, tu vas nous forcer à retourner à la douleur que nous avons laissée derrière. Je sais à quel point nous te manquons, mais tiens-tu vraiment à ce que nous revenions et souffrions de nouveau ? »

— Non, Non, Damascene, ai-je hurlé, en versant des larmes de joie, ne revenez pas ici ! Attendez-moi là où vous êtes, et je viendrai vous rejoindre. Quand Dieu en aura terminé avec moi dans cette vie, je viendrai vous retrouver.

— Nous t'attendrons, chère sœur. Mais pour le moment, guéris ton cœur. Tu dois apprendre à aimer ceux qui nous ont fait du tort, et leur pardonner.

Puis, les membres de ma famille se sont lentement estompés dans l'immensité du ciel, pour finalement disparaître dans le firmament. Toujours en suspension dans les airs au-dessus de la maison familiale, je n'étais cependant plus dans le nuage noir ni dans l'hélicoptère. Je volais comme un oiseau au-dessus de mon village natal, au-dessus de la maison du pasteur et du camp des Français, au-dessus de toutes les forêts, des rivières et des chutes d'eau de mon beau pays. Je planais au-dessus de tout le Rwanda.

Je me suis sentie si libérée de toute tristesse et de toute gravité que je me suis mise à chanter ma joie. J'ai chanté de tout mon cœur, les mots se déversant de ma bouche en cascade joyeuse. J'ai entonné «Mwami Shimirwa», ce qui, dans la langue kinyarwanda, signifie «Merci, Dieu, pour cet amour qui est au-delà de toute compréhension.»

À partir de cette nuit-là, mes larmes se sont peu à peu séchées, et ma douleur s'est graduellement atténuée. Je ne me suis plus jamais rongé les sangs à propos du destin de ma famille. J'ai accepté que je porterais toujours ce deuil et qu'ils me manqueraient éternellement, mais je n'ai plus consacré une seule minute à me tourmenter en pensant aux misères qu'ils avaient subies. En m'envoyant ce rêve, Dieu m'avait fait voir que les membres de ma famille se trouvaient dans un lieu où ils étaient à jamais à l'abri de la souffrance.

Il m'avait également fait comprendre que je devais retourner dans mon village.

Quelques semaines plus tard, le colonel Gueye, l'officier sénégalais responsable d'une partie des forces de maintien de la paix de l'ONU qui étaient venues au Rwanda pour aider à stabiliser le pays, m'a offert de me conduire chez moi, et nous avons roulé ensemble à travers le pays. Les paysages de ma jeunesse ne me rendaient plus triste, et je me sentais plutôt rassérénée par tous les souvenirs qu'éveillaient en mois les choses que je voyais et les bruits que j'entendais autour de moi. Avec des amis, je me suis promenée dans la plantation de bananes de ma mère et les champs de caféiers de mon père, à flanc de montagne. J'ai dit à mes tantes que, si elles n'avaient pas peur d'aller à l'extérieur, elles pourraient faire les récoltes et subvenir à leurs besoins.

Tante Jeanne m'a dit de ne pas m'en faire pour elle, et qu'elle n'avait pas peur : elle allait se procurer un fusil et apprendre à s'en servir. « La prochaine fois, je serai prête », m'a-t-elle affirmé.

La prochaine fois, me suis-je dit en soupirant longuement.

Je suis allée à la maison familiale pour visiter ma mère et Damascene. Je me suis agenouillée devant leur tombe et leur ai raconté tout ce qui s'était passé depuis la dernière fois que je les avais vus. Je leur ai parlé de mon travail et de mes projets d'avenir. Leur visage et leur voix me manquaient, et j'ai pleuré. Mais cette fois, mes larmes étaient une expression de libération, et non de tristesse.

Puis, est venu le temps de faire ce que j'étais venue faire.

Je suis arrivée à la prison tard dans l'après-midi et j'ai été accueillie par Semana, le nouveau bourgmestre de Kibuye. Avant le génocide, Semana avait été professeur, ainsi qu'un collègue et un bon ami de mon père. Il était pour moi comme un oncle. Quatre de ses six enfants avaient été tués lors du massacre, et je lui ai dit qu'il devait croire que ses enfants se trouvaient avec Dieu.

« Je constate à quel point le monde a changé, car ce sont les enfants maintenant qui réconfortent les parents », m'a-t-il répondu avec tristesse.

En sa qualité de bourgmestre, Semana était un politicien puissant qui avait la responsabilité d'arrêter et de détenir les assassins qui avaient terrorisé notre région. Il avait interrogé des centaines d'Interahamwe (les milices extrémistes hutues), et savait mieux que quiconque quelles étaient les personnes que chacun des tueurs avait massacrées.

Et il savait pourquoi j'étais venue le voir.

— Veux-tu rencontrer le chef de la bande qui a tué ta mère et Damascene ?

— Oui, je veux le rencontrer.

À travers la fenêtre du bureau, j'ai regardé Semana s'éloigner et traverser la cour jusqu'aux cellules, puis revenir en poussant devant lui un vieil homme débraillé et boiteux. J'ai bondi sur mes pieds à leur approche, car j'avais immédiatement reconnu l'homme. Son nom était Félicien. Il avait été par le passé un homme d'affaires hutu très prospère, dont les enfants avaient été mes compagnons de jeu à l'école primaire. À l'époque, c'était un homme beau et grand qui portait toujours des vêtements coûteux et avait des manières impeccables. J'ai senti un frisson me parcourir en me rappelant avoir entendu sa voix crier mon nom lorsque la bande de tueurs était venue à la maison du pasteur dans l'espoir de m'y trouver. Félicien m'avait prise en chasse.

Semana a poussé Félicien dans le bureau, et l'homme est tombé à genoux. Quand il a levé les yeux et vu que c'était moi qui l'attendais, il est devenu livide. Il a immédiatement détourné le regard et s'est mis à fixer le plancher.

« Debout, assassin ! a crié Semana. Mets-toi debout et explique à cette jeune fille pourquoi sa famille est morte. Explique-lui pourquoi tu as tué sa mère et massacré son frère. Debout, j'ai dit ! Tiens-toi debout et dis-lui ! » Semana criait de plus en plus fort, mais l'homme restait agenouillé, le dos voûté, trop honteux pour me faire face.

Ses vêtements souillés pendaient en lambeaux de son corps émacié. Il avait le teint cireux et le corps couvert d'ecchymoses, et ses yeux étaient voilés et croûteux. Son visage, qui avait déjà été beau, était dissimulé sous une barbe sale et emmêlée, et ses pieds nus étaient striés de blessures ouvertes et sanguinolentes.

J'ai pleuré à la vue de sa souffrance. Félicien avait laissé le démon entrer dans son cœur, et le mal avait ruiné sa vie, tel un cancer de l'âme. Il était dorénavant la victime de ses victimes, condamné à vivre une vie de tourments et de regrets. J'éprouvais une énorme pitié pour cet homme.

« Il a saccagé la maison de tes parents et volé la plantation de ta famille, Immaculée. Nous avons trouvé la machinerie agricole de ton père chez lui, n'est-ce pas ? a crié Semana en direction de Félicien. Après avoir tué Rose et Damascene, il t'a cherchée partout… il voulait ta mort, pour pouvoir s'emparer de tes biens. N'est-ce pas, misérable porc ? » a crié Semana.

J'ai tressailli, et émis un halètement involontaire. Semana m'a regardée, abasourdi par ma réaction et confus à la vue des larmes qui me coulaient le long des joues. Il a agrippé Félicien par le collet de sa chemise et l'a forcé à se tenir debout. «Qu'est-ce que tu as à lui dire ? Qu'est-ce que tu as à dire à Immaculée ? »

Félicien sanglotait. Je pouvais sentir sa honte. Il a levé les yeux vers moi pendant un court instant, et nos regards se sont croisés. J'ai allongé le bras puis touché sa main légèrement, et je lui ai dit doucement ce que j'étais venue dire :

«Je te pardonne.»

Immédiatement, mon cœur s'est allégé, et j'ai vu la tension quitter les épaules de Félicien avant que Semana ne le pousse à l'extérieur du bureau jusqu'à la cour. Deux soldats ont agrippé Félicien par les épaules et l'ont traîné vers sa cellule. À son retour, Semana était furieux.

«Qu'est-ce que tout cela veut dire, Immaculée ? C'était l'homme qui a massacré ta famille. Je l'ai emmené pour que tu l'interroges… ou que tu lui craches à la figure, si tu avais voulu. Mais tu lui as pardonné ! Comment as-tu pu faire cela ? Pourquoi lui as-tu pardonné ? »

J'ai répondu en lui disant la simple vérité : « Le pardon est tout ce que j'ai à offrir. »

(Extrait de *Miraculée : une découverte de Dieu au cœur du génocide rwandais*, J'ai lu, Paris, 2007)

Loretta LaRoche

Andreew Brilliant

Loretta LaRoche, mondialement connue comme auteure des best-sellers : *Life is Short — Wear your Party Pants* et *Squeeze the Day*, entre autres, est une consultante en gestion de stress qui prône l'humour, l'optimisme et la résilience pour composer avec les difficultés de la vie. Elle emploie son humour et sa sagesse afin d'aider les gens à apprendre comment transformer le stress en force, et comment se voir comme des survivants à leur propre vie ; bref, comment découvrir le bon côté des choses. Loretta a présenté six émissions spéciales très appréciées des téléspectateurs de la chaîne PBS, en plus d'être très populaire sur le circuit des conférences, où elle fait 100 conférences en moyenne par année. Elle vit à Plymouth, Massachusetts.

Site Web : www.LorettaLaroche.com

ON NE SAIT JAMAIS

Quand j'étais petite, l'une des expressions favorites de ma mère était « on ne sait jamais ». Nous devions faire le ménage de la maison tous les samedis parce que... « on ne sait jamais ». Si nous étions en train de savourer un merveilleux repas, nous devions nous assurer qu'il y ait des restes, parce que... « on ne sait jamais ». Nous conservions le moindre petit morceau de papier ciré et de ficelle brune, ainsi que les boîtes d'œufs vides, parce que... vous connaissez la suite.

Je m'efforçais de comprendre ce qu'était cette chose que nous ne savions jamais, mais que nous devions savoir. Cela ne pouvait manquer de rendre un enfant nerveux, et peut-être était-ce là le but. Après tout, nous avions des exercices d'évacuation en cas d'incendie à l'école, et nous étions au beau milieu de la guerre froide. On nous disait même de nous cacher sous nos pupitres, en cas d'attaque nucléaire. Et qu'arriverait-il si une météorite entrait en collision avec la Terre, ce que M. Funkhauser, notre professeur de sciences de troisième année, considérait comme une éventualité très probable.

Peut-être ma mère savait-elle que quelque chose de mal allait arriver et que nous devions nous tenir prêts ? Je l'interrogeais souvent à ce sujet, mais elle répondait toujours : « Un jour, tu comprendras. » Comprendre quoi ? *Qu'est-ce que* j'allais comprendre ?

La plupart du temps, je pouvais composer avec la situation, mais cela devenait beaucoup plus difficile lorsque je ne pouvais pas porter mes chaussures de cuir verni avant Pâques, d'autant plus que nous les avions achetées en février. La seule chose que ma mère m'avait permis de faire était de les enduire de vaseline pour empêcher le cuir de se fendiller. N'est-ce pas formidable ? Je suppliais ma mère de me laisser les porter, mais elle me donnait toujours la même réponse — et je parie que vous la connaissez.

Ce qui me poussait vraiment à bout, c'était les sous-vêtements. Ma mère m'achetait toujours les sous-vêtements les plus laids qui soient. Elle me disait qu'ils étaient offerts à prix réduit et que le vendeur lui avait assuré qu'ils étaient inusables. J'ignore ce que le vendeur s'imaginait que j'allais faire, aller dans un puits de mine et y rester pendant un mois, peut-être ? Pourquoi mes sous-vêtements devaient-ils être si résistants ? Pourquoi ne pouvais-je pas porter des dessous mignons et féminins, ornés de petites fleurs et de dentelle ?

Un jour, ma mère a fini par avoir une faiblesse, et m'en a acheté une paire. J'étais aux anges, jusqu'à ce qu'elle me dise la phrase habituelle, c'est-à-dire que je ne pouvais pas les porter, parce que… « on ne sait jamais ». Elle a ajouté que ces sous-vêtements allaient être réservés aux occasions spéciales, ce qui n'a rien fait pour atténuer ma douleur. Combien y a-t-il d'occasions spéciales dans la vie d'une enfant de neuf ans ? Je n'étais quand même pas une vedette de cinéma ou quelque chose du genre ! Les jolis dessous sont donc restés dans le tiroir, entourés de leurs horribles homologues. J'ai probablement dû les porter à deux reprises. Je les ai conservés, mais ils ne me font plus.

Devenue adulte, je comprends désormais beaucoup mieux ce que signifiait « on ne sait jamais » pour ma mère et pourquoi elle avait besoin de le dire si souvent. Avec mes grands-parents, elle avait traversé les années de la dépression et la Deuxième Guerre mondiale. Ces gens avaient été appelés la « génération des plus grands » en raison de leur impressionnante résilience. Ils étaient le produit d'un monde où, sur le plan économique, le présent était incertain et l'avenir effrayant.

Par conséquent, la capacité qu'avait ma mère de jouir pleinement de la vie était entachée de peur et de culpabilité.

Par exemple, elle possédait un superbe service de vaisselle peinte à la main qui était dans la famille depuis que j'avais quatorze ans. Nous l'avions rapporté à la maison au terme d'une visite aux Bermudes, au risque de nous briser le dos tellement ces objets étaient lourds. L'ensemble contenait douze morceaux, dont chacun était orné d'une centaurée bleue peinte à la main. Chaque pièce était différente. Honnêtement, je crois que tout cela était un peu insensé. Pourquoi le fait que les morceaux soient tous différents était-il si important? Comme si nous allions nous mettre à comparer les assiettes, et à nous dire : «Oh, regarde, la fleur qui se trouve sur la tienne n'a pas de tige!»

Aux yeux de ma mère, ce service de vaisselle était incroyablement unique. Et pourquoi pas? Elle l'avait acheté avec l'argent qu'elle avait durement gagné, ce qu'elle répétait à qui voulait l'entendre. Le service restait dans l'armoire à vaisselle, en attendant que viennent à la maison ces gens très spéciaux que ma mère considérait dignes de manger dans ce service à vaisselle. Nous, les simples mortels, n'étions pas assez importants pour manger au quotidien dans cette vaisselle exceptionnelle. De temps en temps, elle me rappelait que j'allais en hériter. Pendant longtemps, cette pensée m'a réjouie. Puis, un jour, il y a deux ans, elle m'a demandé : «Est-ce que tu veux la vaisselle?» Je me suis dit : *Je crois rêver...* Aujourd'hui, ma conception de la vaisselle se limite à des assiettes en plastique dans lesquelles on mange de la nourriture livrée du resto.

Je ne crois pas que ma mère était méchante, et je ne crois pas non plus qu'elle pensait vraiment que sa famille n'était pas digne de la belle vaisselle. Elle vivait simplement sa vie comme elle avait appris à la vivre. Nous héritons tous d'une façon de voir issue de notre famille et de la société et qui, pour le meilleur ou pour le pire, fait de nous qui nous sommes et façonne nos croyances. Nous héritons souvent de concepts face à la vie que nous ne comprenons pas vraiment.

L'une de mes histoires favorites concerne une femme qui préparait un rôti de bœuf dans sa cuisine pour le dîner. Sa fille, qui la regardait préparer le repas, lui a demandé :

— Maman, pourquoi as-tu coupé les deux extrémités du rôti?

— Chérie, parce que c'est comme ça qu'il faut faire.

— Mais pourquoi?

La mère a dû réfléchir pendant un moment avant d'avouer :

— Tu sais, je ne suis pas certaine. Ma mère faisait comme ça, et je suis persuadée qu'elle avait une bonne raison.

— Demandons à grand-mère.

La femme a alors téléphoné à sa mère pour lui demander pourquoi elle coupait les extrémités du rôti de bœuf. La dame âgée a dû admettre qu'elle ne savait pas vraiment non plus pourquoi elle procédait de la sorte, mais qu'elle avait adopté cette méthode parce que c'était celle de *sa* mère!

Elles ont donc téléphoné à l'aïeule, l'arrière-grand-mère de l'enfant, qui avait dans les 90 ans, pour lui demander pourquoi elle coupait les extrémités du rôti de bœuf avant de le faire cuire.

— Eh bien! a dit la vieille femme, c'est parce que je n'avais pas de rôtissoire assez grande pour y faire tenir tout un rôti.

Un grand nombre d'entre nous avons hérité de nos parents une mentalité de la rareté, mentalité qui nous interdit de célébrer et d'utiliser la belle vaisselle dans la vie de tous les jours. Mais à l'instar de la femme qui préparait son rôti, il nous faut regarder au-delà de ce qu'on nous a inculqué afin de trouver notre propre chemin vers le bonheur.

Il est certain qu'il nous faut économiser pour l'avenir et éviter de gaspiller et de nous procurer des biens matériels dont nous n'avons pas besoin. Mais il ne faut jamais attendre les occasions spéciales pour jouir de la vie. Il nous faut créer *tous les jours* une atmosphère de célébration dans notre vie. Nous n'avons pas le temps d'attendre. Comme je dis souvent à mes auditoires et aux participants à mes ateliers à propos de la pré-carité de la vie : «Tout le monde finira par quitter ce monde.»

Quand je fais cette affirmation, bien des gens se mettent à rire, mais je sais qu'ils se disent : *Pourquoi est-elle si morbide? Elle est censée être drôle.* Toutefois, lorsque nous acceptons entière-ment notre mortalité, nous sommes forcés de vivre dans le pré-sent parce que nous comprenons qu'il est notre seule certitude. Cela nous force à nous concentrer sur les choses qui sont vraiment importantes et à mettre de côté celles qui ne le sont pas, et nous rappelle que les choses que nous trouvons terribles aujourd'hui finiront par passer. Du coup, la lente file d'attente devient une promenade dans le parc, et l'embouteillage une occasion d'écouter de la bonne musique. Et deux heures de plus au travail ne sont pas si terribles si vous prévoyez arriver à la maison à temps pour embrasser votre fille avant qu'elle s'endorme.

Nous passons une période de temps très courte sur cette planète, et nous en gaspillons de nombreuses heures à ne pas vraiment profiter du temps que nous avons. Un grand nombre d'entre nous semblent attendre, attendre...

Vous êtes-vous déjà demandé : «Qu'est-ce que j'attends? Qu'est-ce que je dois faire avant d'accomplir cette chose que je ne cesse de remettre au lendemain? Qu'est-ce qu'il me faut avoir avant de pouvoir faire cette chose, et pourquoi?» ou «De qui est-ce que j'attends la permission?»

Croyez-moi, personne ne va jamais vous donner la permis-sion. Ils sont tous trop occupés à jouir de la vie.

(Extrait de *Life is Short — Wear your Party Pants*, Hay House, 2003)

Mike Lingenfelter

Mike Lingenfelter est un ingénieur accompli, membre de l'Institute of Electrical and Electronic Engineers. Il possède dix-sept brevets pour son travail un peu partout dans le monde. Mike et son épouse, Nancy, vivent à Huntsville, Alabama. Il est l'auteur (avec David Frei) de *L'ange qui m'accompagne : l'histoire vraie d'un chien qui a sauvé un homme... et d'un homme qui a sauvé un chien.*

Dakota, le très singulier chien d'assistance de Mike, était un golden retriever qui possédait des talents uniques pouvant faire la différence entre la vie et la mort.

Dakota, mon ange

C'était en 1994, et je m'attendais à ce que ma vie prenne fin bientôt. Deux crises cardiaques graves et une opération à cœur ouvert m'avaient pratiquement privé de tout le plaisir que je pouvais tirer de l'existence. Néanmoins, mes médecins gardaient espoir, car ils croyaient qu'un chien énergique tenu en laisse pourrait me motiver à sortir de la maison et à faire de l'exercice. C'est ainsi qu'un golden retriever nommé Dakota (que j'avais surnommé Cody), qui avait lui-même été sauvé d'une mort certaine, est venu vivre à mes côtés et m'a aidé dans ma thérapie de réadaptation...

~~

« Laissez-moi tranquille ! » ai-je crié au petit groupe qui s'était attroupé autour de moi, alors que j'étais étendu par terre de tout mon long.

« Est-ce que ça va ? a demandé une cliente. Que pouvons-nous faire pour vous aider ? » Je réfléchissais à toute vitesse, me demandant : *Où suis-je ? Qu'est-ce que je fais ici ?* J'avais déjà avalé deux pilules de nitroglycérine, et j'essayais de m'adresser plus calmement aux badauds alarmés. « Laissez-moi tranquille, je vous en prie. Laissez à mon médicament le temps de faire effet. »

J'étais en train de subir une grave crise d'angine et, comble de chance, cela s'était produit dans un lieu on ne peut plus public : le Wal-Mart du quartier. Habituellement, ma femme Nancy m'aidait avec la conduite automobile et gardait l'œil sur moi quand je sortais en public. Cette fois-ci, j'étais simplement allé faire un achat rapide, et je n'avais pas vraiment pensé à la possibilité que des troubles cardiaques puissent survenir. Je me retrouvais donc par terre, seul, inquiet de ce que la réaction des gens allait être. Allaient-ils être trop attentionnés ou trop indifférents ? Dans un cas comme dans l'autre, leur réaction était susceptible de me nuire. J'étais si heureux de la façon dont les choses se déroulaient avec Dakota et de mon retour à la vie publique après ma maladie que j'oubliais parfois que je risquais quand même à tout moment d'avoir une attaque.

Et l'un de ces moments était arrivé.

Le cœur est un organe très indépendant qui fait à peu près tout ce qui lui plaît, de bien ou de mal. Le bien se présente sous la forme d'une longue vie en santé, et le mal se manifeste chaque fois qu'une personne « tombe raide morte des suites d'une crise cardiaque ». En ce moment, je souffre d'angine instable, ce qui n'est pas synonyme de crise cardiaque, mais les deux se déclarent de la même façon. Et quel que soit le nom qu'on leur donne, ces attaques causent de la douleur... beaucoup de douleur. Et cela me fait peur. Je vis quotidiennement dans la peur que la prochaine fois sera « la bonne ».

Entre-temps, pour revenir à l'épisode du Wal-Mart, j'avais survécu, et la plupart des clients ont fini par retourner à leurs emplettes. J'ai quitté la position fœtale que j'avais adoptée, pris quelques respirations profondes et me suis redressé en position assise.

Le directeur du magasin s'est agenouillé devant moi.

— De quoi avez-vous besoin ? a-t-il demandé. Y a-t-il quelqu'un que nous puissions appeler ?

— Je crois que ça va aller, j'ai simplement besoin de quelques minutes de plus. Désolé d'avoir créé toute cette commotion.

— C'est le moindre de nos soucis. Je suis tout simplement heureux que vous alliez bien, a dit le directeur. Je crois comprendre que vous avez l'habitude de ces épisodes.

— Oui, je regrette de devoir dire que c'est vrai.

Ce que je n'ai pas dit au directeur, c'est que je m'apitoyais beaucoup sur mon sort, en raison de ma vulnérabilité, de la perte de mon autonomie et de l'embarras que je m'étais causé à moi-même. Dakota faisait bien son travail de chien de thérapie, et ma santé mentale s'améliorait, mais un incident d'ordre physique comme celui-ci avait pour effet de défaire une bonne partie de cette guérison psychologique. Cela venait de me refaire penser que ma vie ne reviendrait jamais vraiment à la normale.

Me faire rappeler à tout moment à quel point j'étais proche de la mort était vraiment déprimant et effrayant. Je ne pouvais me soustraire à cette peur. Cody ou pas de Cody, je glissais quand même à l'occasion dans un état où je songeais sérieusement à utiliser cette arme à feu que j'avais achetée. Après tout, je ne pouvais toujours pas travailler et je continuais à avoir ces crises une ou deux fois par semaine, souvent dans un lieu public, ce qui était très embarrassant. Nancy veillait à ce que je poursuive mon travail de réhabilitation avec Dakota ainsi que mon travail bénévole au nom de l'organisme Paws for Caring. C'est ce qui m'aidait à faire reculer cet état dépressif qui, malheureusement, ne me quitterait jamais complètement.

Travailler avec les enfants s'était avéré un excellent remède et une importante source de bien-être. Il y avait, sur la rue où nous habitions, un foyer et une école pour les enfants atteints du syndrome de Down. Les enfants fréquentaient l'endroit pour suivre des cours et s'adonner à des activités physiques, qui allaient de la marche à la balle molle. Pendant tout l'été, une fois par semaine, Cody et moi y transformions nos visites en événements familiaux en emmenant Nancy et notre autre chien, Abbey. Les enfants adoraient les chiens, et ceux-ci incitaient les enfants à faire toutes sortes d'activités différentes. Dakota et Abbey avaient aussi beaucoup de plaisir ; après tout, il n'y a pas meilleur joueur de balle molle qu'un golden retriever.

Je luttais toujours contre les crises d'angine. Elles pouvaient survenir deux ou trois fois par jour, ou seulement une ou deux fois par semaine. Les médecins tentaient de trouver le bon médicament et le bon dosage pour faire cesser les attaques, et au cours des dix-huit premiers mois pendant lesquels Cody et moi avons été ensemble, l'animal a été témoin de centaines de ces douloureux épisodes. Il a appris à se blottir dans le lit contre moi ou à s'allonger près de moi sur le sol, restant parfois à mes côtés pendant des heures pour m'aider à combattre la crise. Quand je sentais la douleur se nouer dans ma poitrine, je serrais Dakota très fort pour atténuer la souffrance. Je sais qu'il sentait ma douleur, mais il ne m'a jamais laissé tomber. Il n'y avait rien que lui ou moi puissions faire pour éviter ces épisodes.

Un jour, au printemps de 1996, Dakota et moi sommes allés visiter une école dans le cadre de la Semaine portant sur les animaux. Notre vétérinaire, le Dr Pat Choyce, m'avait demandé de faire un discours sur la thérapie assistée par les animaux et les chiens d'assistance. J'avais à peine commencé à parler quand Cody s'est mis à se comporter de manière quelque peu exubérante. Il me donnait des coups de patte à répétition et n'écoutait pas mes commandements, agissant comme s'il avait un grave problème. J'ai cru qu'il allait vomir ou qu'il avait besoin de se soulager. Il ne s'était jamais comporté de cette façon en public auparavant, et je voulais l'emmener à l'écart afin de le gronder. J'étais un peu en colère contre lui parce que son comportement nous obligeait à quitter les lieux au beau milieu des célébrations, mais je me suis excusé auprès de l'animateur, et nous sommes partis.

En sortant de l'auditorium, juste au moment où la porte se refermait derrière moi, j'ai éprouvé une douleur vive à la poitrine et une sensation d'essoufflement. Mes genoux ont fléchi et j'ai perdu connaissance. Lorsque je suis revenu à moi, j'étais entouré de gens qui criaient et hurlaient. J'ai avalé mes médicaments et je suis resté assis sur le sol pendant quelque temps, histoire de reprendre mes sens à mesure que le médicament faisait effet. Dakota, qui était resté à mes côtés, me léchait les bras et le visage.

Le Dr Choyce était là, lui aussi, et observait ce merveilleux animal prendre soin de moi.

— Peut-être essayait-il de vous dire quelque chose, a dit le spécialiste.

— Vous avez probablement raison, ai-je répondu.

J'ai regardé Cody. Ses yeux semblaient bleu-gris, couleur que je n'avais jamais vue auparavant. Quelques minutes plus tard, ses yeux étaient revenus à leur couleur brune habituelle. Je me suis dit que j'avais probablement eu la berlue parce que je n'avais pas encore tous mes esprits.

Le Dr Choyce m'a conduit à la maison en voiture, et en chemin, nous avons parlé de cet épisode. En remontant aux événements du dernier mois, je me souvenais que Dakota avait toujours agi de cette façon bizarre avec moi chaque fois que j'avais eu une attaque. Peut-être aurais-je dû être plus attentif à ces signaux. À mon retour à la maison, j'ai parlé de tout ça à Nancy, et elle m'a fait remarquer que, quelques jours auparavant, Cody m'avait donné des coups de patte et était devenu très agité alors que j'étais étendu sur le divan. Je lui ai dit de me laisser tranquille, mais il a persisté. Quelques minutes plus tard, j'avais une attaque. Dans mon esprit, j'avais blâmé mon chien de m'avoir énervé et mis en colère, et par le fait même d'avoir causé cette attaque.

J'aime croire que je suis une personne plutôt intelligente : je suis ingénieur, j'ai bénéficié d'une bonne éducation et je détiens environ dix-sept brevets. Toutefois, j'hésitais à créditer Dakota pour sa capacité de perception, parce que je ne croyais pas qu'une telle chose fût possible. Mais au fond de mon cœur (pour ainsi dire), je commençais lentement à comprendre que Dakota était capable de sentir qu'une attaque était sur le point d'arriver.

Lorsque Cody a de nouveau affiché ce comportement, j'étais à la maison. J'étais assis à mon bureau, devant l'ordinateur, pendant que mon chien faisait la sieste sur le tapis. Soudainement, mon golden retriever au comportement exemplaire et docile s'est transformé en un soignant aux manières douteuses. Me prenant complètement par surprise, il est venu fourrer son nez sous mon bras et a posé la tête sur ma jambe.

Cela m'a quelque peu perturbé, d'autant plus que tout ce mouvement m'a fait renverser ma tasse de café sur mon bureau. Comme je portais dorénavant plus attention au café qu'au chien, celui-ci s'est mis à insister, en posant sa patte sur mon bras, puis sur ma jambe, me donnant une petite poussée, comme pour dire : « Hé ! Je suis sérieux ! »

J'ai fini par comprendre ce qu'il essayait de me dire. Cody essayait de me sauver la vie ! Ma vie pouvait prendre fin dans les minutes qui allaient suivre. Le café pouvait donc attendre. Si j'avais raison à propos de Dakota, s'il avait appris à percevoir une crise d'angine imminente, je me suis dit qu'il faudrait bien que j'utilise cet avertissement à mon avantage. J'ai pris l'avertissement aux sérieux, et j'ai immédiatement avalé mes médicaments. Et comme de fait, une attaque d'angine s'est déclarée. Et comme je prévoyais le coup, j'ai pu me rendre jusqu'à ma chambre et m'étendre sur mon lit.

Cody ne s'est pas détendu, ce qui m'a fait craindre que cette attaque allait être particulièrement virulente. Je me suis mis à avoir chaud et à transpirer. Je suis devenu essoufflé, et mon cœur battait à tout rompre. J'étais démuni. J'ai essayé d'appeler Nancy, mais j'ignorais où elle se trouvait, et Dakota refusait de me laisser seul pour aller la quérir.

De façon évidente, je ne maîtrisais pas la situation, contrairement à mon chien. Celui-ci a pris les choses en main, grimpant sur mon lit et me regardant droit dans les yeux pour me rassurer de sa présence. Puis, il s'est couché en cercle, comme le font les chiens, le dos contre ma poitrine, comme pour me dire : « Tiens bon, ça ira. » Je l'ai caressé légèrement et j'ai fait une prière : « Je vous en prie, Dieu, faites que cette attaque soit de courte durée. »

Mais Dieu avait d'autres projets en tête. La douleur m'a soudain transpercé et noué la poitrine, et m'a traversé tout le corps. Je connaissais bien cette sensation. Habituellement, quand une attaque se déclarait sans avertissement, je m'effondrais sur le sol. Mais cette fois-ci, grâce à Dakota, j'étais prêt à y faire face. Cependant, malgré cet avertissement, la douleur m'a rapidement vidé de mes forces, et j'ai dû faire des efforts pour me concentrer et aider le médicament à faire effet rapidement.

Je sentais le corps chaud de Cody contre le mien, et je l'ai enlacé. En dépit de la douleur grandissante et de mon rythme cardiaque accéléré, je percevais sa respiration régulière. En m'imprégnant de sa présence apaisante et en synchronisant ma respiration avec la sienne, je suis arrivé à régulariser ma respiration et à prévenir l'hyperventilation. Mais la douleur s'est intensifiée, et je serrais Dakota de plus en plus fort. Il semblait comprendre, comme il l'avait fait à de nombreuses reprises, et il est resté à mes côtés sans manifester aucun signe de la douleur que je lui causais assurément. Puis, le temps a passé, et mon angoisse est devenue plus supportable. Petit à petit, le poids qui encombrait ma poitrine s'est allégé, je pouvais de nouveau respirer sans douleur, et mes battements cardiaques étaient revenus à un rythme qui s'approchait de la normale.

Durant tout cet épisode, Cody n'a pas bougé ni émis un son. Sentant que je relâchais mon étreinte, il a pu se retourner vers moi et s'est mis à me lécher doucement les mains, les bras et le visage. J'ai alors su que j'avais survécu. Je suis demeuré au lit pendant quelques heures pour récupérer. Certaines de mes attaques sont plus sérieuses que d'autres, mais le fait d'avoir eu un avertissement se révélait très utile. L'attaque avait été moins éprouvante que d'habitude, et le fait d'avoir pris mes médicaments d'avance m'avait aidé à contrer la crise et à en atténuer les effets, ainsi qu'à éviter l'accident ou la chute.

Comment Cody arrivait-il à savoir ? Il affichait le comportement typique d'un chien qui donne l'« alerte » et qui avertit son maître de l'imminence d'une crise d'épilepsie : soit donner des coups de patte et de museau et sauter sur la personne malade. Certains chiens d'assistance faisaient cela depuis des années : ils alertaient leur maître de l'imminence d'une urgence médicale, comme une crise d'épilepsie ou une poussée de diabète. J'avais entendu parler de ce phénomène par des gens qui possédaient des chiens d'assistance. Ces personnes racontaient des histoires étonnantes, où leur chien anticipait les crises et leur lançait un avertissement. Ainsi, je comprenais le principe et connaissais la terminologie, mais dans toutes mes lectures, ainsi que dans mes rapports avec des médecins et des propriétaires de chiens d'assistance, je n'avais jamais entendu parler de chiens qui détectaient l'approche d'une crise cardiaque.

D'innombrables questions me venaient à l'esprit : qu'est-ce que Cody sentait, percevait ou entendait ? Que pensait-il ? Comment avait-il appris ce comportement ? Comment avait-t-il fini par reconnaître ce qui m'arrivait ? Comment avait-t-il fait le saut et compris qu'il pouvait m'aider ? Et surtout, *savait-il* qu'il me sauvait la vie ? Parce que c'est exactement ce qu'il faisait en m'aidant à prendre les médicaments à l'avance, tout comme les chiens d'épileptiques le font avec leur maître. Et le soutien qu'il m'apportait en endurant mes douloureuses étreintes et en m'aidant à respirer jouait aussi un rôle très important.

Ce jour-là, Dakota m'a redonné ma liberté.

J'avais vécu avec ces crises d'angine — et j'y avais presque succombé — pendant presque cinq ans. J'ai repensé à ces années et à toutes ces attaques effrayantes et imprévisibles que j'avais subies, comme celle qui s'était abattue sur moi chez Wal-Mart. J'étais vulnérable et je dépendais des autres pour m'aider à vivre ma vie, et je devais faire attention chaque fois que je sortais en public. Mais dorénavant, je pourrais peut-être voir les choses différemment.

Maintenant que je savais quels signaux surveiller, je souhaitais presque subir une nouvelle attaque pour pouvoir mettre cette théorie à l'épreuve et voir si Dakota se comporterait de la même façon. Et vous savez ce qu'on dit là-dessus : attention à ne pas souhaiter n'importe quoi, car vous pourriez l'obtenir. Deux jours plus tard, j'étais installé dans mon fauteuil inclinable en train de lire le journal quand une grosse patte velue à poil roux a surgi à travers les pages sportives.

« Cody ! » ai-je crié d'un ton brusque.

L'animal m'a donné un autre coup de patte. Cette fois, je n'ai pas eu besoin d'autres précisions. J'ai aussitôt pris mes pilules et me suis rendu dans la chambre à coucher, espérant littéralement avoir une nouvelle attaque. Et c'est ce qui est arrivé. J'ai alors éprouvé un très étrange mélange de douleur et d'allégresse. J'éprouvais une douleur physique, bien sûr, mais cette douleur ne me semblait pas aussi intense que d'habitude. Le médicament faisait déjà effet. Mais quelque chose d'autre se passait. Je possédais désormais un système d'alarme qui m'avertissait avant chacune de ces attaques : un système d'alarme à quatre pattes, pesant 45 kilos et couvert d'un pelage roux-or. Il dégageait Nancy et les autres d'un lourd fardeau.

Notre vie changeait une fois de plus, grâce à Dakota.

(Extrait de *L'ange qui m'accompagne*, Éditions AdA, 2007)

Denise Linn

Meadow Linn

Denise Linn est une enseignante de renommée internationale dans le domaine de la croissance personnelle. Elle est l'auteure de dix-sept livres, dont *If I Can Forgive, So Can You*, *L'âme se nourrit de vérité* et *Canalisez votre pouvoir en quatre étapes*, qui ont été traduits en vingt-quatre langues. En plus d'apparaître dans de nombreux documentaires et émissions de télévision dans le monde entier et de donner des séminaires sur les six continents, Denise est fondatrice de l'International Institute of Soul Coaching®, qui offre des programmes de formation professionnelle en accompagnement de vie.

Site Web : www.DeniseLinn.com

AU REVOIR, PÈRE

Il y a toujours une espèce de calme étrange entre le moment où survient un événement traumatisant touchant un être cher et le moment où on l'apprend. Même si, au fond de votre âme, vous savez déjà ce qui s'est produit et que vous avez entrepris votre deuil, la partie consciente de vous-même continue pendant quelque temps de percevoir la vie comme si de rien n'était. Mais entre ces deux moments, il se produit un changement imperceptible dans votre conscience. Pour moi, cela ressemble aux secondes qui séparent le moment où vous perdez l'équilibre et celui où vous tombez au sol. Pendant votre chute, vous savez que, dans un instant, vous allez entrer en collision avec la terre ferme.

Vous pouvez sentir ce subtil changement d'énergie précisément avant de répondre, tard dans la nuit, à l'appel téléphonique vous annonçant la nouvelle qui changera votre vie à jamais. Ainsi, lorsque j'ai reçu le coup de téléphone à propos de mon père, j'ai nié ce que mon âme savait déjà.

« Denise, ton père est mourant. Reviens au plus vite », a dit d'un ton insistant l'un des voisins de mon père. J'ai éloigné le combiné de mon oreille et je l'ai regardé d'un air hébété. Je ne pouvais croire ce que je venais d'entendre. Mon père était atteint du cancer du côlon, mais je ne m'attendais pas à recevoir cet appel si vite. En fait, j'espérais secrètement ne *jamais* le recevoir. Même si mon père ne jouait plus un grand rôle dans ma vie, c'était comme si je croyais qu'il serait toujours là.

M'extirpant de ma stupeur, j'ai immédiatement fait ma valise, qui était d'ailleurs déjà partiellement remplie. Tout en me rendant à toute vitesse à l'aéroport, je me demandais si je n'avais pas su inconsciemment que j'allais devoir être préparée, même si je ne pouvais consciemment faire face à la vérité.

Arrivée au guichet de la compagnie aérienne, on m'a annoncé que j'aurais à prendre trois vols à partir de l'endroit où j'enseignais, en Californie centrale, jusqu'à la petite ville d'Oregon où vivait mon père avec sa deuxième femme. Le premier vol a été très mouvementé, mais j'ai à peine remarqué les turbulences, car mon esprit était ailleurs. La tête appuyée contre le hublot, j'ai pensé à ma relation avec l'homme qui était mon père. Nous n'avions jamais été très proches, surtout en raison des agressions sexuelles qu'il m'avait fait subir durant mon enfance.

Les séquelles émotionnelles et la honte découlant de ce qu'il m'avait infligé nuit après nuit dans son lit, alors que je n'étais qu'une petite fille et que ma mère était à l'hôpital psychiatrique, m'habitaient toujours. Même si ces événements avaient eu lieu quarante années auparavant, je ne pouvais oublier cette violence. Cependant, en dépit de ces souvenirs, non seulement avais-je rendu visite à mon père à de nombreuses reprises au fil des années, mais j'avais aussi toujours essayé de nouer une relation plus profonde avec lui. Malgré les plaies ouvertes héritées de mon enfance, je persistais à aspirer à une relation père-fille harmonieuse. Assise dans l'avion qui me menait jusqu'à lui, je craignais qu'il ne fût trop tard pour que ce souhait puisse se réaliser.

Pendant que l'avion était ballotté dans tous les sens, j'ai repensé aux deux fois où j'avais essayé de parler à mon père de ce qui s'était produit quand j'étais enfant. Les deux fois, il a nié les faits et a abruptement mis fin à la conversation en quittant la pièce. Un jour, je lui ai demandé s'il croyait que j'inventais cette histoire, car il m'importait de savoir ce qu'il pensait. Devant son silence, je lui ai de nouveau posé la question : « Est-ce que tu crois que je mens ? » Cette fois encore, il ne m'a pas répondu, mais il a baissé les yeux. Je suppose que j'ai obtenu là ce qui s'apparentait le plus à des excuses.

Après ces vaines tentatives d'en arriver à une résolution, nous avons essayé de poursuivre notre relation sur la base d'un pacte du silence tacite. Cependant, je ne pouvais chasser les agressions sexuelles de mon esprit chaque fois que j'étais en sa présence. C'était un mur invisible, mais non moins très solide, qui demeurait érigé entre nous. Même quand je ne pensais pas à ces souvenirs, mon corps réagissait différemment quand mon père était là. Par exemple, à chacune de ses demi-étreintes innocentes, j'étais envahie par une vague de nausée inattendue.

La blessure émotionnelle causée par les agressions ne voulait tout simplement pas guérir. Je n'avais pas besoin de penser consciemment au passé pour que ce malaise survienne : il demeurait toujours tapi sous la surface de ma psyché, prêt à bondir à tout moment. Même si cela était irrationnel, je continuais à croire que, si seulement mon père pouvait admettre ce qui s'était produit et me demander pardon, ma douleur disparaîtrait et mes blessures guériraient instantanément. Je visais toujours cet idéal, même dans cet avion en route vers mon père mourant. Peut-être n'était-il pas trop tard ! J'avais des espoirs irrationnels de mots d'excuse et de réconciliation, même aux derniers instants de sa vie.

J'ai fini par atterrir au petit aéroport de la ville où habitait mon père. Une parente est venue me prendre, et à en juger par l'expression de son visage, les choses étaient loin d'aller pour le mieux. En effet, elle m'a dit : « Je suis désolée, Denise, tu arrives trop tard, il est mort il y a quelques heures. »

Au début, je n'ai rien compris de ce qu'elle avait dit. Je ne pouvais croire que mon père ne fût plus en vie.

— Il ne peut pas être mort, ai-je dit, où est son corps ? Je veux le voir.

— C'est impossible, nous l'avons envoyé au crématorium.

— S'il n'a pas encore été incinéré, je peux encore le voir, ai-je répondu avec insistance.

J'ignorais pourquoi je voulais tant voir son corps, mais cela semblait important.

Au bout de moult discussions à la maison de mon père, nous en sommes arrivés à une entente : je pouvais aller visiter le corps de mon père, qui se trouvait dans une sorte d'entrepôt situé dans la partie industrielle de la ville. À mon arrivée, un petit homme qui ressemblait à un *troll* assis derrière le bureau de la réception m'a examinée avec des yeux scrutateurs.

« Je suis venue voir la dépouille de mon père », ai-je annoncé.

Avec le ton autoritaire qu'adoptent les gens qui occupent des emplois subalternes et aiment se sentir importants, l'homme m'a informé que cela était impossible.

« Je *vais* voir le corps de mon père », ai-je tranquillement exigé, en le fixant d'un regard ferme et pénétrant.

Ma détermination obstinée a semblé l'ébranler pendant un instant, mais il s'est vite repris et a répété avec hauteur : « D'accord, mais vous ne pourrez pas dire que je ne vous ai pas avertie. »

On m'a ensuite escortée dans une pièce froide à l'éclairage cru, et la raison pour laquelle le *troll* à la réception ne voulait pas me laisser passer est tout de suite devenue claire : mon père, gris et sans vie, était étendu sur une planche, et même s'il était partiellement recouvert d'un drap, je pouvais voir que sa tête et les parties exposées de son corps étaient marquées de graves ecchymoses. Il n'était pas mort des suites de blessures à la tête, mais celle-ci, de même que son visage, était couverte d'entailles et de coupures. C'était un homme à la forte carrure, ce qui l'avait probablement rendu difficile à transporter. Ils avaient dû laisser tomber le corps à plusieurs reprises au cours de son transport vers l'entrepôt.

J'ai tiré une caisse vide et je me suis assise près de mon père. Pendant quelque temps, je suis restée là sans bouger… puis j'ai posé ma main sur la sienne. Le contact était froid, mais étrangement réconfortant. C'était la première fois dont je pouvais me souvenir que je n'avais pas de nœud dans l'estomac au contact de mon père.

Je me suis mise à parler tout haut. Cela m'importait peu que quiconque puisse m'entendre, car j'avais beaucoup de choses à dire. « Je suis vraiment en colère contre toi ! Maintenant que tu es mort, tu ne vas jamais admettre que tu as abusé de moi. Tu ne vas jamais t'excuser pour ce que tu as fait! Et je suis en colère parce que tu es mort avant que cette blessure puisse guérir », ai-je dit, tremblante.

Je sanglotais tellement que j'avais de la difficulté à articuler les mots, mais j'ai continué mon monologue : « J'ignore pourquoi je dis ces choses maintenant, parce que je ne suis même pas certaine d'y croire, mais je te pardonne. Je te pardonne d'avoir profité de moi quand j'étais enfant. Je te pardonne pour la façon dont tu as fait entrer maman dans un hôpital psychiatrique. Je te pardonne de m'avoir ignorée quand je me suis fait blesser par balle et de ne pas m'avoir aidée quand j'essayais d'entrer au collège.

« Je te pardonne de m'avoir simplement dit "Bonne chance" quand je t'ai téléphoné pour te demander de me prêter de l'argent pour que les médecins puissent réparer le trou que j'avais dans l'aorte, même si je t'avais dit que j'allais mourir sans cette chirurgie. Mais, Bon Dieu! Je te pardonne pour ça aussi! »

Je hurlais et je n'étais plus rationnelle. Tout ce que j'avais accumulé pendant des années se déversait hors de moi, et même si je prononçais des paroles de pardon, je ne sentais pas que je pardonnais vraiment parce que je devenais de plus en plus enragée à mesure que je parlais. Toute une vie de colère est remontée à la surface, au fur et à mesure que j'énumérais toutes les choses que je «pardonnais».

Puis, j'ai entendu ces mots, qui semblaient provenir de mon père : «Pendant toutes ces années où *tu* as attendu que je te demande pardon, *j'ai* attendu que tu me pardonnes.»

Soudain, la colère et la tristesse m'ont quittée. Mon père était mort, mais j'avais entendu ses paroles presque aussi clairement que s'il avait été encore en vie, et toute mon angoisse a disparu. Je me sentais exempte de toute émotion. J'étais complètement vidée, et je comprenais que, pendant toutes ces années où j'avais attendu des excuses, *il* avait attendu mon pardon.

C'était *moi* qui aurais dû faire les premiers pas... c'est par moi que tout aurait dû arriver! En cet instant même, j'ai laissé aller tout le ressentiment et toute la colère que j'avais accumulés pendant mon existence. J'ai tout simplement lâché prise, et ces sentiments m'ont quittée. Je n'avais plus besoin de m'y accrocher. Un sentiment de liberté m'a envahie, comme si j'avais trouvé le salut, et la pièce s'est remplie de cette même lumière dorée et chatoyante que j'avais vue quand j'avais été blessée par balle, à l'âge de dix-sept ans. Je serrais très fort la main de mon père, et celle-ci ne me semblait plus froide. Je savais que je l'aimais et qu'il m'aimait. De magnifiques souvenirs oubliés d'enfance me revenaient dorénavant à l'esprit : mon père qui réparait le pneu crevé de ma bicyclette rouge, mon père qui nous tirait dans la neige sur un vieux traîneau en bois, mon père qui lançait dans les airs mon petit frère de deux ans, Brand, qui hurlait de plaisir… J'aimais mon père, je l'aimais vraiment.

Je me suis levée et je l'ai regardé. Pour la première fois, du plus loin que je pusse me souvenir, je voyais vraiment mon père. Dans le passé, j'évitais habituellement de le regarder dans les yeux. Mais en le regardant en cet instant, j'ai compris toute la douleur et la déception qui avaient habité cet homme pendant toute sa vie. J'ai senti le dégoût qu'il éprouvait envers lui-même d'avoir abusé de sa propre fille, et j'ai vu tous les rêves qu'il n'avait pas réalisés ainsi que ses peines. Et j'ai pleuré pour lui pour la première fois de ma vie.

« Au revoir, père », ai-je dit en lui caressant doucement le front. Je ne l'avais pas appelé père depuis mon enfance, j'utilisais toujours son prénom, Dick, car cela me semblait plus approprié. Ce jour-là, je disais au revoir à quelqu'un d'autre. Je disais au revoir à mon père.

Le sentiment de légèreté a continué de m'habiter long-temps après que j'eus quitté l'entrepôt. Même pendant la messe commémorative, quelques semaines plus tard, je me sentais remplie de joie d'avoir l'occasion de célébrer la vie de mon père. Nous avons aménagé une « scène », raconté de bonnes histoires à propos de sa vie et regardé des photos. C'était la première fois que mes frères et sœurs — Heather, Gordon et Brand — et moi étions réunis depuis nos années d'enfance, et cela faisait chaud ou cœur. Plus tard, à l'extérieur, nous avons admiré un magnifique arc-en-ciel qui illuminait le ciel. Même si l'occasion était triste, beaucoup de joie et d'amour furent partagés…

(Extrait de *L'âme se nourrit de vérité*, Éditions AdA, 2007)

Monique Marvez

Barry Smith

Considérée comme l'une des humoristes les plus divertissantes et attachantes d'Amérique du Nord, Monique Marvez obtient depuis quinze ans un succès fulgurant auprès du public. Son attitude sur scène et sa présence sur les ondes ont été qualifiées de sympathiques et d'engageantes, et on l'a décrite dans la presse comme un croisement entre une Bette Midler hispanique et un Dr Phil plus joli et plus séduisant. Présentement, elle anime *Monique and the Man*, l'émission matinale de la station 100,7 Jack FM, à San Diego.

En plus d'avoir animé des émissions de radio à succès à Indianapolis et en Californie du Sud, Monique a aussi participé à l'émission *Dick Clark's Rockin' New Year's Eve*, en direct de South Beach, et à l'émission *Real Sex*, sur la chaîne HBO, à titre d'experte en relations ; elle a également été invitée aux émissions *Montel* et *The Other Half*.

Son premier livre, *Not Skinny, Not Blonde*, a été publié en octobre 2007.

Site Web : www.MoniqueMarvez.com

DIEU M'A FAITE DRÔLE ET INTELLIGENTE !

Pendant les fêtes de Noël de l'année 1971, alors que j'avais neuf ans, mon père a subi une dépression nerveuse assez grave. Si ma mémoire est bonne, nous sommes allés lui rendre visite dans l'aile psychiatrique de l'hôpital Jackson Memorial, à Miami, le jour de Noël. Quand j'ai pénétré avec ma mère dans la salle commune, je portais une robe rouge à manches longues très à la mode ornée de chaînes en or qui s'entrecroisaient sur le devant, et des bottes à gogo en cuir noir verni. Je comprenais que quelque chose de grave était arrivé, mais je n'avais aucun moyen d'en connaître toutes les répercussions... et en outre, j'avais un *look* du tonnerre.

Les choses n'auraient pas pu aller mal. Mais, au beau milieu de ma quatrième année, la situation s'est complètement dégradée, alors que j'étais la fille la plus populaire de l'école primaire de Scott Lake. À part quelques bizarreries qu'il y avait à la maison, comme le fait que mon père n'était jamais là et que ma mère alternait constamment entre les crises de larmes et son chapelet, j'étais parfaitement heureuse. J'adorais l'école et mon professeur, Mme Janine Pollard. Elle était formidable ! Je l'adorais parce qu'elle était la première personne à s'intéresser à moi à l'extérieur de ma famille. Le jour où l'on prenait notre photo à l'école, elle m'aidait avec ma coiffure, et quand elle s'est acheté sa nouvelle Mercury Marquis couleur or, elle m'a emmenée dans le parc de stationnement pour me la monter.

Comme il n'y avait personne à la maison à l'heure où je terminais l'école, je restais après les cours pour aider Mme Pollard à ranger la classe. Nous parlions de la vie, et j'avais pris l'habitude d'avoir des conversations d'adulte. Mes parents se débattaient avec l'inévitable effondrement de leur mariage, et comme j'étais une enfant précoce, ils se confiaient tous deux à moi. Je sentais le poids de leur chagrin.

En revanche, le temps que je passais avec Mme Pollard était marqué par le plaisir et l'insouciance ; nous nous disions que toute personne pouvait être belle et intelligente si elle le décidait, et elle me parlait de ses amis de cœur. Cette femme chaleureuse était pour moi un modèle très approprié.

Sous l'œil vigilant de ma professeure et amie, je me suis laissé pousser les cheveux, je choisissais tous les matins mes vêtements avec soin et je commençais à prendre conscience de mon propre charisme. Mme Pollard m'a montré qu'il importait peu que je ne sois pas blonde et mince. Avant la dépression de mon père, je me sentais comme on se sent avant de connaître le sens de l'adjectif « séduisante ». J'étais très sûre de moi et très à l'aise à tous les points de vue. Mais ce sentiment de confiance allait me quitter pour de bon.

Au début du mois de février 1972, j'ai commencé à me sentir plus à l'étroit dans ma robe rouge et mes bottes à gogo, car je prenais du poids rapidement. La dépression a eu un effet domino sur ma vie : mon père avait perdu la raison et voulait mettre fin à son mariage, notre superbe maison avait été mise en vente, et j'avais dû intégrer une nouvelle classe de quatrième année dans une école située près de chez ma grand-mère. Tout cela était terrible, mais le pire était de devoir quitter Mme Pollard.

Pendant le festival jeunesse de Dade County, ce printemps-là, Mme Pollard est venue me chercher chez ma grand-mère. À part le tour dans la grande roue, ce fut l'un des plus beaux jours de ma vie. Je revois encore la ville de Miami étalée à mes pieds. La terreur que j'ai éprouvée était compensée par la gratitude que je ressentais, car malgré tout, j'étais toujours importante aux yeux de mon ancienne professeure. Elle a fait quelques commentaires sur le caractère unique de la journée, mais de façon générale, elle m'a conseillé d'éviter la malbouffe. J'avais pris beaucoup de poids depuis la dernière fois que nous nous étions vues, et je pouvais sentir son inquiétude. Toutefois, elle ne m'a pas fait sentir que je devrais avoir honte. Voilà la magie des bonnes intentions et de l'amour.

Avant que Mme Pollard me ramène à la maison, nous sommes allées au restaurant de l'hôtel Red Diamond Inn, sur la 37e avenue, et elle m'a commandé un Shirley Temple pour accompagner ma pizza au pepperoni. Par la suite, nous nous sommes perdues de vue, et l'hôtel a été démoli et remplacé par une clinique chiropratique. Mais à son anniversaire, le 9 novembre, je lui ai envoyé une carte de prières et de bons vœux.

Le 23 septembre 1972, j'ai eu dix ans, mais personne ne s'en est souvenu avant huit heures du soir. Ma tante préférée, Christy, a téléphoné et s'est répandue en excuses, disant à quel point elle était une mauvaise *tia* (tante) d'avoir oublié l'anniversaire de sa seule nièce. Ma mère a poussé un cri et s'est précipitée dans ma chambre, où j'étais étendue sur mon lit, le visage enfoui dans mon oreiller. Elle a essayé de m'expliquer à quel point sa vie avait été difficile au cours des huit derniers mois. Je savais qu'il aurait été impoli de lui rétorquer : « Eh puis après ? ! »

Quand je repense à cette journée, je m'étonne du nombre de choses qui se sont produites dans ma vie entre l'âge de neuf et dix ans. Mais même si ces événements m'ont affectée, ils ne me concernaient pas directement, et j'en suis reconnaissante. Pourtant, je n'avais pas vraiment le cœur à la fête. Mon récent beau-père, Guillermo, est sorti pour m'acheter mon gâteau favori, recouvert de glaçage à la meringue. Nous avons chanté des chansons, soufflé des bougies, mangé des doubles portions de gâteau et sommes allés au lit tard. À l'époque, j'étais bien en chair.

Mais à l'anniversaire de mes onze ans, Guillermo était parti et j'étais devenue obèse.

Je fréquentais ma cinquième école primaire en six ans, Sylvania Heights, et c'est là que j'ai rencontré Shannon Murphy, qui est immédiatement devenue ma meilleure amie parce qu'elle ne portait pas de jugement. Le fait que je sois la nouvelle et que je sois grosse ne la dérangeait absolument pas. Et par-dessus le marché, elle était la plus jolie fille de l'école. Était-il possible qu'à peine un an et demi auparavant, c'était moi la fille la plus jolie et la plus populaire de mon école?

Lors de notre première rencontre, Shannon se préparait à affronter une autre fille nommée Barbara et m'a demandé de tenir ses boucles d'oreilles pendant qu'elle donnait une raclée à sa rivale. Elles se querellaient à propos d'un bijou de la collection Sarah Coventry. Les parents de Shannon buvaient beaucoup, et elle avait de la difficulté à maîtriser sa colère.

Shannon et moi aimions faire des promenades à bicyclette, habituellement pour nous rendre à des endroits propices au calme et à la détente, comme le restaurant Burger King ou le supermarché Winn-Dixie, où les tablettes de chocolat se vendaient encore dix sous. Même si j'avais une grande amie et que j'étais très active, je savais que mon poids constituait un problème que je ne pourrais nier pendant encore bien longtemps.

La fête de l'Halloween, alors que j'étais en sixième année, a marqué le début du premier tour de mon combat contre la graisse : *l'horreur à la vanille.*

Tous mes amis s'étaient donné rendez-vous chez Henri Alonso, dans l'intention de se rendre tous ensemble en voiture à la maison hantée la plus chouette de Miami. Henry était une année en avance sur nous, mais il fréquentait notre groupe parce qu'il avait le béguin pour Shannon. Henry était nerveux et geignard, et en dépit de ses sentiments pour Shannon, cet enfant unique et fils à maman avait toutes les caractéristiques d'un futur homosexuel.

Tout le monde s'est entassé dans la voiture, sauf lui et moi. La mère d'Henri a alors suggéré qu'il s'assoie dans l'espace restant et que je m'installe sur ses genoux.

« Pourquoi? Parce qu'elle est une fille? Elle est deux fois plus grosse que moi. Elle va m'aplatir! » a dit Henry en trépignant. La mère d'Henri a enjoint son fils d'agir en *caballero* (*gentleman*) et, en boudant, celui-ci a pris place dans la voiture en exhalant un dramatique soupir de défaite.

Du coup, j'ai tourné les talons et je me suis dirigée vers chez moi.

Shannon a crié de l'intérieur de la voiture, me demandant de revenir, mais j'ai fait la sourde oreille.

«Bravo ; peut-être te décideras-tu enfin à faire quelque chose pour perdre du poids. Ta tante Isa et moi allons nous inscrire aux Weight Watchers ce soir. Tu pourrais venir avec nous», a dit ma mère à mon retour.

Dieu merci, je n'étais pas déguisée. Car cela aurait ajouté *beaucoup* de poids à mon humiliation.

Ma tante Isa était en fait la cousine de mon père et n'avait qu'environ cinq kilos à perdre. Elle était séduisante et attirait tous les hommes, même si elle faisait un peu hippie sur les bords, et elle avait un grand sens de l'humour. Sa présence rendrait les choses agréables.

Ce qui était moins agréable, c'était que je mesurais 1 m 45 et que je pesais cinquante-quatre kilos.

Ainsi, pendant que mes amis faisaient des tours de manège et s'amusaient à faire semblant d'avoir peur des étudiants du collège déguisés en zombies, je me faisais dire que j'allais devoir manger des betteraves et du thon sec au repas du midi. Voilà une Halloween décidément bien effrayante !

Au cours des quelques mois qui ont suivi, nous sommes allées ensemble toutes les trois aux rencontres des Weight Watchers. Pendant cette période, il y a eu une semaine où j'ai perdu une quantité de poids particulièrement importante. Au total, j'avais perdu neuf kilos et je flottais dans tous mes pantalons, mais ma mère réussissait moins bien et avait atteint un plateau. Nous avons donc cessé d'aller aux rencontres.

Mais le poids revient toujours à la charge.

Arrivée en huitième année et après l'échec du deuxième mariage de mes parents, je pesais soixante-trois kilos. Lorsque mes parents se sont remis ensemble entre ma sixième et ma septième année, j'aurais dû me réjouir pour eux et être heureuse, mais il n'en fut rien, parce que ces deux personnes n'auraient jamais dû se marier une première fois, alors leur deuxième tentative s'est soldée par un échec encore plus retentissant.

J'aurais aimé ne pas avoir consacré une si grande partie de mes facultés mentales à essayer de faire baisser mon poids sous mon quotient intellectuel. L'un de ces deux nombres demeure toujours constant.

Il a fallu que je quitte l'école et que je divorce après avoir épousé celui qui avait été mon petit ami à l'école secondaire pour que je comprenne enfin en quoi consistait la clé de mon bonheur : me concentrer sur le QI et oublier le reste. À l'âge de vingt-sept ans, je suis devenue une humoriste très appréciée, et je me suis mise à éprouver une profonde gratitude envers les épreuves que la vie avait mises sur mon chemin. Cela m'a fourni une excellente matière où puiser des idées pour mes monologues !

J'ouvre mon spectacle avec la phrase suivante : « J'aurais plutôt aimé être mince et blonde, mais au lieu de cela, Dieu m'a faite drôle et intelligente ! »

(Extrait de *Not Skinny, Not Blonde*, Hay House, 2007)

Dᴿ Eric Pearl

Devon Cass

Le **Dᴿ Eric Pearl**, auteur à succès de *La Reconnexion*, a mis fin à une carrière florissante en chiropratique, à Los Angeles, lorsqu'il a commencé à être témoin de guérisons miraculeuses. Depuis lors, il s'emploie à favoriser l'échange de lumière et à faire connaître le processus de guérison par la *reconnexion* en faisant de nombreuses conférences ainsi que des séminaires sur le sujet.

Eric a participé à de nombreuses émissions télévisées et fait une conférence devant un auditoire qui remplissait le Madison Square Garden. Des articles sur ses séminaires sont parus dans diverses publications, notamment le *New York Times*.

Site Web : www.TheReconnection.com.

UNE EXPÉRIENCE DE VIE APRÈS LA MORT

Pour la plupart des mères, le premier accouchement constitue un souvenir unique. Pour certaines femmes, le travail est une véritable torture qui dure des jours, tandis que d'autres donnent naissance à leur enfant dans les bois ou sur la banquette d'un taxi. Ma mère ? Elle est morte sur la table d'accouchement alors qu'elle était en plein travail.

Mais sa mort ne l'a pas rendue triste. Ce qui l'a vraiment ennuyée a été d'avoir à revenir à la vie...

Quand ce bébé naîtra-t-il ? Elle était littéralement à l'agonie. Dans la salle de travail, Lois Pearl, ma mère, s'appliquait à faire ses exercices de respiration, et à pousser, pousser... mais en vain. Pas de bébé. Pas de dilatation. Juste de la douleur et encore de la douleur. Le médecin passait la voir à intervalles réguliers, entre deux accouchements dans les salles voisines. Ma mère s'efforçait de ne pas hurler et voulait absolument éviter de faire une scène. *Après tout, c'était un hôpital. Il y avait des personnes malades ici.*

Toutefois, lors d'une des visites du médecin, ma mère l'a regardée, les yeux suppliants et lui a demandé en pleurant : « Est-ce que cela va finir un jour ? »

Préoccupée, le médecin a palpé fermement l'abdomen de ma mère pour déterminer si j'avais « progressé » suffisamment pour qu'elle puisse accoucher. L'expression du médecin montrait clairement qu'elle n'était pas convaincue que le moment fut encore arrivé. Mais vu l'état de ma mère, dont les douleurs étaient devenues insupportables, la spécialiste s'est tournée vers l'infirmière et lui a dit avec hésitation : « Emmenez-la dans la salle d'accouchement. »

Après avoir été placée sur une civière, ma mère a été transportée dans la salle d'accouchement. Pendant que le médecin continuait de presser sur son abdomen, ma mère a remarqué que la voix d'une personne qui hurlait à pleins poumons résonnait dans toute la pièce. *Mon Dieu*, s'est-elle dit, *cette femme se couvre vraiment de ridicule !* Puis, elle s'est rendu compte qu'elle était la seule personne dans la pièce, à part le personnel médical, ce qui voulait dire que les cris venaient probablement d'elle. Elle avait malgré tout fini par faire une scène. Cela l'a vraiment contrariée.

« Quand cela va-t-il finir ? »

La femme médecin lui a jeté un regard réconfortant et donné une petite inhalation d'éther. C'était comme si elle avait placé un pansement sur un membre amputé.

« Nous sommes en train de la perdre… »

Ma mère pouvait à peine entendre la voix à travers le bruit des moteurs. Des moteurs énormes, comme ceux que l'on trouve dans une usine, pas dans un hôpital. Ils n'avaient pas toujours été aussi bruyants. Le bruit, accompagné d'une sensation de picotement, avait commencé dans la région de la plante des pieds. Puis, il s'était mis à remonter le long de son corps, vers le haut, devenant de plus en plus intense à mesure que les moteurs approchaient, neutralisant toute sensation dans la région où ils passaient avant de se déplacer vers la suivante. Les moteurs ne laissaient qu'engourdissement dans leur sillage.

Plus intense que le bruit des moteurs, la douleur causée par le travail persistait.

Ma mère savait qu'elle n'oublierait jamais cette douleur pour le reste de sa vie. Son obstétricienne-gynécologue, médecin à l'esprit pratique et terre à terre, croyait que les femmes devaient vivre «la pleine expérience» de l'accouchement. Cela voulait dire pas de médicaments contre la douleur, pas même durant l'accouchement comme tel, à part de petites inhalations d'éther au plus fort des contractions.

Étrangement, aucune des infirmières ou aucun des médecins ne semblait perturbés. La salle d'accouchement résonnait d'un bruit assourdissant, et personne ne semblait remarquer quoi que ce soit. Ma mère s'est demandé : *Comment est-ce possible ?*

Les moteurs et l'engourdissement qu'ils laissaient sur leur passage auraient dû constituer un soulagement. Mais lorsqu'ils sont passés en vrombissant dans la région du bassin et des hanches, elle a tout à coup compris ce qui allait lui arriver quand ils atteindraient son cœur.

Nous sommes en train de la perdre…

Non ! Elle a soudain été envahie par une volonté de résistance. Douleur ou pas, elle ne voulait pas mourir. Elle imaginait les personnes qu'elle aimait en deuil. Mais elle avait beau se débattre, les moteurs ne faisaient pas marche arrière. Ils progressaient vers le haut, l'engourdissant un centimètre à la fois, comme s'ils effaçaient graduellement son existence. Elle n'arrivait pas à les arrêter. Quand elle a compris cela, une chose étrange est arrivée. Même si elle continuait à *refuser* la mort, un sentiment de paix l'a soudain enveloppée.

En train de la perdre…

Les moteurs ont atteint la région du sternum. Leur vrombissement lui résonnait dans la tête.

Puis, elle s'est lentement *élevée…*

Ce n'était pas le *corps* de ma mère qui s'élevait dans les airs. C'était ce qu'elle ne pouvait considérer que comme son *âme*. Elle était attirée vers le haut, gravitant avec détermination *vers* quelque chose. Elle n'a pas regardé en arrière. Elle n'avait plus conscience de son environnement physique, et savait qu'elle avait laissé la salle d'accouchement et ses moteurs derrière. Elle continuait de s'élever, de monter. Et même si elle ne possédait aucune connaissance à propos de la vie après la mort, ou de quoi que ce soit de « spirituel », cela avait peu d'importance. Il n'est pas nécessaire d'avoir des connaissances dans le domaine de la spiritualité pour se rendre compte que l'essence fondamentale de son être quitte le corps et s'élève dans les airs. Il ne peut y avoir qu'une seule explication à cela.

Avant de quitter complètement la table d'accouchement, la dernière chose que ma mère a comprise était que, même si elle laissait derrière tout ce qui lui était familier, *cela ne lui faisait plus rien*. Au départ, cette attitude l'a surprise. Mais dès qu'elle a cessé de se battre et qu'elle a « lâché prise », son voyage a commencé. Au début, elle s'est sentie enveloppée par une sensation de paix, de tranquillité, et n'éprouvait plus aucun sentiment de responsabilité matérielle. Plus aucun des détails stressants de la vie quotidienne ne l'atteignait. *Plus de peur de l'inconnu*. Une à une, ses peurs et ses responsabilités disparaissaient… et elle en ressentait un immense soulagement. Quel *énorme* soulagement. En même temps, une sensation de légèreté a commencé à l'habiter, et elle s'est rendu compte qu'elle *flottait*. Elle se sentait si légère, grâce à la disparition de toutes ces responsabilités matérielles, qu'elle s'est élevée encore plus haut. C'est ainsi qu'a commencé l'ascension de ma mère, qui ne s'est arrêtée par la suite que pour absorber différentes connaissances.

Elle s'est élevée à travers une succession de niveaux. Elle ne se rappelle pas avoir vu un « tunnel », comme le rapportent certaines personnes ayant eu une expérience similaire. Ce dont elle se souvient, c'est d'avoir rencontré d'« autres » entités sur son chemin ascendant. Celles-ci étaient plus que de simples « personnes ». Il s'agissait d'« êtres », d'« esprits » et d'« âmes » appartenant à des personnes dont le séjour sur Terre avait également pris fin. Ces « âmes » lui ont parlé, même si le verbe *parler* ne décrit peut-être pas exactement la réalité. La communication était non verbale, telle une sorte de transmission de pensées qui ne laissait planer aucun doute sur son contenu. Le doute n'existait pas en ce lieu.

Ma mère a appris que le langage verbal, tel que nous le connaissons, n'est pas tant une *aide* qu'un *obstacle* à la communication. Il fait partie des difficultés que nous devons apprendre à maîtriser dans le cadre de notre expérience d'apprentissage ici, sur Terre. Mais le langage est aussi ce qui nous maintient dans la dimension de compréhension limitée où nous sommes afin de pouvoir intégrer nos autres leçons.

Ma mère a compris que l'âme — le «cœur» de la personne — est la seule chose qui survit et qui compte. Les âmes montraient clairement leur nature. Il n'y avait ni visages, ni corps, ni quoi que ce soit derrière quoi se cacher, mais elle pouvait reconnaître chacune d'entre elles et savait exactement qui elle était. Leur façade physique ne faisait plus partie d'elles. Cette façade reste derrière en souvenir du rôle qu'elles ont joué dans la vie des êtres qui leur étaient chers, et sert à rappeler leur existence. Cette preuve de ce qu'a été leur être physique est tout ce qui demeure ici, sur Terre. Car leur essence véritable a transcendé.

Ma mère a appris à quel point notre apparence extérieure et nos manières physiques étaient peu importantes, et à quel point notre attachement à ces choses était superficiel. La leçon qu'elle a apprise à ce sujet était de ne pas juger les gens selon leur apparence — notamment la race, la couleur ou les croyances — ni selon leur statut financier ou leur niveau de scolarité. Il faut plutôt découvrir qui ils *sont* vraiment, voir ce qu'il y a à l'intérieur d'eux-mêmes, aller au-delà de l'apparence et toucher leur vraie identité. Et même s'il s'agissait d'une leçon qu'elle avait déjà apprise *ici*, l'illumination qu'elle a vécue *là* était infiniment plus profonde.

Il était impossible d'évaluer le passage du temps. Ma mère savait qu'elle avait été là-haut suffisamment longtemps pour avoir traversé tous les niveaux. Elle savait aussi qu'à chaque niveau correspondait une leçon différente.

Le premier niveau est celui des âmes terrestres, celles qui ne sont pas encore prêtes à partir. Ces âmes ont de la difficulté à se séparer de ce qui leur est familier. Il s'agit habituellement d'esprits qui sentent qu'ils ont encore des choses à régler sur Terre. Ils ont quitté des êtres chers malades ou handicapés dont les soins relevaient de leur responsabilité (et hésitent à les laisser à eux-mêmes), et ils demeurent à ce premier niveau jusqu'à ce qu'ils se sentent capables de couper les liens qui les relient au monde des vivants. Parfois, ils ont connu une mort rapide ou violente qui ne leur a pas laissé le temps de s'apercevoir qu'ils avaient trépassé, ni de comprendre le processus qu'ils auraient à suivre pour effectuer leur ascension. Dans un cas comme dans l'autre, ces esprits éprouvent des liens très forts avec les vivants et ne sont tout simplement pas prêts à partir. Tant qu'ils ne comprendront pas qu'ils ne peuvent plus demeurer dans ce plan, et qu'ils n'appartiennent plus à ce monde, ni à cette dimension, ils resteront au premier niveau, qui est le plus proche de leur vie antérieure.

Les souvenirs que garde ma mère du deuxième niveau semblent quelque peu vagues, mais ses souvenirs du troisième niveau sont très vifs.

Quand elle est arrivée au troisième niveau, elle se rappelle avoir éprouvé un sentiment de lourdeur. Elle s'est sentie triste quand elle a compris qu'il s'agissait du niveau des personnes qui s'étaient suicidées, et dont les âmes se trouvaient dorénavant dans les limbes. Ces âmes semblaient isolées et ne se déplaçaient ni vers le bas, ni vers le haut. Elles n'avaient aucune destination. Elles semblaient errer sans but. Seraient-elles un jour autorisées à poursuivre leur ascension afin de continuer d'intégrer leurs leçons et de poursuivre leur développement? Ma mère ne pouvait pas se faire à l'idée que cela n'arriverait jamais. Peut-être étaient-elles tout simplement plus lentes? Mais il s'agissait là de pure spéculation. Ma mère n'a pas pu apporter de réponse à cette question. Mais quoi qu'il en soit, ces âmes n'étaient pas au repos, et ce niveau était très déplaisant, non seulement pour les âmes qui y demeuraient en permanence, mais aussi pour celles qui ne faisaient qu'y passer. La leçon que ma mère a tirée de ce troisième niveau était indélébile et claire : *mettre fin à sa propre vie entraîne une interruption des plans de Dieu.*

Ma mère a pu rapporter d'autres leçons. Elle a compris à quel point il était futile d'être en deuil pour les personnes qui sont mortes. S'il y avait un regret que les âmes qui étaient mortes éprouvaient, c'était la douleur vécue par les personnes qu'elles avaient laissées derrière. Elles veulent plutôt que nous nous réjouissions de leur départ, que nous célébrions leur arrivée dans leur chez-soi, parce que quand le corps meurt, l'âme aboutit là où elle veut être. Notre deuil porte en fait sur *notre* perte, la perte de cette place qu'occupait dans notre vie la personne disparue. L'existence de chacune de ces personnes disparues, qu'elle ait été pour nous agréable ou désagréable, fait partie de notre processus d'apprentissage.

Lorsque ces personnes meurent, nous perdons la « source » de cette leçon. Il se peut que nous ayons appris ce que nous avions à apprendre, ou qu'en réfléchissant à la manière dont notre vie s'est mêlée à la leur, nous arrivions un jour à intégrer cette leçon. Ma mère savait que le passage du temps — entre le moment où nous quittons le ciel pour vivre notre vie ici, sur Terre, et le moment de notre retour — ne représente qu'une infime partie de notre conscience éternelle, et que nous serons tous ensemble sous peu. Elle a pris conscience que les choses arrivent exactement comme elles sont censées arriver.

Elle a également compris que, quelles que soient les choses apparemment terribles ou injustes qui arrivent aux gens ici, sur Terre, ce n'est pas la *faute* de Dieu. Lorsque des enfants innocents sont tués, que de bonnes gens rendent l'âme au terme d'une longue maladie ou qu'une personne est blessée ou défigurée, il n'y a pas lieu de blâmer quoi que ce soit ou d'attribuer des torts à qui que ce soit. Ces événements sont les leçons que *nous* devons apprendre, celles qui figurent dans notre plan divin, et nous avons accepté de les apprendre. Il s'agit de leçons qui alimenteront notre évolution, tant pour ceux qui donnent que pour ceux qui reçoivent.

De façon globale, *ces événements sont sous la direction et le contrôle de la personne qui les vit.* Ayant compris cela, ma mère a tout de suite vu à quel point il était vain de se demander pourquoi Dieu laisse ce genre de choses arriver ou, face à ces événements, de se demander si Dieu existe vraiment. Ma mère comprenait dorénavant qu'il existait une explication parfaitement logique à tout cela. Cette explication était si parfaite qu'elle s'est demandé pourquoi elle n'y avait pas pensé avant. Et en voyant tout cela, elle a compris que tout, absolument tout, se déroule comme il se doit.

Ma mère a aussi appris que la guerre était un état temporaire de barbarie, une façon inepte et ignorante de régler des désaccords, et qu'un jour, elle n'existerait plus. Ces âmes trouvent la dépendance des humains à la guerre non seulement primitive, mais ridicule. Des jeunes hommes sont forcés de mener les combats de leurs aînés pour l'acquisition de territoires. Un jour, l'espèce humaine regardera en arrière et se demandera : *Pourquoi ?* Lorsqu'il y aura suffisamment d'âmes évoluées possédant une vaste intelligence pour résoudre les problèmes, toutes les guerres cesseront.

Ma mère a même découvert pourquoi les personnes qui, selon toute apparence, ont commis des actes « horribles » dans la vie étaient accueillies sans être jugées. Leurs actions sont devenues des leçons à partir desquelles elles doivent apprendre, et qui leur permettront de devenir des êtres se rapprochant davantage de la perfection. Elles vont évoluer à travers les niveaux et devoir revenir sur Terre encore et encore afin d'absorber les connaissances découlant des profondes conséquences de leur comportement. Elles vont parcourir un cycle de naissances et de renaissances pendant autant de temps qu'il leur faudra pour évoluer, et elles finiront par retourner chez elles.

Une fois toutes les leçons apprises, ma mère est montée jusqu'au dernier niveau. Arrivée là, elle a cessé son ascension et s'est mise à glisser sans effort vers l'avant, irrésistiblement attirée par une espèce de force. Des couleurs et des formes superbes tournoyaient de chaque côté d'elle. Elles ressemblaient à des paysages, sauf que… il n'y avait pas de terre. Elle savait qu'il s'agissait de fleurs et d'arbres, mais ils ne ressemblaient à rien de ce qui se trouve ici, sur Terre. Ces teintes et ces formes uniques et indescriptibles qui n'existaient pas dans le monde qu'elle avait laissé derrière la remplissaient d'émerveillement.

Ma mère s'est peu à peu rendu compte qu'elle flottait au-dessus d'une espèce de route, une allée bordée de chaque côté par des âmes familières — des amis, des parents et des âmes qu'elle connaissait depuis plusieurs vies. Elles étaient venues l'accueillir, pour la guider et lui faire savoir que tout allait bien. Ma mère éprouvait une indescriptible sensation de paix et de béatitude.

Puis, elle a aperçu une lumière qui étincelait à l'extrémité de la route. Elle était brillante comme le soleil, à un point tel que ma mère craignait de se brûler les yeux. Étonnamment, elle a pu s'approcher de la lumière sans éprouver aucune douleur. Cette exquise brillance lui semblait familière, presque confortable. Elle s'est soudain trouvée encerclée par une couronne de lumière, et a compris qu'il ne s'agissait pas d'un simple rayonnement, mais du cœur de l'être suprême. Elle avait atteint le niveau de la lumière omnisciente, omniprésente, aimante et miséricordieuse. Ma mère savait qu'elle était arrivée *chez elle*. Là était l'endroit auquel elle appartenait, et d'où elle était venue.

La lumière a ensuite communiqué avec elle sans avoir recours à des mots. À l'aide de quelques pensées non verbales, elle lui a transmis suffisamment d'informations pour remplir des volumes. Sa vie entière — *cette* vie-ci — s'est étalée devant elle sous forme d'images. Ma mère a alors pu éprouver la douleur et la joie qu'elle avait procurées aux autres. C'est à travers ce processus qu'elle a pu recevoir ses leçons — *sans que quiconque ne la juge*. Toutefois, même si aucun jugement n'avait été émis, elle savait qu'il s'agissait d'une bonne vie.

Au bout d'un certain temps, ma mère a su qu'elle allait retourner sur Terre, mais elle ne voulait pas revenir. C'était étrange, car elle avait mené au départ une lutte acharnée contre la mort, et maintenant elle ne voulait plus quitter l'au-delà. Elle était si merveilleusement en paix — déjà bien installée dans son nouvel environnement, avec ses nouvelles compréhensions et ses vieux amis. Elle voulait rester pour l'éternité.

Comment quiconque pouvait-il s'attendre à ce qu'elle s'en aille ?

En réponse à ce plaidoyer silencieux, ma mère a compris qu'elle n'avait pas terminé le travail qu'elle avait à accomplir sur Terre : elle devait y retourner pour élever son enfant. Si elle s'était rendue ici, tout là-haut, c'était en grande partie pour apprendre comment y parvenir !

Soudain, ma mère s'est sentie s'éloigner du centre de la lumière et emprunter le chemin qu'elle avait pris pour venir. Mais cette fois-ci, elle se déplaçait en sens inverse et elle savait qu'elle retournait à sa vie sur Terre. En quittant les âmes, les formes et les couleurs familières, et la lumière elle-même, elle s'est sentie immensément triste.

À mesure qu'elle s'éloignait de la lumière, ma mère s'est mise à oublier les connaissances qu'elle venait d'acquérir. Elle savait qu'elle avait été *programmée* pour oublier, et qu'elle n'était pas *censée* se souvenir. Elle a désespérément essayé de s'accrocher à ce qui restait, sachant qu'il ne s'agissait certainement pas d'un rêve. Elle s'est efforcée de retenir certains souvenirs et impressions, dont beaucoup avaient déjà disparu, et elle éprouvait un terrible sentiment de perte. Toutefois, elle éprouvait aussi un sentiment de paix intérieure, sachant dorénavant que, lorsque le temps viendrait de retourner *chez elle*, elle serait accueillie avec amour. Elle savait qu'elle allait se rappeler de cette certitude. Désormais, la mort ne lui faisait plus peur.

À ce moment-là, ma mère a entendu le bruit distant des moteurs. Cette fois-ci, ils se trouvaient sur le dessus de sa tête et se sont mis à se déplacer vers le bas de son corps. Au-delà du vrombissement, elle a entendu des voix, des voix humaines, puis le battement de son propre cœur.

Et elle a remarqué que la douleur avait en grande partie disparu.

Les moteurs continuaient de se déplacer vers le bas, vers le bas… leur vrombissement diminuant graduellement d'intensité. Peu après, il ne restait plus une seule trace des moteurs, à part un picotement sur la plante des pieds, qui n'a pas tardé à disparaître. C'était fini. Elle était revenue à ce que les gens appellent «le monde réel».

Le médecin, l'air très soulagé, s'est penchée sur elle en souriant : «Félicitations, Lois, a-t-elle dit, vous avez un superbe garçon!»

Ils ne m'avaient pas encore emmené à ma mère. Ils devaient d'abord me nettoyer, me peser et compter mes orteils. Ma mère allait bientôt être transférée à sa chambre d'hôpital. Pendant qu'on la transportait en civière vers sa chambre, elle a soudain pris conscience avec stupeur de tout ce qu'elle avait traversé et emmagasiné. Elle savait intuitivement qu'elle avait déjà oublié une bonne partie des connaissances acquises à peine quelques instants plus tôt : pourquoi le ciel était bleu, pourquoi l'herbe était verte, pourquoi la Terre était ronde, et comment la création avait eu lieu. La parfaite logique de tout cela. Toutefois, elle savait aussi avec certitude qu'il existe vraiment un tre suprême, un Dieu.

Elle a ramené une autre prise de conscience qui est demeurée d'une clarté sans équivoque dans son esprit : *Nous sommes placés ici pour apprendre des leçons qui font de nous des âmes plus complètes. Nous devons vivre dans cette dimension avant d'être prêts à monter au niveau suivant. C'est la raison pour laquelle certaines personnes sont de vieilles âmes, alors que d'autres sont de jeunes âmes.*

Ma mère *avait* indéniablement changé. Pendant toute sa vie, elle avait été une personne compulsive et perfectionniste, mais elle avait désormais décidé de cesser d'être si exigeante envers elle-même... et envers les autres. Ainsi, peut-être allait-elle permettre qu'un peu de poussière s'accumule dans la maison, s'abstenir d'emporter une bouteille de Lysol en vacances pour nettoyer la salle de bains de l'hôtel et se mettre à accepter les choses telles qu'elles sont.

Alors que la civière de ma mère filait dans le corridor en direction de sa chambre, mon père est apparu aux côtés de sa femme. Elle a fait un geste lui indiquant de se pencher vers elle.

«Quand nous serons dans la chambre, a-t-elle chuchoté, il faut que je te dise quelque chose que j'ai été programmée d'oublier.»

Arrivés dans la chambre, quand ils furent seuls à part une ou deux patientes assoupies dans les lits voisins, ma mère a dit tout bas à mon père : «Ne répète rien de ce que je te dis, Sonny, car les gens vont croire que je suis folle.»

— Je ne dirai rien, a répondu mon père.

Elle s'est alors lancée dans une description de tout ce qu'elle pouvait encore se remémorer, essayant de toutes ses forces de retenir ses souvenirs, comme du sable qui lui glissait entre les doigts. Mon père écoutait tranquillement, et elle avait la certitude qu'il ne doutait pas un seul instant de la véracité de ses propos. Il savait qu'elle n'inventerait jamais une histoire aussi abracadabrante.

Quand elle eut fini son histoire, elle est tombée endormie, à bout de force, après avoir pressé mon père de retourner à la maison et d'écrire sans attendre tout ce qu'elle lui avait raconté. Ces renseignements étaient trop précieux pour être perdus. Mon père a suivi ce conseil.

Étendue sur son lit d'hôpital, ma mère réfléchissait à ce qui s'était passé. Tant de questions lui trottaient dans la tête. Quelque chose de très inhabituel était survenu dans la salle d'accouchement. Elle savait qu'il ne s'agissait pas d'un rêve, parce que les rêves ne changent pas les gens, en tout cas pas de façon aussi profonde. Comment est-il possible qu'une personne qui a peur de la mort fasse un rêve puis se réveille en sentant non seulement qu'elle n'a plus peur de la mort, mais qu'elle se sente à l'aise avec la mort et persuadée qu'elle se sentira toujours ainsi?

Ma mère voulait en savoir plus sur ce qui s'était passé. En particulier, elle voulait savoir exactement ce qui était arrivé à son corps dans la salle d'accouchement pendant que sa conscience communiquait avec des êtres de lumière.

Mais elle a tôt fait de découvrir qu'il ne lui serait pas facile d'obtenir ces renseignements.

Lorsque ma mère a demandé au médecin si quelque chose «d'étrange» était survenu dans la salle d'accouchement, la spécialiste lui a répondu : « Non, c'était un accouchement normal. » Selon le médecin, la seule complication qui avait eu lieu, et qui était d'ordre très mineur, avait été la nécessité d'utiliser les forceps pour placer le bébé en bonne position pour l'accouchement, ce qui constituait une pratique courante à l'époque.

Un accouchement normal ? Cela ne pouvait être vrai. L'expression « accouchement normal » ne cadrait pas vraiment avec la phrase « Nous sommes en train de la perdre. »

Par la suite, ma mère a interrogé l'infirmière autorisée qui était à ses côtés dans la salle de travail et d'accouchement, mais personne ne voulait admettre se souvenir qu'il se fût passé quoi que ce soit d'anormal.

« Tout s'est très bien déroulé », lui répétait-on.

Si les médecins et les infirmières avaient été les seules personnes présentes durant l'accouchement, les choses en seraient restées là. Mais ma mère a fini par se rappeler qu'une infirmière auxiliaire était elle aussi présente dans la salle d'accouchement. Les infirmières auxiliaires travaillaient dans les tranchées. Elles effectuaient leur travail discrètement, efficacement, sans esbroufe. En plus de passer souvent inaperçues, elles étaient presque toujours sous-appréciées. *Les infirmières auxiliaires n'avaient pas de raisons de cacher la vérité lorsque les choses tournaient mal.*

Ma mère a donc dit sans ambages à l'infirmière auxiliaire : « Je sais que quelque chose m'est arrivé dans la salle d'accouchement. »

Après une longue pause, l'infirmière a secoué les épaules. « Je ne peux pas en parler, a-t-elle répondu, mais tout ce que je peux vous dire, c'est que vous... avez eu... de la *chance*. »

Nous sommes en train de la perdre ?

Vous avez eu de la chance ?

Cela a suffi pour confirmer ce que ma mère savait déjà : quelque chose de particulier lui était vraiment arrivé cette journée-là dans la salle d'accouchement, quelque chose qui allait bien au-delà de la joie de donner naissance, sans anesthésie, à ma petite personne. Les médecins l'avaient réellement perdue. Elle était morte, puis était revenue. En fait, elle en est venue peu à peu à considérer ce qui lui était arrivé non pas comme une expérience de «mort imminente», mais comme une expérience de «vie après la mort». «Mort imminente» est un terme dilué. Ma mère n'avait pas été *sur le point* de mourir. Elle *était* morte. Et tout comme d'autres personnes qui sont mortes puis revenues, elle est devenue une personne différente. Elle comprenait dorénavant que, quelles que soient les choses que la vie lui réserverait, les «belles» comme les «mauvaises», ce serait exactement ce dont son âme aurait besoin à ce moment-là afin de progresser. «On *revient*... jusqu'à ce qu'on n'ait plus besoin de le faire.» Cela fait partie de l'évolution.

(Extrait de *La Reconnexion*, Ariane, 2002)

Candace B. Pert, Ph.D.

Michael Ruff

Candace B. Pert, Ph.D., auteure de *Tout ce que vous devez savoir pour vous sentir « divinement » bien*, est une psycho-pharmacologue de renommée mondiale et une ancienne professeure de recherche à l'École de médecine de la Georgetown University. Elle a également été chef de service au National Institute of Mental Health. Elle a publié plus de 250 articles scientifiques et fait des conférences dans le monde entier sur la pharmacologie et la neuroana-tomie, ainsi que sur ses propres recherches avant-gardistes sur les émotions et le lien corps-esprit.

L'apparition récente de Candace dans le film *What the Bleep do We Know!?* et la publication, en 1997, de son best-seller intitulé *Molecules of Emotion : The Science behind Mind-Body Medicine*, ont contribué à populariser ses passion-nantes théories sur la conscience, les neuropeptides et la réalité.

Site Web : www.candacepert.com

SENTIR, C'EST GUÉRIR

Le tournant qui a marqué ma propre évolution spirituelle, ainsi que mon cheminement en tant que scientifique, est survenu en 1985, lors d'un colloque scientifique sur le sida qui avait lieu sur l'île de Maui, à Hawaï. C'est là que j'ai entendu et suivi la parole de Dieu qui, telle un guide intérieur, a tracé ma mission et mon objectif de vie pendant les vingt années qui ont suivi et constitue toujours aujourd'hui le moteur de ma recherche.

En 1997, mon premier livre, *Molecules of Emotion*, décrivait comment j'avais élaboré ma théorie sur les émotions, et comment, avec mon mari, le Dr Michael Ruff, j'ai provoqué une révolution interdisciplinaire en montrant en quoi le corps et l'esprit sont inextricablement liés et ne font qu'un. Mais la vraie raison pour laquelle j'avais écrit ce livre était de raconter l'histoire de notre invention conjointe : un médicament non toxique très puissant utilisé dans le traitement du sida, appelé « peptide T ».

Michael et moi avons conçu le peptide T juste après avoir escaladé jusqu'au sommet le cratère d'Haleakala, sur l'île de Maui, puis fait une conférence dans le cadre du premier colloque international sur le neurosida, qui avait lieu à l'American College of Neuropsychopharmacology. Nous étions en 1985, et le neurosida était la façon nouvellement reconnue dont le virus du sida affectait le fonctionnement du cerveau.

Après notre expédition, de retour au niveau de la mer, Michael et moi exultions à la suite de cette aventure ardue mais inspirante et génératrice d'endorphines que nous venions de vivre, et avions hâte de participer à la conférence. Nous avions beaucoup de données intéressantes à présenter sur le fait que le cerveau et le système immunitaire partagent un même récepteur cellulaire, une structure minuscule située à la surface des cellules appelée récepteur CD4. À l'époque, on croyait que ce récepteur était le seul point d'entrée permettant au virus du VIH de pénétrer dans la cellule, et la présence de ces récepteurs dans les cellules du cerveau en plus des cellules immunitaires avait toutes sortes d'implications excitantes dans la recherche d'un traitement.

Assis dans la salle parmi l'auditoire, nous étions toujours dans un état second à la suite de notre voyage aller-retour de 20 km et de notre escalade du cratère de 2 600 mètres. Nous écoutions attentivement ce que les autres avaient à dire sur cette nouvelle maladie qu'était le sida. Jusque-là, la maladie avait eu pour moi une définition abstraite. Dans l'univers où nous évoluions, les National Institutes of Health, les scientifiques du secteur des maladies infectieuses y travaillaient intensément, mais le sida n'était pas une maladie à laquelle nous, les spécialistes du domaine de la santé mentale, avions jusqu'à présent porté beaucoup attention.

La dernière personne à parler avant moi, une psychologue, a montré des diapositives de certains de ses patients ravagés par la maladie — qui étaient surtout des artistes, des musiciens et des hommes à l'air sensible, issus de la communauté gaie de San Francisco, de Provincetown, du Massachusetts et de la ville de New York. En regardant ces photos, j'ai pu observer les visages émaciés et l'expression de terreur de ces êtres humains en pleine souffrance. J'ai senti mon cœur s'emplir de compassion face à leur situation, et j'ai été si bouleversée par la gravité de leur état que les larmes me sont montées aux yeux et que j'ai dû réprimer un sanglot. Aujourd'hui, je pleure pour les femmes, les enfants et les villages entiers, les sociétés et les nations qui sont frappés par la pandémie.

Puis, mon tour est venu de livrer mon allocution. Je me suis levée et me suis dirigée lentement vers l'estrade, pour ensuite m'adresser à l'auditoire. Pendant que je passais mes diapositives et que je transmettais des données de base, je me sentais alerte et ouverte sur le plan émotionnel. Ce n'est que vers la fin de mon exposé, alors que je montrais un schéma expliquant comment les récepteurs CD4 étaient distribués dans le cerveau, que j'ai entendu des paroles tout à fait inattendues sortir de ma bouche.

« Nous avons ici ce qui ressemble à un récepteur de peptides typique », ai-je commencé par dire en indiquant l'endroit, sur les récepteurs, où le virus s'accroche. Puis, je me suis surprise moi-même en disant : « Si nous pouvions trouver le peptide naturel, corporel qui s'emboîte à ce récepteur CD4, bloquant ainsi l'entrée du virus, nous pourrions fabriquer ce peptide et produire un médicament contre le sida qui serait à la fois efficace et non toxique. »

J'étais tellement surprise d'entendre mes propres mots que j'ai fait une pause, et dans le silence, j'ai entendu une voix, forte et tonitruante, qui venait de l'intérieur de ma tête et qui me donnait un ordre : *Et c'est exactement cela qu'il faut faire !*

Était-ce la voix de Dieu qui me parlait ? Peut-être était-ce mon subconscient, ou l'inconscient archétypique ou encore une conscience spirituelle supérieure : je l'ignorais ! Je n'avais qu'une seule certitude, celle de m'être fait ordonner de trouver le peptide naturel qui pourrait s'arrimer à un récepteur et empêcher l'entrée du virus dans la cellule, puis de créer un médicament en laboratoire. J'ai été immédiatement galvanisée face à la possibilité d'un traitement contre le sida conçu à partir des récepteurs, un traitement qui serait entièrement naturel, imitant la chimie interne du corps !

Le matin suivant, je téléphonais d'Hawaï à mon laboratoire du Maryland, afin d'organiser une recherche informatique des bases de données pour trouver notre peptide bloqueur d'entrée. À l'époque, les scientifiques avaient découvert la séquence de plus de 5 000 acides aminés correspondant à la partie du virus du VIH qui se fixait au récepteur pour pénétrer dans la cellule. À présent, tout ce qu'il nous restait à faire était de rechercher la séquence de peptides correspondante.

Nous l'avons trouvée immédiatement. Le peptide correspondant ne comprenant que huit acides aminés, il était court et donc facile à produire. Nous avons fait une expérience pour montrer comment fonctionnait notre version créée en laboratoire de la chimie interne du corps. Et en 1986, nous avons publié nos résultats, fort concluants, dans la revue *Proceedings of the National Academy of Sciences*, l'une des publications du monde scientifique les plus prestigieuses et les plus fermées. Nous avions découvert un mécanisme mimétique (ou une « imitation ») de l'hormone neuropeptide du corps, soit un traitement naturel, non toxique, hautement efficace et antiviral contre le sida, que nous avons nommé peptide T, à partir de l'acide aminé qui composait quatre des huit maillons de la chaîne, la thréonine...

Nous avons fini par obtenir un financement pour la production du peptide T, mais le processus était lent et difficile, et mon mari a créé une fondation pour que nous puissions amasser nous-mêmes les fonds nécessaires. Aujourd'hui, notre médicament a été testé dans le cadre de plusieurs essais cliniques dont les résultats ont été très concluants. Nous avons publié des données montrant que le peptide T était très prometteur dans le traitement, et peut-être même la guérison des infections à VIH. Il a deux importants effets, qui sont de réduire la concentration du virus dans le plasma sanguin et de drainer les réservoirs cellulaires où se cache le virus en attendant de pouvoir émerger à nouveau et provoquer encore une infection des cellules.

La découverte du peptide T a été un tournant pour moi, qui m'a permis de comprendre le pouvoir de la conscience ainsi que sa capacité de donner lieu à des miracles et de mener à la concrétisation des choses les plus inattendues. Ce fut tout un voyage, qui a été pour moi une leçon d'humilité. Ce n'est pas moi qui ai eu l'idée de me lancer dans cette découverte prématurée ; je n'ai fait que suivre les ordres !

Mais je m'étais donné la permission d'éprouver de la compassion envers les personnes atteintes du sida, et c'est cela

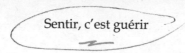

qui m'a permis d'entendre ma voix intérieure. J'ai déjà dit que les émotions étaient un pont qui reliait le monde spirituel au monde matériel, et la découverte du peptide T démontre clairement la véracité de cette affirmation. Lorsque notre cœur s'ouvre et que nous laissons libre cours à nos sentiments, comme il se doit, nous devenons vulnérables au divin. Dans le cas de ma découverte, c'est la compassion qui a ouvert la porte et m'a permis de voir et d'entendre comment mettre fin à la maladie.

En d'autres mots : sentir, c'est guérir. Dans la langue anglaise, le mot *guérir* a une racine commune avec les mots *entier* et *saint*, ce qui laisse supposer l'existence d'une relation entre le corps et l'esprit. Toutes les émotions nous rapprochent de notre vraie nature et de notre puissante capacité créatrice, que nous l'appelions «conscience» ou «Dieu». La façon dont la biochimie des émotions rend tout cela possible, soit la physiologie du rapport corps-esprit, constitue la science qui est à la base de notre capacité à nous sentir divinement bien.

(Extrait de *Tout ce que vous devez savoir pour vous sentir «divinement» bien*,
Éditions AdA, 2007)

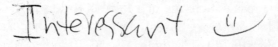

John Randolph Price

Images, 1999

John Randolph Price est un auteur et un conférencier primé de renommée internationale. Ancien chef de la direction dans le monde des entreprises, il a consacré plus d'un quart de siècle à des recherches sur les mystères de la sagesse ancienne et à faire état de ses découvertes dans de nombreux livres, comme *The Abundance Book, Practical Spirituality* et *Nothing is Too Good to Be True*.

En 1981, John et sa femme, Jan, ont créé la Quartus Foundation, un groupe de recherche sur la spiritualité dont les quartiers généraux se trouvent dans la ville de Boerne, dans les collines du Texas, près de San Antonio, où ils vivent avec leurs deux épagneuls springer, Maggi et Casey.

Site Web : www.quartus.org

Notre chérie est de retour!

Cette histoire commence le soir du 17 juillet 1981. Moi et Jan, ma femme, venions de terminer notre dîner et regardions un film à la télévision. Le film n'avait rien de triste, mais soudain des larmes se sont mises à couler le long de mes joues, et mon cœur est devenu si lourd que j'ai dû quitter la pièce et aller à l'extérieur. Jan savait que quelque chose n'allait pas, mais n'a rien dit, sachant que lorsque je serais prêt à en parler, j'allais le faire. Dans la cour arrière, je me suis assis dans l'herbe à côté de notre chienne Brandy, un épagneul springer âgé de dix ans, qui faisait autant partie de notre vie que nos propres enfants.

Pendant plus d'une heure, je suis resté assis là, à pleurer comme un bébé, rempli d'une tristesse que je n'avais jamais éprouvée auparavant. Quand je suis finalement retourné dans la maison, je n'avais absolument rien à dire à Jan, parce que je n'avais aucune idée de la raison pour laquelle j'avais été frappé par cette vague de chagrin. Ce n'est que le matin suivant que j'ai compris.

Le lendemain, alors que nous prenions le petit déjeuner, Brandy était étendue sur le sol entre nous deux, et nous avons remarqué qu'elle avait de la difficulté à respirer. Elle avait été malade à quelques reprises au cours des trois mois précédents, et nous l'avions emmenée plusieurs fois chez le vétérinaire, qui lui avait prescrit divers médicaments. Et, bien sûr, nous avions fait avec elle un travail spirituel. Mais quand j'y repense, je me dis que nous avons administré ce type de traitement de façon beaucoup trop désinvolte. Quoi qu'il en soit, nous avons pris Brandy dans nos bras et l'avons conduite chez le vétérinaire sans attendre, mais elle est morte avant même que nous arrivions à destination.

C'est alors que j'ai su ce qu'on m'avait «dit» la veille, et la douleur est revenue tel un tsunami, nous engloutissant tous deux. Comme nous avons pleuré! Nos larmes ont coulé pendant toute la journée et toute la nuit… et le lendemain matin, nous n'étions toujours pas soulagés.

Le dimanche suivant, au cours de notre séance de méditation, que j'ai trouvée extrêmement difficile à effectuer, une chose très inattendue est survenue. Soudainement, Brandy est apparue devant moi, et m'a dit: «Élève ta vision.» J'étais stupéfié, et la première pensée qui m'est venue à l'esprit a été: *Il ne faut pas juger selon les apparences.*

Puis, deux jours plus tard, j'ai fait un rêve. Je pouvais apercevoir Brandy à travers un mince rideau. Je me trouvais d'un côté, et elle de l'autre, et elle essayait désespérément, avec ses pattes, de passer de l'autre côté de ce monde. Je me suis réveillé, j'ai réveillé Jan, et lui ai dit que nous devions immédiatement laisser aller Brandy… car notre tristesse l'empêchait d'atteindre son bien-être suprême. Nous avons donc dit à Brandy que nous la laissions aller, puis nous nous sommes rendormis, les yeux mouillés de larmes.

Une semaine plus tard, une séquence de rêves très inhabituels a commencé, qui sont survenus à environ une semaine d'intervalle. Dans le premier, je marchais sur une route de campagne, et Brandy est apparue, courant à côté de moi.

— Dis à maman que je vais revenir.

— Ce n'est pas son nom; elle s'appelle Jan, lui ai-je répondu (pour une étrange raison).

— Mais tu l'appelais toujours maman devant moi, a répliqué Brandy.

Puis, Brandy s'est éloignée sur la route en courant. Le lendemain matin, je n'ai rien dit à Jan. Après tout, ce n'était qu'un rêve.

Dans le deuxième rêve, je marchais sur cette même route de campagne quand Brandy s'est approchée de nouveau. Cette fois-ci, elle a presque hurlé : «Tu n'as pas dit à maman que j'allais revenir!» Pour toute réponse, je lui ai simplement souri, et elle a répété : «Tu ferais mieux de lui dire, car je serai de retour le 20 octobre.»

Vous pouvez vous imaginer ce qui s'est produit quand le réveil a sonné le matin suivant. «Jan, j'ai quelque chose à te dire… quelque chose d'un peu étrange, mais on m'a dit que je ferais *mieux* de te le dire.» Puis, je lui ai raconté mes deux rêves. Jan me regardait avec ses grands yeux bruns sans rien dire.

Puis, environ une semaine plus tard, j'ai fait un troisième rêve. Cette fois-ci, j'étais appuyé sur une clôture en train de parler à Brandy (je ne me souviens pas de quoi nous parlions), quand un autre épagneul springer a couru vers nous. Je me suis penché pour caresser l'animal, mais Brandy m'a lancé un avertissement : «Attention, elle est âgée de quatre ans.»

— Qu'est-ce que cela veut dire?

— Tu vas comprendre, a répondu Brandy avec un large sourire.

Dans le rêve suivant, nous marchions encore sur cette route de campagne, en bavardant comme deux amis (Brandy se déplaçait à la verticale et était aussi grande que moi). Elle m'a annoncé : «Soit dit en passant, cette fois je vais changer de conscience.»

Je me suis arrêté et l'ai regardée droit dans les yeux.

— Mais pourquoi? Je t'aime exactement comme tu es!

— Oh! je serai toujours le même chien, le même esprit, mais je ne veux pas subir une autre crise cardiaque, alors je change de conscience, a-t-elle répondu.

— Je comprends, ai-je finalement dit.

Dans le cinquième rêve, elle m'a dit de «chercher le blanc»! Quand je lui ai demandé ce que cela signifiait, elle m'a simplement répondu en souriant : «Tu vas comprendre.» Et dans le dernier rêve, elle m'a ordonné sur un ton emphatique : «N'essaie pas de me trouver. Ne fais rien. Tout est déjà arrangé, alors ne va pas courir dans tous les sens à ma recherche. Tu vas comprendre ! »

En septembre, notre fille, Susan, a déménagé de Houston à Austin, emportant avec elle son énorme chat, et a habité un bout de temps avec nous en attendant de trouver son propre appartement. À l'arrivée de Susan, Jan a remarqué que le chat avait une profonde égratignure et a suggéré d'emmener « Puff » chez le vétérinaire. Lors de la visite de Jan et Susan, le vétérinaire a demandé : « Jan, est-ce que vous et John êtes prêts pour un autre chien ? »

— Je ne sais pas… j'imagine que nous allons attendre encore un peu, a répondu Jan avec prudence.

— Si vous voulez un autre épagneul springer, voici le nom et le numéro de téléphone d'une femme dont la chienne va bientôt avoir une portée.

Jan a pris l'information et téléphoné à la femme le soir même. Après avoir fait l'objet de ce qui ressemblait à une enquête du FBI, Jan a finalement pu demander : « Quand la chienne va-t-elle accoucher ? »

— Le 20 octobre.

Un frisson nous a parcourus.

— Et ce sera la première portée de ma chienne.

— Quel âge a votre chienne ? a demandé Jan.

— Quatre ans.

À partir de là, nous ne pouvions rien faire à part attendre la naissance des chiots (« Cherche le blanc ! » avait dit Brandy). Dès que nous avons su que les bébés épagneuls étaient nés, Jan et moi sommes accourus auprès de la petite famille. Juste au milieu de la litière se trouvait une petite femelle couverte de grosses taches blanches sur fond brun (Brandy était presque complètement brune). Nous avons immédiatement annoncé que nous voulions *celle-là*, et lui avons régulièrement rendu visite jusqu'à ce que nous puissions la ramener à la maison.

Brandy avait toujours eu une façon singulière de nous accueillir. Elle s'assoyait sur son derrière et levait les deux pattes de devant dans les airs, posture qui semblait vouloir dire : « Prenez-moi, je suis à vous. » Lorsque les chiots avaient quatre semaines, nous leur avons rendu visite un dimanche après-midi; ils étaient tous dehors en train de jouer dans l'herbe. Lorsque nous sommes sortis de la voiture et avons traversé la pelouse, la petite chienne blanche et brune s'est retournée, nous a aperçus, s'est assise tant bien que mal sur son petit derrière et a levé les pattes de devant dans les airs, exactement comme le faisait Brandy. Jan a failli perdre connaissance, et s'est précipitée en direction du petit chien en criant : «Ma chérie, ma chérie!»

Lorsque nous avons ramené la petite chienne âgée de six semaines à la maison, elle nous a dit par télépathie qu'elle souhaitait avoir un autre nom (nous avions songé à l'appeler Brandy). Après avoir considéré diverses possibilités, elle a opté pour «Magnifique Brandy, deuxième», et nous l'avons appelée Maggi pour faire plus court. Et elle possédait cette même personnalité douce, affectueuse et enjouée qui l'avait toujours caractérisée. Depuis qu'elle est avec nous, soit plus de douze ans, elle a continué à nous apprendre beaucoup de choses, notamment une vénération spéciale envers tout ce qui est vivant, et cette vérité que l'âme ne meurt jamais... pas même celle d'un chien... *surtout pas* celle d'un chien!

(Extrait de *Practical Spirituality*, Hay House, 1985, 1996)

Carol Ritberger, Ph.D.

Carol Ritberger, Ph.D., auteure de *What Colour is your Personnality* et de *Your Personnality, Your Health*, entre autres, effectue des diagnostics médicaux en se servant de son intuition. Leader innovatrice dans le domaine de la typologie de la personnalité, elle effectue un travail important qui a fait l'objet de reportages à la télévision, à la radio et dans de nombreuses revues nationales.

Carol vit en Californie du Nord avec son mari, Bruce, avec qui elle a fondé le Ritberger Institute, qui offre des programmes de développement personnel et professionnel.

Site Web : www.ritberger.com

UNE AUTRE PAIRE D'YEUX

Quand je repense aux événements qui ont changé la façon dont je vis ma vie et dont je « vois » le monde, je n'en reviens toujours pas de la synchronicité qui a caractérisé cet épisode de mon existence. Les choses arrivent quand nous sommes prêts à les accepter, même si nous ne sommes pas encore conscients de l'impact qu'elles auront sur notre vie. Je vais vous raconter une histoire qui décrit de quelle façon mon existence a été complètement chambardée par une série d'événements bizarres qui ont changé ma vision des choses et ma vie à jamais.

Au début de l'année 1981, alors que j'étais entre deux contrats à titre de consultante, une de mes amies m'a demandé de l'aider à tenir un kiosque dans le cadre d'une foire commerciale sur la santé et les produits de beauté. Le deuxième jour de la manifestation, je me promenais dans les allées, en regardant les divers produits exposés, et j'avais le sentiment que quelque chose allait se passer. Tout à coup, une main m'a agrippé l'épaule par derrière. Je me suis retournée et j'ai aperçu une petite femme délicate qui me tirait par la manche. Elle disait devoir absolument me parler. Elle avait quelque chose d'important à me dire et tenait à lire les lignes de ma main. Je lui ai dit poliment que *non merci, je ne croyais pas à ces choses*.

Plus tard ce jour-là, j'ai senti de nouveau une main se poser sur mon épaule et entendu cette voix, désormais familière, me dire qu'elle devait me parler. Je me suis retournée et j'ai dit abruptement : « Laissez-moi tranquille ! Je ne crois pas en ce que vous faites, et je ne veux pas vous parler. Allez-vous-en. » Persistante, elle m'a affirmé que j'allais frôler la mort à trois reprises à l'intérieur d'une période de deux semaines, et que la troisième fois, j'allais devoir choisir si je m'en allais ou si je restais.

Immédiatement après m'avoir livré son message, la femme a disparu. Pendant plusieurs minutes, je suis restée plantée là à me demander : *Qu'est-ce que je fais maintenant ?* Comme j'ai suivi une partie de ma formation en psychologie comportementale, je connais la théorie selon laquelle une pensée très chargée émotionnellement, une fois implantée dans le conscient, peut devenir une réalité.

Finalement, après avoir analysé ce qui était arrivé, j'ai décidé d'oublier toute cette histoire, désormais convaincue que la femme disait n'importe quoi.

Le lendemain, j'ai demandé à ma mère de venir avec moi à l'exposition, et au bout d'une longue journée de travail qui s'est prolongée jusque tard dans la nuit, nous sommes finalement retournées à la maison, dans ma voiture. Il était tard, et j'étais exténuée, tant physiquement qu'émotionnellement. Dans cet état semi-conscient, j'ai regardé dans le rétroviseur et j'ai vu que les quatre voies de l'autoroute étaient remplies de phares de voitures qui s'approchaient de nous à toute vitesse. Je me suis tournée vers ma mère et lui ai dit avoir un mauvais pressentiment et craindre qu'un terrible accident soit sur le point de se produire. Au bout de ce qui m'a semblé à peine quelques secondes, un carambolage impliquant seize voitures a eu lieu, et six adolescents ont perdu la vie. En attendant l'arrivée des ambulances, ma mère s'est tournée vers moi et m'a demandé : « Carol, crois-tu que cette femme à l'exposition avait raison, et qu'il s'agissait ici du numéro un ? »

Le deuxième événement a eu lieu la semaine suivante. Je déjeunais avec une bonne amie. Nous parlions de ce qui se passait dans nos vies, et je lui ai raconté l'étrange incident de la semaine précédente. Elle est devenue très fâchée contre moi, me reprochant de ne pas avoir pris l'avertissement de la femme au sérieux.

J'ai quitté le restaurant dans un état d'agitation extrême, ne comprenant pas pourquoi mon amie était devenue si agressive et en colère. Distraite par les événements, j'ai posé mon sac à main sur le toit de la voiture, le temps de déverrouiller la porte. Une fois sur l'autoroute, j'ai vu quelque chose s'envoler du toit de ma voiture et j'ai immédiatement compris qu'il s'agissait de mon sac à main. Je me suis rangée en bordure de la route et j'ai fait marche arrière pour aller le retrouver. Après avoir bien regardé, j'ai évalué que j'avais amplement le temps de courir au milieu de la voie et de ramasser mon sac ainsi que son contenu, qui s'était répandu çà et là. Le sac était tombé dans la voie du centre. J'ai couru pour aller le reprendre, et au moment où je m'agenouillais pour ramasser l'objet, j'ai entendu le bruit effrayant d'un klaxon de camion au diesel. Quand j'ai relevé la tête, j'ai aperçu un mastodonte à dix-huit roues, qui se dirigeait droit sur moi.

Les quelques secondes suivantes se sont écoulées comme si les choses se déroulaient au ralenti. Le camion a dévié pour m'esquiver, et sa remorque a heurté le terre-plein central. La pression causée par le déplacement d'air a été si forte que j'ai été projetée au sol. Toute la circulation s'est arrêtée. Étendue sur la chaussée, je me disais : *Bravo, je ne suis pas morte. Folle, peut-être, mais pas morte.*

Pendant les quelques jours suivants, je suis restée à la maison. J'avais peur de prendre la voiture et je tenais à tout prix à éviter les autoroutes. Je ne pouvais penser à autre chose qu'au troisième incident, me demandant ce qui m'attendait après les deux premiers. J'étais obsédée par la peur et l'idée de la mort.

Je crois que nous pouvons en apprendre beaucoup sur nous-mêmes dans les périodes de turbulences émotionnelles. Les événements qui avaient eu lieu m'avaient forcée à revoir mes priorités face aux choses que je considérais importantes et à réévaluer mes croyances à propos de la vie et de la mort.

J'ai eu de nombreuses conversations en profondeur avec Dieu pour m'aider à mieux comprendre. J'étais remplie de questions auxquelles, pour la première fois de ma vie, je ne pouvais répondre en m'appuyant sur mon éducation ou ma logique. J'essayais de comprendre les choses à un autre niveau — c'était encore plutôt vague, mais en même temps rassurant et réconfortant. Cette nouvelle façon de penser me procurait une grande paix.

Finalement, j'ai décidé que j'en avais assez. Je ne pouvais rester à la maison pendant le reste de ma vie à essayer d'éviter le troisième incident. Ce soir-là, je suis allée rejoindre ma mère et des amis au restaurant pour le dîner. Nous étions tous autour de la table à savourer notre repas, lorsque je me suis soudain mise à suffoquer et à avoir de la difficulté à respirer. Mes amis m'ont demandé si ça allait, j'ai répondu que oui, et que j'avais simplement besoin d'un peu d'air frais. Je suis sortie à l'extérieur, et à mon retour, j'avais de nouveau de la difficulté à respirer. J'étais incapable d'inhaler complètement. Paniquée, je me suis levée dans l'intention de quitter les lieux. En faisant ce mouvement, j'ai dû m'évanouir, même si je me sentais pleinement consciente. Par la suite, au lieu d'aller à l'hôpital, j'ai décidé de retourner à la maison. À environ deux heures du matin, je me suis réveillée en sueur. J'étais bouillante de fièvre. J'arrivais difficilement à respirer. J'ai téléphoné à ma mère pour qu'elle vienne m'aider. Je me souviens de lui avoir dit : « Maman, prie avec moi, car je crois que je suis en train de mourir. »

Je ne peux vous dire exactement ce qui s'est produit au cours des dix-huit heures qui ont suivi, mais je me rappelle avoir vu des gens s'acharner sur moi pour m'aider à respirer. Je me suis retrouvée au-dessus de mon corps, à le regarder avec un sentiment d'émerveillement. Alors que je flottais dans les airs, j'ai aperçu des lumières brillantes qui s'approchaient de moi. À mesure que les lumières s'approchaient, j'ai pu discerner des formes. Je savais que je les reconnaissais. À un certain moment, je leur ai demandé si j'étais morte. On m'a répondu que oui, mais que je pouvais encore choisir. Voilà que cette histoire de choix se concrétisait. Mais si j'étais morte, en quoi ce choix pouvait-il alors consister ?

J'adorais le lieu où je me trouvais. Je me sentais libre et légère. Je n'éprouvais pas cette lourdeur causée par le fait d'avoir un corps, et je voulais savourer toutes ces sensations. J'éprouvais un profond sentiment de joie et je n'avais pas peur. J'étais remplie de questions pour mes nouveaux amis de lumière. Je me souviens m'être fait dire que, si j'aimais tant poser des questions, encore fallait-il que j'écoute les réponses. Mes opinions et mes attentes face à la vie, à moi-même et aux autres coloraient ma vision des choses. Elles freinaient ma capacité d'aller de l'avant et de faire ce que j'avais choisi de faire.

Soudain, comme si on m'avait aspergée d'eau glacée, je suis revenue à la réalité. J'ai entendu ma fille accourir dans la chambre et crier : « Maman, je veux que tu viennes jouer avec moi ! » Puis, je me suis sentie basculer dans le vide. Quand j'ai ouvert les yeux, tout ce que je pouvais distinguer était des lumières brillantes et aveuglantes. La pièce était remplie de couleurs. Toutes les personnes qui se trouvaient dans la pièce semblaient rayonner, comme mes amis lumineux. Cette réaction était-elle causée par les médicaments qu'on m'avait administrés ou par le traumatisme subi par mon corps ? La seule explication était que j'avais dû subir un trouble de la vision en raison de l'arrêt temporaire de l'alimentation du cerveau en oxygène.

Je me suis mise à remarquer que les couleurs de la lumière changeaient d'une personne à l'autre. Certaines personnes étaient plus colorées ; chez certaines personnes, la lumière enserrait le corps de très près, alors que, chez d'autres, cette lumière se projetait sur plusieurs mètres. Je me suis rendu compte que, si la lumière changeait d'une personne à l'autre, il y avait tout de même certaines similitudes. Le rayonnement semblait avoir une pulsation qui correspondait à ce que les gens disaient ou à l'état émotionnel dans lequel ils se trouvaient. Mais pour tout le monde, les couleurs possédaient les mêmes teintes de base.

Un matin, étendue dans mon lit d'hôpital, je me suis dit que j'avais dû faire le choix de revenir et d'apprendre à voir les choses avec une autre paire d'yeux. Ma vision n'était plus la même. Et étrangement, même si je pouvais voir de la lumière autour des gens, je n'en voyais aucune autour de moi.

Deux semaines après mon rétablissement, je devais me rendre en avion pour affaires au Colorado, à partir de la Californie. Je ne savais pas trop comment j'allais y arriver, car ma vision n'était pas encore revenue à la normale. Les lumières étaient si aveuglantes et brillantes que je devais porter des lunettes de soleil presque continuellement. À l'aéroport, alors que j'attendais l'embarquement en essayant de ne pas attirer l'attention, j'ai remarqué que la lumière entourant une petite fille assise non loin de moi était différente de celles que j'avais vues jusque-là. Le rayonnement qui entourait la petite fille avait des trous, d'où toute lumière était absente. Les couleurs étaient fades, grises et foncées. Sa lumière faisait penser à la flamme d'une bougie qui peine à rester allumée. J'espérais que la petite fille ne serait pas sur le même vol que moi.

Au moment de l'embarquement, j'ai aperçu une femme accompagnée de la petite fille, et elles se dirigeaient toutes deux vers moi dans l'allée. J'ai immédiatement détourné le regard, espérant qu'elles n'allaient pas s'asseoir à côté de moi, mais la femme m'a demandé si elles pouvaient prendre place à mes côtés, car leurs sièges se trouvaient près de la porte de sortie. Que pouvais-je répondre? Peu après le décollage de l'avion, la femme m'a adressé la parole. Elle m'a dit qu'elle se rendait au Colorado pour consulter un spécialiste pour sa fille. Celle-ci était atteinte d'une grave maladie du sang, et ce spécialiste était leur dernier espoir.

Juste avant l'atterrissage, la femme m'a remerciée de l'avoir écoutée et m'a dit vouloir communiquer avec moi pour me donner les résultats des examens. À contrecœur, je lui ai donné ma carte professionnelle. Trois semaines plus tard, j'ai reçu une lettre d'elle m'annonçant que sa fille était morte. Ce fut le premier événement qui m'a incitée à en savoir plus long sur le sens de ces lumières et de ces couleurs et à comprendre pourquoi elles différaient d'une personne à l'autre.

Pendant l'année et demie qui a suivi, j'ai consulté des psychologues, des psychiatres, des optométristes et des ophtalmologistes dans le but de trouver des réponses. Pourquoi ma vision n'était-elle pas revenue à la normale? Enfin, une psychologue que j'avais consultée m'a rappelée pour me demander si j'avais déjà entendu parler de l'aura humaine et d'Edgar Cayce, et ma réponse fut négative dans les deux cas. Elle m'a alors fortement encouragée à lire tout ce que je pouvais sur ces deux sujets. Ce jour-là, je suis sortie et j'ai acheté tous les livres que j'ai pu trouver là-dessus. En repensant à tout cela, je remercie l'univers d'avoir mis sur mon chemin cette femme très intuitive qui m'a permis d'entreprendre ma démarche vers la compréhension. Une autre coïncidence? J'en doute.

Au bout d'un certain temps, j'ai remarqué que ma vision commençait à changer. Jusque-là, je voyais une brume lumineuse autour des gens, mais avec le temps, les lumières et les couleurs sont devenues plus définies, certaines couleurs étant plus intenses dans certaines régions du corps. Lorsque les gens étaient en colère ou stressés, cela se voyait dans différentes parties de leur corps. Les personnes heureuses et optimistes irradiaient de partout. Leurs couleurs étaient différentes et brillantes, et la lumière qui les enveloppait se projetait à plusieurs mètres de leur corps.

Tout en explorant mes nouvelles capacités, je poursuivais mon éducation en psychologie du comportement humain et de la personnalité. Non pas que je n'appréciais pas ce que je pouvais faire et l'utilité que cette aptitude pouvait avoir pour les autres. Tout simplement, mon esprit logique avait de la difficulté à composer avec tout ça et à accepter ce qui m'arrivait. À l'intérieur de moi, je commençais à comprendre qu'il y avait un lien entre l'aura humaine, les couleurs, les chakras et les caractéristiques de la personnalité. Mes recherches et ma soif de comprendre m'indiquaient systématiquement que tous ces facteurs jouent un rôle important et permettent d'expliquer pourquoi les gens agissent comme ils le font, créent les maladies qu'ils créent, pourquoi le stress de l'un constitue le stimulus de l'autre, et pourquoi le stress semble être à la source de bien des dysfonctions.

J'avais entrepris ma quête depuis six années déjà quand, un matin, en me regardant dans le miroir, j'ai vu des lumières autour de moi. La lumière était globalement faible, parsemée de taches d'un rouge très foncé. Certaines parties de mon corps étaient presque dénuées de toute lumière.

J'ai fini par comprendre que je n'étais pas en train de mourir, mais qu'on me montrait quelque chose pour m'aider à apprendre. Ma propre aura m'indiquait où se trouvaient mes déséquilibres corporels, c'est-à-dire les endroits dont je n'avais pas pris suffisamment soin. Elle me montrait que tout le stress que j'avais accumulé à la suite des événements des années passées affectait mon corps de façon défavorable. Cette découverte a engendré chez moi une conscience plus large, que j'en suis venue à vouloir partager. Cette conscience nouvelle me permettait de comprendre que, s'il était plus facile de donner aux autres, il fallait commencer par prendre soin de soi-même pour pouvoir préserver sa capacité d'aider réellement les autres.

(Extrait de *Your Personnality, Your Health*, Hay House, 1998)

Ron Roth, Ph.D.

Portraits par Anthony

Ron Roth est enseignant, guérisseur spirituel et mystique moderne connu dans le monde entier. Il a participé à de nombreuses émissions de télévision et de radio et il est l'auteur de plusieurs livres, dont *The Healing Path of Prayer*, *Holy Spirit for Healing*, et *Prayer and the Five Stages of Healing* (avec Peter Occhiogrosso). Prêtre au sein de l'Église catholique pendant plus de vingt-cinq ans, il est le fondateur des instituts Celebrating Life, à Peru, Illinois, où il vit présentement.

Site Web : www.ronroth.com

ET JE <u>TE</u> PARDONNE !

Quand mon père a frôlé la mort pour la première fois, j'ai été bouleversé en le voyant. J'ai pénétré dans sa chambre ; il était là, saignant du nez et de la bouche, et les murs étaient couverts de sang. Mon père était alcoolique, et son foie était de moins en moins en mesure de fonctionner. Aucun d'entre nous ne savait quoi faire. Ma première réaction a été de me dire : *Je vais prier. «Mon Dieu, si le temps est venu pour lui de partir, alors laissez-le aller en paix maintenant. Sinon, guérissez-le.»*

Mon père a guéri instantanément, et j'ai pensé : *C'est formidable !*

Le seul problème, c'est qu'il n'a cessé de boire que pendant environ six mois, puis qu'il s'y est remis de plus belle. Alors, quand il a eu une autre attaque comme celle-là, le temps *était* vraiment venu pour lui de partir, parce que son foie s'était littéralement désintégré. À l'hôpital, on pouvait même voir les morceaux de son foie se déplacer dans les tubes, et il était dans un état que je pourrais appeler «coma vibratoire» ; il était dans le coma, mais son corps tremblait de haut en bas sans arrêt. Les médecins avaient tout essayé pour faire cesser le tremblement, mais en vain. J'ai demandé s'il était conscient, et on m'a répondu que non. Cela se passait avant que des études de cas ne démontrent que certains patients inconscients qui étaient en train de subir une opération pouvaient entendre tout ce que disaient les médecins. Mais je savais cela intuitivement.

J'ai dit à Dieu qu'il devait bien y avoir quelque chose à faire pour arrêter ce terrible tremblement. Et une voix intérieure m'a dit : *Oui, tu n'as qu'à lui dire d'arrêter.*

Et c'est ce que j'ai fait, très doucement mais fermement, et cela a réussi. Le tremblement a cessé. Assis au chevet de mon père, j'ai entendu la voix me dire : *Maintenant, pardonne à ton père.* J'ai cru cette fois qu'il s'agissait du «démon». Tout ce qui m'est venu à l'esprit, c'était que mon père était un homme mauvais qui buvait trop, qui nous criait après et qui rendait tout le monde malheureux. Comment pouvais-je lui pardonner tout cela ? La voix s'est de nouveau fait entendre : *Pardonne-lui.* Finalement, j'ai capitulé. Je me suis mis debout près du lit et j'ai dit tout haut : «Papa, je te pardonne.»

Immédiatement, mon père a ouvert les yeux et m'a regardé. «Et je te pardonne», a-t-il répondu. Puis, il a fermé les yeux et a semblé retourner à son coma. J'étais abasourdi. Ma première réaction a été : *Oh ! mon Dieu, c'est merveilleux.* Puis, je me suis dit : *Qu'est-ce que tu veux dire, tu me pardonnes ?*

Il était presque minuit, et ma mère et moi nous trouvions tous deux dans la chambre. Soudain, même si les fenêtres de l'hôpital étaient toutes fermées, un capiteux parfum de fleurs a envahi la pièce. Je suis sorti dans le couloir pour voir qui apportait des fleurs. Puis, j'ai ouvert les fenêtres pour vérifier si ce parfum provenait de l'extérieur, mais quand j'ai sorti la tête dehors, je n'ai senti aucune odeur particulière.

Ma mère a dit qu'il était temps de partir. Nous vivions à seulement dix minutes de l'hôpital, mais je savais que, lors de notre arrivée à la maison, mon père serait mort. Lorsque nous sommes arrivés, le téléphone sonnait déjà. C'était l'infirmière qui nous demandait de revenir parce que mon père avait rendu l'âme juste après notre départ. Toutefois, je n'éprouvais aucun ressentiment, parce que j'avais eu la possibilité de dire au revoir. Et j'avais été capable de tourner la page parce que j'avais écouté la voix qui me disait, essentiellement, d'abandonner mon amertume envers mon père et de cesser de lui reprocher d'avoir été alcoolique. J'ignore ce qui me serait arrivé sur le plan psychique ou ce que serait ma vie aujourd'hui si je n'avais pas eu la chance de lui pardonner.

Si vous n'avez pas eu la possibilité de tourner la page d'un épisode douloureux, vous pouvez quand même le faire dans le monde spirituel. Vous pouvez retourner à l'époque où la personne vivait encore en imaginant la scène dans votre esprit. Si c'est une personne à qui vous n'avez jamais pardonné de vous avoir fait du mal, vous pouvez retourner en arrière et lui pardonner, puis laisser la personne vous pardonner à son tour. N'oubliez pas qu'aucun d'entre nous n'est entièrement exempt de culpabilité. Nous nous sommes tous infligé les uns aux autres des blessures qui nécessitent une guérison émotionnelle.

La guérison physique n'est pas le seul type de guérison... et l'Esprit de Dieu est aussi très efficace pour la guérison émotionnelle !

(Extrait de _Holy Spirit for Healing_, Hay House, 2001)

Gordon Smith

Mark Guthrie

Gordon Smith, auteur de *Le messager des esprits* et de *L'incroyable vérité*, est un médium d'une exactitude époustouflante, originaire de Glasgow, en Écosse. Gordon est reconnu pour sa capacité à donner des noms exacts de personnes, de lieux et même de rues. Il voyage partout dans le monde grâce à son talent, dont il se sert afin d'offrir guérison et réconfort à des milliers de personnes. Ses extraordinaires aptitudes ont attiré l'attention de scientifiques universitaires faisant des recherches sur les phénomènes psychiques, ainsi que d'innombrables journalistes et documentaristes.

Site Web : www.psychicbarber.com

QUELQUES LAPSUS

Comprenez-moi bien. Mon intention n'est pas de me moquer des médiums ou du spiritisme, d'autant plus que des praticiens honnêtes et sincères arrivent vraiment à aider de nombreuses personnes qui ont besoin de soutien dans des périodes difficiles de leur vie. Mais certaines situations virent parfois au comique lorsque les protagonistes essaient désespérément d'être sérieux.

Albert Best était un médium extraordinaire (et mon mentor), et l'une de ses caractéristiques les plus remarquables était sa capacité de rire, tant de lui-même que de certaines des situations ridicules dans lesquelles il se retrouvait parfois. Albert m'a raconté l'histoire suivante :

Il venait de s'asseoir après avoir fait la démonstration de son talent unique de clairvoyance devant une église pleine à craquer de Londres lorsque son hôtesse, une femme des plus distinguées, a pris la parole pour le remercier et pour informer la congrégation qu'Albert donnerait des consultations privées le lendemain. Mais quelles qu'aient été les intentions de l'hôtesse, elle a prononcé les paroles suivantes : « Mesdames et messieurs, je suis certaine que vous vous joindrez à moi pour remercier M. Best de son excellente démonstration de clairvoyance. Et c'est avec le plus grand plaisir que je vous annonce qu'Albert tiendra ses parties intimes* pendant trois heures demain matin. Les personnes qui souhaitent réserver une

---

* N.d.T. : Jeux de mots ; en anglais, *privates* signifie à la fois « parties intimes » et séances privées.

consultation avec lui doivent venir me voir à la fin du service. »

Albert m'a dit qu'il s'était imaginé tenant ses « parties intimes » et demandant dix livres pour chaque séance d'une demi-heure! Ce qui rendait la chose encore plus hilarante, c'est que l'hôtesse ne s'est jamais rendu compte de son erreur, au grand délice de l'auditoire.

Un autre lapsus qui a fait se tordre de rire un groupe de spirites est survenu un jeudi soir, à l'occasion d'une des rencontres d'un cercle de médiums auquel j'appartenais. À la fin de chaque séance, le chef du groupe demandait à chaque personne si elle avait un message à transmettre à un autre membre du groupe. Ce soir-là, une dame s'est levée et s'est approchée d'un homme qui était assis en face d'elle et qui portait de toute évidence un postiche. Lorsque notre médium en herbe a commencé à lui transmettre son message, il était clair qu'elle ne pouvait détourner les yeux de cette épaisse pièce de faux cheveux noirs.

« Quand je t'ai vu, a dit la dame, j'ai vu des Amérindiens qui dansaient autour de toi. » Sans quitter le postiche des yeux, elle a ajouté : « Puis, toute la tribu s'est mise à danser. »

— Toute la tribu, a répété l'homme, d'un ton où perçait le doute.

— Oui, ils dansaient tous autour d'un toupet.

Toutes les personnes présentes ont tenté de réprimer un éclat de rire, pour ne pas embarrasser le pauvre homme. Mais, rapide comme l'éclair, il a lancé une subtile réplique qui lui a permis de s'en tirer avec les honneurs : « Je crois, ma chère, que le mot que vous cherchez est *tipi*, mais je vous remercie de votre message. L'Amérindien que vous avez vu est probablement celui qui m'a scalpé. »

À ces mots, la pièce entière s'est remplie de rires, comme vous pouvez l'imaginer. Certaines des choses les plus drôles dans la vie semblent survenir dans des situations embarrassantes, même si, dans ce dernier cas, je ne sais trop laquelle des deux personnes était la plus embarrassée au bout du compte!

(Extrait de *Le messager des esprits*, Éditions AdA, 2005)

Ben Stein

Greg Bertolini

Ben Stein, auteur de *Comment gâcher votre vie*, *The Gift of Peace*, et d'un certain nombre de livres consacrés aux finances (en collaboration avec Phil DeMuth), est avocat, économiste, écrivain, acteur, enseignant et anciennement hôte d'une émission de jeu (son émission *Win Ben Stein's Money* a remporté sept Emmy Awards). Il habite en Caroline du Sud avec sa femme Alexandra, son fils Thomas, et de nombreux chiens et chats. Il est très engagé dans la collecte de fonds pour des associations caritatives œuvrant pour les droits des animaux et des enfants à Los Angeles et un peu partout aux États-Unis.

Site Web : www.benstein.com

LA MAISON QUE MON PÈRE A CONSTRUITE

Il y a longtemps, peut-être en 1960, lorsqu'il faisait campagne contre Richard Nixon pour la présidence des États-Unis, John F. Kennedy s'est vu interrogé sur certains des aspects douteux de la vie de son père. «Nous avons tous des pères», répondit-il, insinuant que nous ne pouvons pas être responsables de ce que nos pères sont. Pour certains d'entre nous cependant, les vies de nos pères sont si honorables que nous aimerions *pouvoir* être identifiés à ce qu'ils sont. C'est ce que je ressentais à propos de mon père, Herbert Stein, décédé le 8 septembre 1999.

Mon père a été un gagnant depuis le jour de sa naissance : concours de déclamation, concours de mathématiques — et ainsi de suite. À l'âge de quinze ans, il est allé au Williams College, et je pense que trois éléments de sa vie là-bas illustrent bien certaines des principales forces de son caractère. D'abord, il a obtenu un emploi de plongeur au Williams College, dans le cadre d'une fraternité qui n'acceptait pas les juifs. Il ne s'est pourtant pas du tout senti offensé et n'en gardait pas de souvenirs amers ; au contraire, il était reconnaissant de devoir travailler pour payer sa scolarité. Plutôt que de se perdre en plaintes inutiles ou d'adopter un comportement perturbateur, il était reconnaissant de ce qu'il avait, et cela faisait partie des fondements de sa vie.

223

Ensuite, mon père s'est efforcé de trouver un emploi tous les étés pendant qu'il était au Williams College, mais pendant toutes ces années, il n'a déniché que l'équivalent d'une journée de travail. De *cela*, il se souvenait avec un certain chagrin, et cette situation explique aussi en partie son approche, empreinte de compassion, de la politique publique. Il possédait de superbes capacités analytiques, mais il savait aussi que les capacités analytiques sans compassion n'apportent que des résultats maigres et insatisfaisants.

Enfin, mon père a vécu le plus beau jour de sa vie simplement en tombant endormi à l'écoute d'un célèbre match de la Série mondiale de baseball à la radio, en 1931. Il avait ainsi la capacité de trouver la tranquillité d'esprit par l'intermédiaire des médias radiotélévisés. *Elle écrit au meurtre* n'existait pas à l'époque, sinon mon père n'aurait peut-être pas terminé le collège. (Vous ne pouvez pas imaginer combien de temps il consacrait à regarder la télévision, et les émissions sportives en particulier.)

Sa carrière professionnelle, depuis ces étés de la Crise de 1929, s'est grandement améliorée. J'ai souvent regretté que *son* propre père ne puisse pas voir ce qu'il était devenu. Mon grand-père se rendait dans des sociétés de courtage pendant la Crise de 1929, pour s'amuser à regarder les actions évoluer sur le téléscripteur, bien qu'il n'en détienne aucune. Qu'aurait-il pensé d'un fils qui, lorsqu'il était président du Council of Economic Advisors, pouvait influencer les marchés par son simple discours ? Quelle fierté il aurait ressentie — et quelle bonheur aussi, envers ce que mon ami Aram appelle justement le plus grand miracle de l'existence de l'homme : l'Amérique.

Mon père était modeste à l'extrême. Chaque fois que je lui disais à quel point j'étais ébahi de ce qu'il avait fait de sa vie, il disait toujours que cela en disait plus long sur l'Amérique que sur lui-même. Il n'a jamais, tout le temps où je l'ai connu, suggéré la moindre manière de prendre des raccourcis, ni de faire quoi que ce soit qui fût le moins du monde sujet à caution. Aucune somme d'argent n'était en mesure de lui faire faire quelque chose en quoi il ne croyait pas. Je ne l'ai jamais entendu proférer de remarque raciste — ce que je peux affirmer aussi de ma mère et de ma sœur. Je n'ai jamais vu mon père proférer de remarque sexiste. Et je ne l'ai jamais vu ne serait-ce que regarder une autre femme en présence de ma mère.

Si jamais un collègue remettait en question l'approche de mon père relative à une question particulière, celui-ci s'interrogeait d'abord pour savoir s'il n'avait pas lui-même tort, plutôt que d'accuser son interlocuteur. Lorsqu'il n'était pas d'accord, il l'exprimait avec un minimum de force et un maximum de politesse. Je ne lui ai jamais demandé la moindre aide (il s'agissait généralement de statistiques obscures) qu'il ne m'ait fournie sans murmure, et souvent avec enthousiasme. Sa loyauté envers ses amis était absolue.

Mais tous ces exemples n'illustrent pas même qui mon père était. Il fallait le voir à la maison pour le savoir. Il fallait le voir laver la vaisselle joyeusement après le souper en chantant « Drink a Highball at Nightfall » à ma mère. Il fallait le voir tenir la main de ma mère pendant qu'ils regardaient *Jeopardy !* soir après soir. Après une soixantaine d'années ensemble, mes parents étaient fondamentalement la même personne. Le niveau de dévotion dont ils faisaient preuve l'un envers l'autre est presque inimaginable pour quelqu'un de ma génération.

Il fallait voir mon père faire des crêpes dans une poêle vieille de quarante ans que sa mère lui avait donnée, nourrissant ma mère, mon fils et moi-même, et expliquant comment était Washington avant la guerre, du temps des tramways. Il fallait le voir dans son appartement, confectionnant des amuse-gueule, faisant des observations avisées à propos des élections, racontant des blagues, chantant le répertoire de ses années de collège ou parlant de ses amis avec des larmes dans les yeux.

Richard Nixon, le président préféré de la famille Stein, commence ses mémoires en disant « Je suis né dans une maison que mon père a construite ». De maintes façons, j'habite encore la maison que mon père a construite. C'est une magnifique maison, remplie de livres, de pensées et d'amour, et je me sens très chanceux de l'occuper. Et j'espère la léguer à mon fils.

(D'après l'anthologie *In Real Life*, de Karl Zinsmeister, avec Karina Rollins, New Beginnings Press/Hay House, 2005)

Caroline Sutherland

N. J. Pelman

Caroline Sutherland, auteure de *The Body « Knows »*, possède une formation approfondie dans le domaine médical, en tant que technicienne spécialisée dans les tests d'allergies en médecine de l'environnement, à partir de laquelle son don d'intuition s'est développé. Elle a grandi dans une famille de médecins : sa mère était diététicienne, son père et son grand-père étaient médecins en chef. Quand elle était enfant, l'empreinte de sa lignée familiale a semé les fondements de sa carrière future comme personne ayant une intuition spéciale pour la médecine.

Au cours des vingt-trois dernières années, Caroline a fait des conférences au niveau international sur ce sujet, et ses impressions intuitives ont influencé de manière positive les vies de plus de 100 000 personnes. Elle est fondatrice de l'entreprise Sutherland Communications, Inc., qui offre des programmes de formation en médecine intuitive, des programmes pour la perte de poids, ainsi que des services de consultation aux adultes et aux enfants. Elle est, enfin, fréquemment invitée à participer à des émissions de radio ou de télévision.

Site Web : www.carolinesutherland.com

PERCER AU TRAVERS ET VOIR AU-DELÀ

Le don de la médecine intuitive m'est apparu assez soudainement au début des années 80, alors que je travaillais en tant qu'assistante médicale et technicienne spécialisée dans les tests d'allergies, pour un médecin en chef spécialisé en médecine de l'environnement. La médecine de l'environnement aborde le corps humain dans le cadre de son environnement — à savoir tout ce qu'une personne mange et respire, et tout ce avec quoi elle est en contact — et des effets que chacun de ces éléments ont sur le corps de cette personne. Voici le domaine fascinant dans lequel je me suis immergée.

Après avoir utilisé pendant environ un an du matériel de tests d'allergies hautement spécialisé, j'ai commencé à entendre une voix interne très distincte qui me guidait vers l'investigation de certaines parties du corps humain et l'examen de certaines substances — qui n'avaient pas été commandées dans les formulaires d'essais. J'ai fait part des informations que «j'entendais» au médecin pour lequel je travaillais. Heureusement, il était très ouvert d'esprit, et il a accepté d'évaluer leur validité. Au cours des mois suivants, nous en sommes arrivés à former une incroyable équipe — je devinais intuitivement chaque besoin des patients plus en profondeur que ce dont nous étions capables avec le matériel de tests, et il utilisait ses connaissances médicales à des fins d'évaluation et de traitement. En très peu de temps, les gens guérissaient, et la clinique comptait une liste d'attente d'une année.

Ce partenariat s'est poursuivi pendant quelques années, jusqu'à ce que j'aie l'instinct de quitter la clinique et d'ouvrir mon propre cabinet. J'ai commencé à créer des bandes magnétiques sonores pour les enfants et les adultes, pour lesquelles je suis maintenant assez connue. Après quelques années de travail à mon compte, j'ai été approchée par un médecin naturopathe qui me proposait de rejoindre sa clinique en tant que technicienne spécialisée dans les tests d'allergies. Il était au courant de mes capacités intuitives et a volontiers accepté mes impressions instinctives au sujet de ses patients. En un rien de temps, son cabinet a prospéré.

Mes capacités médicales intuitives sont très axées sur la nature *physique* du corps. Après presque deux décennies en médecine de l'environnement, je perçois le corps de ce point de vue. Pour venir en aide à quelqu'un, je n'ai pas besoin de me trouver en sa présence physique — en fait, tout ce que j'ai besoin de savoir est son nom et quelques faits le concernant, d'entendre sa voix ou de voir sa photo. Dès l'instant où je communique avec la personne recherchant mon aide, un flot de données me submerge. Ces informations sont très précises. J'ai l'intuition des aliments auxquels une personne est allergique ou sensible, je perçois les principaux systèmes susceptibles d'être compromis, j'observe l'état de son tractus intestinal ou de son système immunitaire, et je recherche les déséquilibres hormonaux ou les problèmes de poids. J'examine ensuite les causes sous-jacentes de ces problèmes, le moment où ils sont apparus, et ce qui peut les avoir précipités. Je fais aussi des suggestions relatives aux régimes alimentaires, aux suppléments ou aux herbes médicinales qui pourraient être bénéfiques et ainsi de suite.

D'autres informations utiles me sont aussi communiquées, telles que le délai de guérison d'un patient, sa compatibilité éventuelle ou son potentiel de guérison. Après une vingtaine d'années, j'ai eu le privilège de contribuer à l'évaluation et au traitement de plus de 60 000 personnes.

J'ai souvent pensé que mon orientation médicale particulière m'est apparue par l'intermédiaire de mon père médecin décédé. Il est mort alors que j'avais vingt-six ans, et nous n'avons jamais été très proches. Au cours des années, je pense qu'« à travers le voile », il a, de l'autre côté de ce monde, essayé de communiquer avec moi à un certain nombre de reprises. Toutefois, en raison de mes sentiments envers lui, j'ai repoussé cette relation. Des années plus tard, après beaucoup d'introspection et de travail méditatif approfondi, j'ai accepté la nature de notre relation au niveau du karma. Cela était nécessaire au développement de mon potentiel, et j'ai pardonné à mon père. À ce moment-là, j'ai été catapultée dans son monde — le monde de la médecine.

En 1983, je suis allée passer mon examen physique annuel. J'avais trente-huit ans. Je voyais un nouveau médecin, mais je n'avais aucune raison de penser que cet examen annuel serait différent d'un autre. Bien qu'il soit difficile de mettre le doigt sur le problème, je ne me sentais pas en pleine forme depuis quelques temps. J'avais des symptômes particuliers qui m'avaient inquiétée, tels qu'un engourdissement et des fourmillements dans les bras et les mains, de courtes pertes de conscience, des pertes de mémoire, des périodes de dépression et des états fréquents de peur et d'anxiété.

Alors que j'étais couchée sur la table d'examen, j'ai décidé d'en avoir le cœur net et de raconter à ce médecin tout ce que j'avais ressenti. Après avoir décrit mes symptômes préoccupants, j'ai exprimé au médecin mon plus grand sujet d'inquiétude : je m'étais cognée à des objets, et je semblais perdre l'équilibre ou mon sens de la perception.

Après avoir raconté cette histoire bizarre, je m'attendais au regard entendu et condescendant que j'avais expérimenté de la part d'autres médecins au fil des ans. Mais, surprise ! *Ce* médecin-là a réagi avec intérêt et compassion, et a semblé avoir une compréhension immédiate du problème. Après m'avoir examinée avec soin, elle a dit qu'elle soupçonnait que des allergies à certains aliments et une sensibilité aux levures étaient à incriminer.

Elle a suggéré qu'un allergologue particulier — un spécialiste en médecine de l'environnement — pourrait m'aider. Elle m'a ensuite référée à l'un des ses collègues médecins spécialisé dans le traitement des allergies alimentaires, le syndrome de la levure *candida*, et les maladies liées à l'environnement. Cela valait la peine d'approfondir la question. En repensant à ce jour, maintenant, je remercie ce médecin avant-gardiste qui a changé le cours de ma vie.

C'est en me sentant bouffie et déprimée que je me suis rendue à la clinique de médecine de l'environnement. Comment ce médecin, pensais-je avec scepticisme, pouvait-il avoir réponse à un tel ensemble de problèmes ?

Le jour suivant, lors de plusieurs heures de tests, j'en ai appris davantage sur les effets des aliments et des produits chimiques sur le corps. Le type d'examen auquel j'ai été soumise se nomme test intradermique, et implique l'injection, sous la peau, d'une quantité concentrée de chaque allergène ou substance, à intervalles de dix minutes. La fréquence du pouls du patient est mesurée, ses réactions sont notées, et les papules œdémateuses ou bosses apparaissant au niveau de l'emplacement de l'injection sont analysées.

Dans mon cas, le lait me provoquait des crampes d'estomac, un écoulement post-nasal, ainsi qu'une toux sèche — apparemment, la « saine » salade au fromage cottage que je mangeais chaque jour au dîner ne me faisait aucun bien. Le blé provoquait chez moi un sentiment de désorientation et d'épuisement ; j'arrivais à peine à garder les yeux ouverts au cours du test.

Les tests se sont enchaînés. Les oranges me causaient une céphalée carabinée due à la sinusite ainsi que des tempes palpitantes. Qu'allais-je devenir sans mon jus d'orange matinal ? J'ai ressenti de la fatigue, de la douleur dans les mains et une augmentation de mon pouls lorsque j'ai été exposée au poulet. Les pommes de terre ont provoqué chez moi de la fatigue et de la douleur dans les poignets, les mains et les genoux. Un à un, les aliments de base étaient rayés de ma liste — qu'allais-je pouvoir manger ? Le café a déclenché de l'épuisement ; je savais que la caféine m'excitait, mais c'était le grain lui-même qui me fatiguait. Le maïs me donnait mal à la tête et à l'estomac ainsi que le sentiment de planer.

J'ai ensuite subi des tests pour les inhalants ordinaires — ce que nous respirons dans notre environnement. Là encore, les résultats ont été très révélateurs. Le chlore me causait de la fatigue et des tempes palpitantes — même l'eau du robinet devait être éliminée! Le formaldéhyde, qui imprègne les fibres synthétiques, générait à nouveau un mal de tête et un sentiment de confusion, ainsi qu'un épuisement et une augmentation de la fréquence de mon pouls. Cette association était importante pour moi, car je me sentais toujours fatiguée et avec un léger mal de tête lorsque je visitais les magasins de vêtements en vue de ma rubrique de mode hebdomadaire.

À ce moment-là, c'était mon style de vie et ma carrière même qui étaient remis en question. Il m'était difficile d'accepter toutes ces informations d'un coup. C'est alors que j'ai été soumise à un test supplémentaire, se rapportant à un extrait de levure appelée *candida albicans*. Cette expérience a duré trente minutes.

Au bout de dix minutes, j'ai commencé à avoir une toux sèche et à ressentir cette vieille sensation de panique et d'anxiété au niveau de la poitrine. Quelques minutes plus tard, j'ai commencé à déprimer. Puis, mon cou et mes épaules se sont raidis, et le sentiment d'engourdissement et de fourmillement dans mes bras et mes mains est devenu intense. Enfin, tout ce que j'avais besoin de savoir m'était révélé en noir et blanc. J'ai presque crié de soulagement qu'il y ait enfin une réponse. Ces réactions indiquaient que mon régime alimentaire «sain» et la levure *candida* étaient à la source de mes symptômes physiques.

Au bout de trois semaines de la prise d'une substance particulière visant à mettre un terme à la levure *candida* et de modifications nécessaires à mon régime alimentaire, j'ai commencé à me sentir mieux. La douleur dans mon cou et mes épaules, ainsi que le sentiment de fourmillement dans mes bras, avaient diminué. Je me suis conformée très étroitement à mes nouvelles restrictions alimentaires pendant plusieurs mois

— ce qui n'était pas un mince exploit, et ajoutait un stress considérable à mon style de vie actif, en tant que mère et chroniqueuse dans un journal.

Mais mon énergie est revenue. Je n'étais plus fatiguée ou éreintée, et le grand bonus était que je pouvais manger autant que je le désirais, du moment que je me tenais à distance des *aliments déclencheurs*. Et, j'ai perdu du poids ! La plupart du temps, j'avais l'impression d'avoir vingt et un ans. Ma peau s'est assainie, mon cerveau et ma mémoire ont retrouvé leur clarté normale. Mon tempérament et mon attitude envers la vie se traduisaient par une anticipation joyeuse. Et c'est ainsi que nous devrions tous nous sentir !

Tous mes symptômes avaient disparu, pour ne jamais revenir. J'étais pleine de vitalité et je me suis engagée intérieurement à prendre une autre direction. Je n'ai pas eu longtemps à attendre.

Après plusieurs mois comme patiente de cet allergologue, celui-ci m'a demandé de me joindre à sa clinique. Il s'est rendu compte que je possédais de bonnes qualités de communication, que je correspondais à son nouveau programme, que je possédais une formation médicale et que j'étais profondément intéressée par tout ce qui touchait à la médecine de l'environnement — il m'a ainsi demandé de me former afin de devenir son assistante et sa technicienne spécialisée dans les tests d'allergies. J'étais ravie.

J'ai donc suivi un programme intense d'immersion totale étalé sur une année, qui impliquait de nombreuses heures d'étude, de formation et de participation à des séminaires. J'étais submergée de bonheur — j'avais trouvé ma raison d'être.

Un matin, je suis arrivée à la clinique de bonne heure. Alors que je travaillais tranquillement à mon bureau, j'ai remarqué une vive lumière se former sur le mur du fond de la salle de tests. Alors que la lumière se faisait plus forte, j'ai ressenti une chaleur intense dans mon corps. Soudain, au centre de cette lumière blanche et aveuglante qui s'était agrandie, la silhouette raréfiée d'un personnage est apparue — une présence, un être radiant, un messager... un ange.

Je fixais cette présence, stupéfaite, alors qu'elle me parlait, non pas avec des mots que je pouvais entendre à voix haute, mais que je pouvais entendre *à l'intérieur* de moi : «Voici ton ange. Voudrais-tu te charger de mon travail?», ai-je entendu. L'effet de cette présence semblait me transpercer jusqu'au plus profond de mon être. Je restais assise, le regard fixe, émerveillée. Je n'avais pas peur. C'était comme si j'avais rencontré cette présence auparavant, et qu'elle avait voyagé avec moi au cours de ma vie. Sans proférer le moindre mot, j'ai accepté de me charger du «travail» quel qu'il soit — et en un instant, la vision a disparu.

Je ne pouvais pas croire ce qui était arrivé. Le temps s'était arrêté — et ce qui semblait une éternité n'était qu'un clin d'œil. Je voulais me pincer pour m'assurer que ce que j'avais vu était réel. J'étais dans un état d'euphorie et je planais dans mon bureau comme une marionnette au bout d'un fil. J'allais sans but, totalement transportée, remplie de la présence de l'amour et d'un savoir intérieur. Ce jour-là m'a donné l'occasion de ressentir le sens profond de la vie à tous les niveaux, et de comprendre pourquoi nous sommes sur cette Terre.

Dès que les patients sont arrivés à la clinique ce jour-là, je pouvais voir les auras ou les champs électromagnétiques qui les entouraient. Et il me semblait que je savais, à un niveau plus profond, pourquoi ils venaient à la clinique, ce qu'ils avaient à me dire, et ce que j'avais à partager avec eux. C'était une expérience puissante et irrésistible, à laquelle je n'étais pas pleinement préparée, et elle ouvrait la voie à une infusion de dons de l'esprit, qui devait m'être conférée.

À compter de ce jour-là, tout ce que j'avais à faire, c'était de voir le nom d'un patient sur le tableau, et je recevais immédiatement un flot d'informations relatives à son traitement — quels composés utiliser, par où commencer chaque traitement précisément ou toute autre information qu'il était important de connaître. Heureusement, j'avais développé un rapport confortable avec le médecin, et, dès que je l'ai pu, je lui ai fait part des informations qui m'étaient données. Je lui serai toujours reconnaissante de son ouverture d'esprit, du fait qu'il m'ait permis de communiquer toutes les impressions que je ressentais à propos de ses patients, et qu'il ait accepté d'incorporer ces connaissances dans sa pratique.

Cela m'a pris un certain temps pour méditer sur l'importance de cette expérience que j'avais vécue dans mon bureau. Quelle était la signification de « Voudrais-tu te charger de mon travail ? » J'ai d'abord pensé que j'étais chargée d'un travail particulier ; ou alors se pouvait-il que le travail que je devais accomplir soit sur *moi-même* ?

Je me suis immédiatement efforcée de devenir une présence plus aimante dans ma propre vie. Il s'agissait d'un concept transformationnel, et je suis devenue instantanément consciente et présente dans la moindre interaction, le moindre moment de la journée. Je savais que tous les patients de la clinique attesteraient cet engagement. Ils pouvaient être frustrés, irritables, fatigués et désespérés, et je devais voir au-delà de leur comportement extérieur et reconnaître leurs âmes précieuses voyageant sur le même chemin que moi. Mon rôle était d'être présente et aimante et de les visualiser en santé et bien dans leur peau.

À partir du point tournant de ce matin-là, les choses se sont enchaînées à la clinique. Nous avons été en mesure de contourner certains des traitements lents et laborieux et de simplifier nos approches, car le médecin lui-même devenait plus intuitif. Nous avions l'habitude de nous rencontrer pendant quelques heures les fins de semaine pour mettre au point, de manière intuitive, des protocoles et de nouvelles techniques. Quelle équipe nous formions !

Il s'agissait d'un travail extrêmement satisfaisant et c'était une époque formidable. Mais je m'épuisais également. La clinique ouvrait tôt et nous recevions un nombre infini de personnes tous les jours, mois après mois, sans l'ombre d'un répit. Des sentiments intuitifs me suggéraient qu'il serait bientôt temps de quitter la clinique, ce qui m'attristait, mais j'avais conscience que c'était nécessaire.

L'étape suivante m'a été révélée au cours d'un rêve puissant, peu après que j'eus quitté la clinique. Au cours des trois années précédentes, parallèlement à toutes mes autres activités, j'avais étudié la thérapie de relaxation. Et Dieu sait si j'avais besoin de relaxer ! J'ai alors découvert que j'avais un talent pour créer des bandes magnétiques audio individuelles, à imagerie mentale dirigée, pour aider les adultes et les enfants à relaxer, à mieux dormir et à avoir une vision plus positive de la vie. Un matin, je me suis ainsi réveillée à la suite d'un rêve très graphique qui me montrait un ensemble complet de bandes audio destinées à aider les enfants à être positifs et à se sentir aimés — ce qui constitue le fondement d'une bonne santé ! Ce rêve me montrait aussi que ces bandes audio pouvaient être associées à une poupée câline à l'apparence d'ange. Le temps était enfin venu de comprendre la signification de « Voudrais-tu te charger de mon travail ? »

J'ai ouvert un petit cabinet, et de nombreuses personnes m'ont demandé des bandes audio personnalisées, créées selon leurs propres besoins. De nombreux clients étaient des enfants qui étaient affectés par divers malaises et préoccupations tels que des blessures à la tête, des brûlures, des amputations, des divorces, des abus, de l'insomnie ainsi que des effets consécutifs à des traitements contre le cancer. C'était toujours un plaisir de créer ces bandes audio pour ces enfants, et je sentais que les mots que j'y mettais étaient inspirés spirituellement. Je les ai appelées les bandes audio *Sleep Talking*[MD].

Après quelques années de travail à mon compte, j'ai rencontré un médecin naturopathe qui avait entendu parler de mes capacités intuitives. Il m'a invitée à me joindre à son cabinet en tant que technicienne spécialisée dans les tests d'allergies et à fait bon accueil à mes suggestions. Le temps où j'étais dans cette clinique, j'ai eu l'occasion de voir certaines des modalités de traitements éclectiques offerts par les médecins naturopathes, et de constater les avantages des vitamines injectables et intraveineuses. Nous voyions souvent des patients affectés de maladies chroniques — syndrome de fatigue chronique, cancer ou autres maladies graves — à qui ces injections faisaient un bien énorme.

En fin de compte, je me suis sentie contrainte de forger mon propre chemin, en m'axant sur mes capacités de médecine intuitive. Au début, j'ai résisté, pensant que cette pratique n'était appropriée que dans un environnement médical professionnel. Mais je ne pouvais jamais résister au désir d'apporter mon aide à ceux qui en avaient besoin : je griffonnais des programmes à l'intention de certains sur des serviettes de restaurant ou bien je faisais une suggestion en passant lorsque nécessaire. J'ai simplement évolué — et des personnes du monde entier ont commencé à communiquer avec moi.

Selon moi, la médecine intuitive est une capacité très simple, naturelle et directe, que tout le monde peut acquérir. J'ai tendance à toujours percevoir le corps humain dans un état de bien-être. Je ne m'attarde pas sur les éléments négatifs et déséquilibrés ; je me concentre plutôt sur ce qui peut contribuer à rétablir la situation.

En somme, je conçois mon travail comme une introduction sur la voie de la guérison.

(D'après *The Body « Knows »*, Hay House, 2001)

Alberto Villoldo, Ph.D.

© Christine Paul

Alberto Villoldo, Ph.D., auteur de *Chaman des temps modernes*, de *L'âme retrouvée*, et de *Les quatre révélations*, est psychologue et anthropologue médical, et se rattache à une longue lignée de gardiens de la terre de l'Amazonie et des Andes. Il a étudié les pratiques de guérison des chamans des Andes et de l'Amazonie pendant plus de vingt-cinq ans.

M. Villoldo dirige la Four Winds Society, où il enseigne la pratique de recouvrement de l'âme à des personnes du monde entier. Il possède des centres de formation en Nouvelle-Angleterre, en Californie, au Royaume-Uni, aux Pays-Bas, et à Park City, en Utah.

Avide skieur, randonneur et alpiniste, il dirige des expéditions annuelles en Amazonie et dans les Andes, pour collaborer avec les maîtres de sagesse des Amériques.

Site Web : www.thefourwinds.com

LA JOIE DE VIVRE

L'*âme* est le terme le plus approprié pour désigner cette partie de nous-même qui semble précéder notre entrée dans ce monde et qui dure encore au-delà de notre vie. Pour guérir mon âme, je dois explorer les eaux les plus profondes de ma psyché, au-delà de mon univers familier. Pour retrouver mon âme, je ne dissèque ni ne nie ses parties perdues — au contraire, je les reconnais et les guéris, et je les réintègre dans l'intégralité de mon être.

~

Voici l'histoire de ma propre vie, qui vous donnera un aperçu de la portée du recouvrement de l'âme :

Je suis né à Cuba et, lorsque j'avais dix ans, le pays a connu une révolution. La guerre a éclaté, et personne ne savait qui était l'ennemi, étant donné que tout le monde parlait la même langue et s'habillait de la même façon. Un jour, mon père ma donné son pistolet Colt de la U.S. Army, de calibre .45. Il m'a montré comment l'utiliser, me demandant de m'asseoir devant la porte d'entrée de notre maison et m'expliquant : « Quand je serai parti, tu seras l'homme de la maison, et tu devras protéger ta mère, ta sœur et ta grand-mère. Si quelqu'un essaie d'entrer par effraction, tire à travers la porte ! »

resté assis près de la porte pendant plusieurs
coutant les coups de feu éclater à quelques pâtés de
là, jusqu'à ce que trois miliciens arrivent enfin chez
d'abord frappé à la porte, et lorsque personne n'a
ont tenté de la défoncer. Je me suis demandé : *Est-
à travers la porte ou est-ce que j'attends qu'ils entrent ?*
ait ce qu'un garçon de dix ans ferait : j'ai posé le
suis allé à la fenêtre. L'un des hommes à échangé
avec moi à travers la vitre, a vu un petit garçon
a dit aux autres : « Venez, il n'y a personne ici.

-là, j'ai perdu mon enfance. J'ai grandi très vite pen-
elques semaines, assis auprès de la mort, devant la
oublié comment être simplement un enfant, et je
u un petit homme sérieux. Et j'ai développé une
étrangers — je faisais des cauchemars récurrents à
personnes défonçant la porte de notre maison et
de tous ceux que j'aimais.
u processus du voyage — un état unique de cons-
uel on accède par l'intermédiaire de méditations
d'exercices de respiration — j'ai été en mesure de
n arrière et de rendre visite au petit garçon qui avait
ort à l'âge de dix ans. J'ai retrouvé le petit Alberto
dit que tout irait bien, que je prendrais soin de lui,
serait plus accablé par le souci de la survie de sa

, au début de la trentaine, j'ai renoué avec ma
sonne de dix ans, j'ai retrouvé mon enfance. J'ai été
d'abandonner mon sérieux permanent et ma
envers les autres, et j'ai cessé de tout percevoir
e question de vie ou de mort. J'ai cessé d'être en
urvie et j'ai commencé à connaître la joie de vivre.

(D'après *L'âme retrouvée*, Éditions AdA, 2006)

Doreen Virtue, Ph.D.

www.photographybycheryl.com

Doreen Virtue, Ph.D., est une métaphysicienne et une clairvoyante en psychologie de quatrième génération, qui travaille dans les domaines des anges, des éléments et des maîtres de l'élévation. Doreen est l'auteure de nombreux livres et produits à succès, parmi lesquels les succès de librairie internationaux *La voix des artisans de lumière* et *Oracles des anges : guidance au quotidien*. Elle a été vue à *Oprah*, sur CNN, à *Good Morning America*, et lue dans des journaux et magazines du monde entier.

Doreen enseigne les préceptes de ses livres et organise fréquemment des conférences publiques sur les anges.

Site Web : www.angeltherapy.com

COMMENT J'AI RENOUÉ AVEC MA FLAMME JUMELLE

Je suis ébahie de ne pas avoir remarqué les fées avant d'avoir atteint l'âge adulte. Quand je repense à mon enfance, je me souviens clairement d'avoir vu des personnes décédées, ainsi que de constater l'évidence de leur ange gardien. Je me souviens quand ma famille a déménagé (j'avais alors deux ans) pour notre maison de l'avenue Craner, à North Hollywood (dans la vallée de San Fernando, à Los Angeles). C'est alors que j'ai eu mes premières expériences d'état « médiumnique » bien que je n'en étais pas consciente à l'époque.

Tout ce que je sais, c'est que je « voyais » des gens, opaques et ayant l'air bien vivants — que les autres ne voyaient pas. Un soir, par exemple, j'ai appelé ma mère dans ma chambre et je lui ai dit que « des gens » n'arrêtaient pas de me regarder. Je voyais des adultes, mais je ne reconnaissais pas en eux de parents décédés. C'était de complets étrangers, et je pouvais les voir aussi clairement que je voyais ma mère. Elle-même ne les voyait pourtant pas, et elle me dit que, étant donné que mon père et elle-même avaient été en train de regarder la télévision dans la salle de séjour, les personnes que j'avais vues devaient être des images de la télévision qui se reflétaient sur la fenêtre de ma chambre. Mais ça n'avait aucun sens. Les personnes qui apparaissaient à la télévision se déplaçaient et parlaient. Les personnes que je voyais se contentaient de rester là et de me fixer des yeux.

J'avais de très bons amis parmi les autres enfants de l'avenue Craner : David, Jody, Colleen, et je jouais avec eux tous les jours. Je passais aussi beaucoup de temps en compagnie de ma meilleure amie, Stéphanie, dont les parents géraient l'immeuble d'appartements au bout de notre impasse. Son voisin d'en haut, Steven, était l'un des garçons les plus mignons que j'avais jamais vu. Dès l'âge de cinq ans, j'avais désespérément le béguin pour lui, mais il n'avait jamais l'air de me remarquer, étant donné que j'avais dix ans de moins que lui. J'en étais ainsi réduite à observer Steven de loin, et à dire à Stéphanie combien j'aimerais qu'il me remarque.

Je n'ai discuté que quelques fois avec Steven. Une fois, il a organisé un spectacle impromptu dans le quartier, au cours duquel il nous a montré ses talents de ventriloque avec sa poupée Jenny Mahoney. J'étais assise, clouée sur place, parmi le public d'enfants, dans le garage d'un voisin, regardant Steven parler à sa poupée. Après, je lui ai posé une multitude de questions sur les mécanismes de projection de la voix, et sur les mouvements de la bouche et des yeux de la poupée. Je l'admirais tant — c'était mon premier coup de foudre !

De nombreuses années plus tard, alors que j'étais pleinement adulte et à nouveau célibataire, j'ai eu l'une de mes « conversations » avec les fées célestes. Je leur ai dit : *Je suis vraiment heureuse et si reconnaissante de tout ce que j'ai. Lorsque j'aurai trouvé l'âme sœur, j'aurai la vie dont je rêve.*

« *Nous t'aiderons dans cette quête, Doreen*, répondirent les fées. *Tu rencontreras bientôt l'âme sœur. Nous le promettons.* »

Oui, je sens que c'est vrai. Il fera bientôt partie de ma vie, ai-je acquiescé, sans pouvoir cependant m'empêcher de revivre toute une existence de souffrances non exprimées. Je repensais à Steven, le gentil garçon de l'avenue Craner pour lequel j'avais eu un si gros coup de foudre et qui ne m'avait jamais remarquée. J'avais, en mémoire, une image figée de lui, qui symbolisait mon amour unilatéral : c'était un souvenir de lui, debout sur un monticule herbeux, à côté de la piscine de son immeuble. Il portait un short coupé et il était pieds nus. Il n'avait aucune idée, je suppose, que je l'observais à ce moment-là, car il regardait au loin. Steven semblait perdu dans son propre monde.

Peu de temps après, je suis entrée dans la salle de réception d'un studio de yoga de Laguna Beach pour suivre un cours, et plusieurs de mes amis m'y ont accueillie. Alors que je marchais aux côtés de Sue, une de mes amies psychothérapeute, j'ai entendu un homme derrière elle dire «Salut, Doreen!» J'ai levé la tête et j'ai regardé l'homme qui s'adressait à moi. «C'est moi, Steven Farmer. Tu te souviens de moi?»

Bien sûr que je me souvenais de lui. Je l'avais rencontré pour la première fois environ un an auparavant et j'avais exprimé de l'intérêt pour lui, sans sembler en recevoir en retour. Pendant un an, j'avais pensé à lui, mais chaque fois que je demandais des nouvelles de lui à Johnna, notre connaissance commune, je me sentais rejetée. On aurait dit que Johnna l'invitait à sortir en mon nom, et qu'il me rejetait en refusant, aussi je me suis contentée de lui sourire et j'ai poursuivi ma conversation avec Sue. Pendant le cours, je n'ai pas jeté de coup d'œil dans sa direction, étant donné que j'avais rayé son nom des mois plus tôt comme «désintéressé de moi de façon chronique».

Le cours de yoga était merveilleux et j'en suis sortie dans un état d'euphorie. Deux jours plus tard, je suis passée au studio de yoga pour déposer des jeux de mes cartes oracles *Guérir avec les anges*, que Johnna vendait dans son magasin. La fille de Steven, Nicole, qui travaillait derrière le comptoir, m'a fait un grand sourire et m'a serrée dans ses bras. Nicole et moi avions fait connaissance au cours de l'année précédente et je l'aimais bien.

Elle semblait avoir les mêmes idées que moi sur de nombreuses questions existentielles, y compris sur la fréquentation des hommes et sur les hommes eux-mêmes. Alors que je m'apprêtais à partir, Nicole a fait un commentaire : «Mon père a dit quelque chose au sujet de vous après le cours de yoga, la semaine dernière.»

Je me suis arrêtée et je me suis retournée vers elle. Nicole était incroyablement mignonne, avec sa peau de porcelaine délicate, des yeux bleus de bébé, et des cheveux naturellement blonds. Elle avait tout à fait l'air d'une fée incarnée, belle et opalescente. Je pouvais même voir ses ailes de libellule translucides battre derrière ses omoplates.

Nicole a poursuivi : «Mon père a dit : *Je n'avais jamais réalisé que Doreen était si séduisante.*»

J'ai regardé Nicole et j'ai été submergée d'une grande vague de bonheur. J'ai écrit, sur un bout de papier que je lui ai donné, mes numéros de téléphone à la maison et sur mon cellulaire. «Alors, demande à ton père de m'appeler et de m'inviter à sortir», ai-je dit avec un sourire.

— Je le ferai, a-t-elle répondu.

Je ne me suis pas trop efforcée de penser à Steven Farmer, étant donné que je n'avais pas eu de nouvelles de lui et que je ne l'avais pas vu de toute l'année. D'autre part, j'étais occupée à créer un nouveau paquet de cartes oracles, appelées *Guérir avec l'aide des fées*. Les fées s'efforçaient de m'enseigner les mots qui devaient figurer dans le guide accompagnant les cartes.

Aussi, lorsque Steven m'a laissé un message sur ma boîte vocale quelques jours plus tard, j'étais vraiment surprise — et agréablement. Il me demandait de le rejoindre pour un déjeuner du dimanche, un brunch ou un café en milieu de matinée, suivi d'une promenade sur la plage. C'était à moi de choisir. Je savais toutefois que je serais trop nerveuse pour manger, et je ne bois pas non plus de café, aussi l'ai-je rappelé pour fixer un rendez-vous autour d'une bouteille d'eau, suivi d'une promenade sur la plage.

Je me suis réveillée le dimanche aussi anxieuse qu'une écolière face à son premier rendez-vous. J'étais si nerveuse que je suis arrivée dix minutes en retard au rendez-vous que nous nous étions fixé au Dietrich's Coffee, sur Pacific Coast Highway. D'abord, il fallait que je décide quoi porter. Par la prière, je me suis sentie guidée vers une jupe en denim et un débardeur beige, un maillot de bain en dessous, au cas où nous déciderions d'aller nous baigner. Ensuite, j'ai dû affronter la circulation du dimanche matin. Enfin, le seul stationnement que j'ai pu trouver était à trois pâtés de maisons du Dietrich's.

Lorsque je suis entrée dans le café, j'étais à bout de nerfs. J'ai respiré profondément pour me recentrer, cherchant Steven du regard. Il n'était pas dans le café, aussi me suis-je rendue à l'extérieur. Je m'inquiétais : « Et si je ne me souvenais pas de quoi il a l'air ? » Après tout, je ne l'avais pas vraiment regardé de près pendant près d'un an.

Mais mes craintes n'étaient pas fondées. Lorsque je suis sortie sur le patio de Dietrich's, un homme a crié « Doreen ! » Assis là, un homme incroyablement beau aux cheveux poivre et sel me faisait signe de la main. Était-ce Steven ? Il portait un t-shirt « Laguna Yoga » et s'est levé pour m'embrasser. Je me sentais à la fois rassurée et troublée.

Steven m'a demandé si je désirais boire ou manger quelque chose avant que nous allions nous promener sur la plage. J'ai refusé, car j'avais la gorge serrée d'anticipation, et je ne savais pas si je serais en mesure de manger ou de boire. J'ai appris que chaque signe astrologique possède un « talon d'Achille » quelque part dans le corps et, en tant que Taureau, le mien se situe au niveau de la gorge. Cette partie de mon corps révèle mes émotions inexprimées et, bien que je ne sois presque jamais malade, je perds ma voix de temps en temps. À ce moment précis, debout aux côtés du fantastique Steven Farmer, je me sentais calme et contente.

Nous avons traversé la rue jusqu'à Main Beach et nous avons marché vers le sud, à côté du ressac. Steven a commencé à parler de lui : il détenait une maîtrise en psychologie du counseling.

« Moi aussi ! ai-je dit. Où as-tu obtenu ton diplôme ?

— À Chapman University.

— Moi aussi ! ai-je ajouté. »

Steven m'a révélé qu'il avait écrit plusieurs livres sur le mauvais traitement des enfants, y compris le succès de librairie *Adult Children of Abusive Parents*. Je lui ai expliqué que ma spécialité clinique était les troubles de l'alimentation, en particulier en ce qui a trait aux personnes avec une histoire de mauvais traitement pendant leur enfance. Mon mémoire de thèse établissait le lien entre le mauvais traitement des enfants et les troubles de l'alimentation, et avait débouché sur mon premier livre publié chez Hay House : *Losing Your Pounds of Pain (Libérez vos kilos de souffrance)*. Nous avons aussi découvert que nous avions deux éditeurs en commun : CompCare et Lowell House.

Il m'a demandé quels livres j'étais actuellement en train d'écrire. Je lui ai répondu que j'étais en cours d'écriture de deux livres — l'un portant sur des travaux liés au nouvel âge, et l'autre destiné à un plus large public : *Aimer et prendre soin des enfants indigo*.

Steven serait-il effrayé si je lui disais que j'écrivais un livre intitulé *Guérir avec l'aide des fées* ? Je décidais de lui dire la vérité. Après tout, je recherchais un homme qui accepterait mes aspirations spirituelles.

« Tu crois aux fées ? », demanda-t-il.

Ouille, pensai-je, *il me juge*.

Steven poursuivit : « Je viens de participer à un atelier sur les devas et les fées celtes, vendredi dernier. Je trouve ça vraiment bien que tu écrives à leur sujet. »

Yaouh !

Steven m'a ensuite parlé de ses études en chamanisme. Sa croyance en la vie après la mort reflétait et complétait tant la mienne que je me sentais planer. « Quel est ton signe ? me demanda-t-il.

— Je suis Taureau.

— Oh, ma chérie ! s'exclama-t-il, mettant son bras musclé sur mes épaules. On m'a toujours dit que je rencontrerais une Taureau.

— De quel signe es-tu ?

— Je suis Capricorne. » J'étais sous le choc. Tous les astrologues et les livres d'astrologie m'avaient recommandé de rencontrer un Capricorne. Leurs conseils m'avaient toujours frustrée, car je n'avais jamais ressenti d'attirance chimique pour un Capricorne. Mais j'étais totalement attirée par Steven, et plus il parlait, plus je me sentais fondre en réponse à ses mots.

«Il me semble que Johnna m'a dit que tu étais Cancer, fis-je remarquer, alors que nous nous asseyions sur un gros rocher de granit à côté du Surf and Sand Hotel.

— Non, je suis Capricorne ascendant Taureau, déclara-t-il.

— Incroyable, répondis-je. Je suis Taureau ascendant Capricorne.» Nous avons marché dans un silence confortable pendant quelques temps, et nous avons continué à échanger des informations personnelles. Steven m'expliqua que ses deux filles, Nicole, vingt ans, et Catherine, dix-huit ans, vivaient avec lui depuis les quelques dernières années. La relation qu'il entretenait avec elles me rappelait ma propre expérience avec mes fils, Chuck, vingt-deux ans, et Grant, vingt ans. Je m'étais liée d'amitié avec la fille de Steven, Nicole, au cours de l'année passée, et mes fils l'avaient rencontrée et l'aimaient bien aussi. Steven et moi paraissions avoir tellement en commun !

Mais j'étais toujours préoccupée par une question tenace, à savoir pourquoi il avait fallu à Steven un an pour me demander de sortir avec lui. Tout s'est cependant clarifié lorsqu'il m'a raconté les bouleversements de sa vie au cours des douze derniers mois : ses deux frères s'étaient éteints à un mois d'intervalle, juste après notre rencontre au cours de yoga. Puis, quelques mois plus tard, il avait dû fermer un commerce de détail qu'il exploitait depuis plusieurs années. «Je ne me sentais pas, au plan émotionnel, prêt pour une relation jusqu'à récemment», expliqua-t-il.

Nous sommes retournés vers la plage devant Heisler Park et nous avons trouvé un endroit invitant où nous reposer. Le soleil était chaud et rayonnant, et les vagues étaient si invitantes. «Tu veux aller nager ? ai-je demandé à Steven.

— D'accord, a-t-il dit.»

Nous avons sauté et joué dans les vagues comme deux enfants, côte à côte. Je me sentais trop timide pour toucher Steven, et il se tenait aussi à distance de moi. Mais à l'intérieur de moi, mon cœur s'ouvrait à lui d'une manière nouvelle et merveilleuse.

Steven et moi sommes retournés sur notre coin de sable pour nous sécher sous le chaud soleil de l'après-midi. Il a ouvert son *sac-banane* et en a tiré des papiers. «Je veux te lire quelque chose », a-t-il dit. Steven se mit alors à me lire de merveilleuses poésies ! Sa voix était forte et expressive, et il s'arrêtait de temps en temps pour me regarder dans les yeux avant de poursuivre sa récitation.

Lorsque nous nous sommes quittés plus tard ce jour-là, nous nous sommes serrés fort. Le jour suivant, je me suis rendue à Los Angeles pour rencontrer des producteurs de télévision qui étaient intéressés par la création d'une émission de télévision dont je serais l'hôtesse. Mes fils m'ont accompagnée, et nous avons passé un bon moment à discuter de projets de programmes avec les producteurs. Nous sommes retournés dans le comté d'Orange avec une impression positive de cette réunion.

Je suis rentrée dans mon immeuble et j'ai écouté ma boîte vocale. « Je ne sais pas si tu as eu l'occasion de consulter tes courriels, disait une voix de basse, mais je me demandais si tu voudrais aller au cinéma avec moi ce soir. » C'était Steven, qui m'invitait à sortir ! Quelle manière parfaite de clore une magnifique journée.

C'est par cette belle soirée que nous nous sommes rendus en voiture décapotable à un cinéma de Aliso Viejo. Nous allions voir *Presque célèbre*, un film à propos de rock and roll que j'avais envie de voir.

Je me suis rendu compte que, bien que je sois au courant des travaux de Steven en tant que psychothérapeute et auteur spirituel, je ne savais pas grand-chose de sa jeunesse.

« Où es-tu né et où as-tu grandi ? demandai-je.

— Je suis né à Cedar Rapids, dans l'Iowa, en 1948. »

Steven avait dix ans de plus que moi. *Parfait*, pensai-je. J'étais attirée par les hommes de cette catégorie d'âge.

« Puis, en 1960, ma famille a déménagé à North Hollywood, en Californie, poursuivit-il.

— Tu plaisantes ! dis-je. En 1960, ma famille a elle aussi déménagé à North Hollywood !

— Incroyable ! dit-il. Où habitiez-vous exactement ?

— Près de Victory et de Vineland, répondis-je.

— *Hum* ! c'est dans le secteur où nous habitions !

— J'habitais dans une petite impasse appelée avenue Craner, poursuivis-je.

Steven me regarda et s'exclama avec stupeur :

— Attends une minute ! Ma famille habitait aussi avenue Craner ! »

Mon esprit s'est emballé et mon cœur a fait un bon quand j'ai réalisé qui il était. « C'est toi ! C'est toi ! hurlai-je presque.

— Quoi ?

— C'est toi qui habitais au bout du pâté de maisons dans les appartements de l'avenue Craner ! Tu es Steven, le garçon pour qui j'ai eu mon premier coup de foudre ! Je te dévisageais, mais tu ne semblais jamais me remarquer — sans doute parce que j'étais beaucoup plus jeune que toi. »

Comme je n'avais pas vu Steven depuis plus de trente ans, je n'avais pas soupçonné, jusqu'à présent, qu'il puisse s'agir du garçon qui habitait à côté de chez moi lorsque j'étais enfant.

Heureusement, nous venions de pénétrer sur le stationnement du théâtre, car je doute que Steven ou moi-même ayons été en mesure de conduire davantage de manière cohérente. Nous étions tous les deux sous le choc.

« Tu es sûre ? » demanda-t-il.

J'ai alors décrit des détails de l'avenue Craner qui la distinguaient des autres rues. Nous avons comparé nos souvenirs au sujet de nos voisins, parmi lesquels figuraient l'imprésario de Jay North (aussi connu sous le nom de *Denis la malice*) et un homme qui collectionnait des automobiles de course à démarrage rapide. Il était clair que nous parlions de la même rue, et de la même époque.

J'étais unie à mon tout premier coup de foudre ! C'était si romantique que j'ai connu un coup de foudre pour le même homme — deux fois au cours de ma vie ! Pendant le film, nous étions tous deux dans le brouillard. Nous n'avons même pas touché à notre maïs soufflé, mais nous sommes demeurés très proches l'un de l'autre pendant la totalité des deux heures qui se sont écoulées.

Après le film, nous sommes rentrés à Laguna Beach, en nous questionnant toujours sur tout ce que ceci signifiait. Il était évident que Steven et moi avions beaucoup en commun, et nous étions profondément attirés l'un par l'autre à de nombreux points de vue. Et maintenant, ce coup de théâtre mystique qui nous révélait que nous étions voisins ! Je sentais que l'intervention des anges, des fées et de nos bien-aimés défunts jouaient un rôle dans notre réunion.

Quelques jours plus tard, je me préparais pour mon troisième rendez-vous avec Steven. Il est arrivé juste à l'heure — un bon signe, ai-je pensé.

Nous nous sommes serrés dans les bras chaleureusement, et il a dit : « Je crois que nous savons tous les deux vers quoi nous nous dirigeons, et je voudrais simplement tout dévoiler. J'ai apporté une liste de mes mauvais côtés, pour que tu saches ce dans quoi tu t'engages. » J'ai ri de joie face à la transparence et à l'expressivité de Steven. C'était si rafraîchissant !

La liste des « mauvais » traits de caractère de Steven me paraissait anodine et dans la norme, presque complémentaire de mes propres traits négatifs de caractère. « Nous avons tous des zones d'ombre, dit Steven. Il est juste important d'en être conscient et de ne pas les laisser prendre le dessus. » Je ne pouvais pas être plus d'accord.

Quand il a terminé de lire sa liste, j'ai dit : « C'est tout ? Où sont les aspects négatifs ? » Il a eu un petit rire et m'a serrée fort dans ses bras.

Je lui ai ensuite fait part de ma propre liste de zones d'ombres. Steven n'a pas fui. Il était même assis plus près de moi lorsque j'ai terminé. Il me regardait avec des yeux brillants, et j'ai pensé : *On est en train de tomber amoureux !* Je n'ai pas tenté de lutter contre mes pensées ou mes émotions ; je me sentais en parfaite sécurité aux côtés de Steven, comme si je l'avais connu depuis un million d'années.

Nous avons passé une très bonne soirée ensemble. Le jour suivant, je suis allée sur la plage et je me suis assise sur un rocher de quartz pour méditer et discuter avec les fées. *Je sais que vous êtes derrière le renouveau de ma relation avec Steven,* leur dis-je, *et je voudrais vous remercier.*

De manière intuitive, les fées me firent savoir qu'elles avaient effectivement contribué à orchestrer de nombreux synchronismes liés à notre rencontre. Nous étions toutefois aidés par bien d'autres personnes au paradis, parmi lesquelles la mère et les frères décédés de Steven, ma grand-mère Pearl, l'archange Michael et nos anges gardiens. « Merci à tous ! », m'exclamai-je, le cœur submergé de gratitude et de joie. Les fées confirmèrent que Steven et moi avions partagé de nombreuses expériences de vie.

Au bout de deux semaines, Steven et moi étions insépa-rables. Nous continuions à découvrir nos points communs, et le message était clair : nous étions plus que des âmes sœurs. Nous étions des « flammes jumelles », terme qui s'applique aux personnes qui se rattachent à la même âme, et qui sont incarnées par des personnes mâle et femelle distinctes. Parfois, les flammes jumelles ne sont pas incarnées en même temps ; il est fréquent que l'une demeure dans un corps, et que l'autre agisse en temps que guide spirituel.

Les enseignements du *Moi* de nos maîtres de l'élévation nous apprennent que, lorsque deux flammes sont incarnées ensemble, il s'agit souvent d'un signe de leur dernière incar-nation sur terre. Il s'agit d'une occasion pour les deux parte-naires de former une union terrestre pour lancer un dernier « hourra ! » au cours de leur dernière vie ici-bas.

Steven et moi avions tous deux consacré nos vies à des objectifs déterminés et significatifs. Nous étions tous deux des artisans de lumière passionnés, déterminés à contribuer à l'arrivée d'un nouvel âge de paix. Nous étions tous deux des donneurs et des aidants, sur les plans personnel et profes-sionnel. Dans le cadre de nos relations précédentes, nous avions connu des déséquilibres, en tant que « donneurs » associés à des « preneurs ». De telles relations peuvent être épuisantes pour le donneur, et le preneur peut se sentir coupable.

« Une relation fondée sur deux donneurs est idéale, me dit Steven, et nous avons ça en commun. »

Nous avons découvert que nous aurions pu nous rencontrer à de nombreuses occasions au cours de nos vies. Dès l'enfance, nous aurions pu devenir amis et entamer la relation de toute une vie. Puis, en 1988, lorsque nous travaillions tous deux chez CompCare Publishers, nous aurions pu nous rencontrer. Ou, en 1993, alors que nous habitions tous deux dans la péninsule de Newport Beach, en Californie, et que nous étions tous deux célibataires, nous aurions pu voir fleurir le début d'une relation. Ou nous aurions pu nous rencontrer à la Chapman University, lorsque nous étions étudiants. La liste des intersections de nos vies était infinie.

Il semblerait que les âmes sœurs soient constamment amenées à se rencontrer, jusqu'à ce que le couple se forme enfin. Steven et moi nous sommes d'abord désolés à la pensée de nos vies séparées. « Nous aurions pu nous éviter tant de peines dans d'autres relations si nous nous étions rencontrés plus tôt ! » pensions-nous. En fin de compte, cependant, nous en avons conclu que le bon moment n'était pas arrivé avant. Il nous avait fallu tous deux grandir et apprendre par d'autres relations.

Steven et moi étions de plus en plus proches et nous étions de plus en plus amoureux. J'étais séduite de vivre une relation amoureuse dans laquelle je pouvais ouvertement parler de mes conversations avec les anges et les fées. Nous parlions souvent ensemble à l'archange Michael, et nous participions aussi à des cérémonies spirituelles et à des méditations.

Nous nous disions souvent : « Je ne savais pas que l'amour pouvait être si merveilleux ! » Steven commença à m'accompagner à des ateliers et à codiriger des séminaires. Je n'étais plus seule dans mes déplacements, et j'ai recommencé à m'engager dans l'organisation d'ateliers dans le monde entier.

Nous avons consacré notre union lors d'une cérémonie spirituelle présidée par un maître chaman du nom de Jade

Wah'oo. C'était un très beau rituel, au cours duquel Steven et moi avons professé notre engagement à partager nos vies et nous sommes déclaré la profondeur de notre amour.

Un jour, peu de temps après la cérémonie, j'ai dit à Stephen : « Tu sais ce qui serait vraiment amusant, étant donné que c'est samedi et qu'il n'y a pas trop de circulation aujourd'hui ? Que penserais-tu de conduire jusqu'au quartier de notre enfance, dans North Hollywood ? »

Steven a souri et a tout de suite accepté. « Ce n'est qu'à une demi-heure de l'aéroport », a-t-il dit.

Je n'étais pas allée dans ce quartier depuis l'âge de dix ans, et Steven n'y était pas allé depuis l'âge de seize ans. En tournant à droite sur l'avenue Craner, j'ai eu l'impression de voyager dans le temps. Rien n'avait changé !

Quand nous nous sommes garés devant la maison de mon enfance, je me sentais hébétée, constatant que même l'aménagement paysager n'avait pas changé au cours des trente dernières années. Steven et moi sommes descendus de sa camionnette, bras dessus, bras dessous.

La situation m'est apparue encore plus surréaliste lorsque je me suis rendu compte que nous étions tous deux dans le même état de choc, à la vue de notre ancien quartier. J'avais été en compagnie d'autres personnes qui avaient vécu des expériences similaires, mais j'étais toujours restée détachée et dans un rôle d'accompagnement, puisque je n'étais pas directement concernée. Mais dans le cas présent, Steven et moi étions tous deux sur la même longueur d'onde — face au même scénario de déjà-vu.

J'ai regardé la maison de mon enfance, le lieu où j'avais eu mes premières expériences conscientes de clairvoyance. J'ai regardé la haie dans le jardin de nos voisins, où j'avais vu une fois un homme accroupi — quand j'avais parlé de cet homme à mes amis, ils ne le voyaient cependant pas. La haie me rappelait la souffrance que j'avais ressentie, car je me sentais différente des autres en raison de ma clairvoyance.

Steven écouta avec empathie mes souvenirs d'enfance. J'avais d'une part été élevée dans une cellule familiale aimante et stimulante — mes parents encourageaient le recours aux affirmations, à la visualisation et aux prières aux fins de guérison et de manifestation. Pourtant, malgré tous ces avantages, je souffrais de ma sensibilité aux sarcasmes des autres enfants (« T'es bizarre ! ») et du manque de reconnaissance de ma clairvoyance de la part de mes parents.

Steven me serra fort dans ses bras et dit : « Tout va bien maintenant. Je suis là, et je t'aime *si* profondément. » Il me regarda dans les yeux, pour m'assurer qu'il pensait vraiment ce qu'il disait, et je ressentis la profondeur de son amour.

Nous avons marché jusqu'à son immeuble, et Steven a respiré profondément, regardant au loin. Il se souvenait, revivait une époque lointaine. Comme j'avais passé mon enfance à jouer dans ce complexe d'appartements avec mon amie Stéphanie, je participais à ces souvenirs.

Il y avait toujours une allée en mosaïques sur laquelle je me souvenais avoir joué ! Elle avait vraiment rétréci depuis mon enfance. Et il y avait aussi le monticule herbeux sur lequel j'avais, figée dans ma mémoire, cette image de Steven tant d'années auparavant.

« Chéri, demandai-je, peux-tu te placer sur ce monticule ? » Comme Steven était au courant de ce souvenir que j'avais, il accepta tout de suite. Il se mit exactement dans la position dont je me rappelais, et il regarda loin de moi, vers la piscine. Ma respiration s'est accélérée à cette vue — si familière, sauf que nous étions plus grands et plus âgés. Je me suis approchée de lui par derrière, puis j'ai marché autour pour lui faire face. Steven m'a attirée à lui et m'a embrassée chaleureusement.

J'ai senti ma respiration changer radicalement, et envahir mon ventre en profondeur. Je ne m'étais pas rendu compte combien ma respiration avait été faible jusqu'à ce moment. L'affection de Steven m'a ouvert le cœur, tout comme le baiser du Prince charmant a réveillé la Belle au Bois dormant. J'ai senti fondre le glacier qui avait entouré mon cœur depuis qu'il avait été rejeté par Steven — mon premier amour — il y a tant d'années. Ma première expérience d'amour unilatéral avait donné le ton à toute ma vie amoureuse, et je savais que ce schéma était maintenant révolu.

Steven était mon premier… et mon dernier… amour.

(D'après *Guérir avec l'aide des fées*, Éditions AdA, 2008)

Wyatt Webb

Marisu from **zoom-works.com**

Wyatt Webb, auteur de *It's Not about the Horse* (en collaboration avec Cindy Pearlman) et de *What to Do When You Don't Know What to Do*, a survécu quinze ans dans l'industrie musicale en tant qu'artiste, voyageant à travers les États-Unis trente semaines par an. Prenant conscience que sa dépendance à la drogue et à l'alcool mettait ses jours en danger, Wyatt a cherché de l'aide, ce qui l'a amené à quitter l'industrie du divertissement. Il a alors entamé sa carrière de thérapeute, qu'il exerce aujourd'hui depuis vingt-cinq ans.

Par la suite, Wyatt est devenu l'un des thérapeutes les plus créatifs, non conventionnels et demandés aux États-Unis. Il est aujourd'hui fondateur et directeur du Equine Experience at Miraval Life in Balance^{MC}, l'un des premiers centres de villégiature du monde, situé à Tucson, dans l'Arizona.

UN SENTIMENT
DE RELATION

L'un des plus profonds sentiments de relation que j'aie ressentis au cours des cinq à dix dernières années de ma vie s'est produit en avril 2002, alors que je passais trois jours à New York, pour présenter un atelier au personnel d'un magazine national. Le jour où je suis arrivé, un de mes amis, un producteur de films documentaires du nom de Barry Boyle, m'a accueilli à mon hôtel sur Times Square et nous nous sommes rendus au Ground Zero, l'ancien emplacement des tours du World Trade Center.

Le trajet de Times Square jusqu'au quartier où les tours étaient dressées constituait un événement en soi. C'était mon premier voyage dans le métro, et j'avais entendu toutes sortes d'horribles histoires à ce sujet au fil des ans. Rien de tout ça ne s'est avéré vrai, en ce qui me concerne. Sous les rues de New York, j'établissais constamment des relations avec d'autres personnes.

Je portais un grand chapeau, et une dame m'a tapoté l'épaule et a dit : « Vous devriez vous tenir à la barre. Je n'aimerais pas vous voir perdre ce beau chapeau. » Je lui ai demandé ce qui lui avait fait penser que je n'étais pas un vétéran du métro, et cette remarque a donné l'occasion à six à huit personnes de partager des rires. J'ai continué à avoir des conversations avec des personnes que je n'avais jamais rencontrées auparavant, et des gens me souriaient alors que je me dirigeais vers le

Ground Zero. J'avais vécu ce type d'expérience à deux reprises déjà à New York, aussi se peut-il simplement que l'on récolte ce que l'on sème. J'étais certainement disposé à m'ouvrir aux habitants de New York, et ils me répondaient fort favorablement.

Ce qui s'est produit après ce trajet en métro a été l'une des expériences les plus significatives de ma vie, et je ne l'oublierai jamais, aussi longtemps que je vivrai. Nous sommes sortis du métro et nous avons pris un taxi pour la zone d'observation qui isole le Ground Zero des visiteurs. La première chose qui m'a frappée, c'est la propreté de l'endroit. Ça n'avait rien à voir avec les horribles débris que j'avais vus à la télévision. En dehors de l'absence de ces énormes tours et de certaines constructions dans le secteur, il n'y avait pas trace de cet événement catastrophique. Je pensais : *Les gens ont vraiment une capacité incroyable de retrousser leurs manches et de restaurer un semblant d'ordre dans un secteur aussi totalement dévasté.*

L'église qui se trouve à droite du Ground Zero était impeccable, et la barrière qui l'entoure était couverte de centaines de milliers d'expressions de sympathie, d'amour et de respect pour ceux ayant perdu la vie. Je me souviens avoir pensé que les quelque 3 000 personnes qui avaient perdu la vie, ce jour-là, avaient en quelque sorte donné en retour l'occasion à des centaines de milliers d'autres de s'associer au même voyage, sur cette même planète.

En marchant vers la rampe qui mène au Ground Zero, j'ai pris conscience que, même si je passais des semaines en ce lieu, il me serait impossible de compter toutes les cartes, bouquets, rubans et plaques de commémoration. Dieu seul sait combien de billets sincères ont été écrits et envoyés. Je me souviens de la tristesse incroyable que j'ai ressentie lorsque j'ai touché les signatures sur les murs de contreplaqué qui bordaient la rampe. Je me souviens d'avoir marché jusqu'à la limite de la barricade et de la rampe, et d'avoir regardé l'espace vide qui avait abrité deux magnifiques bâtiments protégeant toutes ces âmes magnifiques qui se contentaient de vivre leur vie au quotidien. Je me souviens que Barry s'est tourné vers moi et a dit : « Je n'ai jamais vu un regard plus triste sur le visage de quelqu'un que lorsque tu regardais au-delà de la barricade, là où les tours se trouvaient. »

Je me souviens d'avoir pensé au milieu de ma tristesse que je ressentais vraiment un sentiment de relation, lié à la multitude de témoignages de personnes du monde entier qui, de passage dans ces lieux, avaient fait ce qui était en leur pouvoir pour dire : « Nous sommes désolés de ce qui est arrivé. » J'aimerais que nous comprenions que l'occasion d'exprimer le fond de notre cœur s'offre à nous tous les jours, et que nous n'attendions pas qu'une tragédie se produise pour partager nos sentiments envers les autres êtres humains...

Toutes ces âmes ont donné à ceux d'entre nous qu'elles ont laissés derrière l'occasion d'exprimer les sentiments de leur cœur. Ceci compense-t-il leur perte ? Bien sûr que non. Mais il semblait qu'une justice spirituelle était impliquée dans ce qui s'était passé, dans ce qui se passait quand j'étais là et dans ce qui se passe encore là, quotidiennement, pour des gens du monde entier. Il semblait que tous les pays de la planète avaient été représentés là par des expressions de sympathie et de soutien.

Alors que Barry et moi regardions silencieusement le vide de cet espace, un jeune homme et sa femme se sont approchés. Lui mesurait environ deux mètres, mais elle était dans une chaise roulante et ne pouvait pas voir au-dessus de la barrière de 1 m 30 qui fermait l'accès au site. Ce qui s'est passé ensuite m'a fait venir les larmes aux yeux. Ce gentil géant s'est baissé, en équilibre sur une jambe, et a placé son dos entre les jambes de sa femme, qu'il a mises autour de sa taille. Elle lui a enlacé le cou, et ce grand homme s'est relevé en la portant sur le dos et a marché jusqu'à la limite des barricades, pour qu'elle puisse voir le Ground Zero de ses propres yeux.

Quand je parle de l'occasion d'entrer en relation avec les autres et de la douceur qui s'y rattache, je me souviens de ce jour d'avril 2002, et je m'en souviendrai pour le restant de mes jours.

(D'après *What to Do When You Don't Know What to Do*, Hay House, 2006)

Hank Wesselman, Ph.D.

Steven Stafford

    Hank Wesselman, Ph.D., anthropologue, a obtenu son doctorat à l'University of California, à Berkeley, et a travaillé avec un groupe international de scientifiques pendant l'essentiel des dernières trente-cinq années, explorant la Grande fosse orientale d'Afrique de l'Est en quête de réponses aux mystères des origines de l'homme. Il réside actuellement dans le nord de la Californie, où il enseigne à l'American River College et au Sierra College, et offre des ateliers expérimentaux et des présentations en chamanisme de base dans le monde entier. Il est l'auteur de *Celui qui marchait avec les esprits*, de *Medicinemaker*, de *Chercheurs de visions*, de *Entrer dans le jardin sacré*, et de *Spirit Medicine* (en collaboration avec sa femme Jill Kuykendall, physiothérapeute certifiée).

LA GARDIENNE DE
MON JARDIN

Mon éveil spirituel a commencé sur l'île de Hawaï, par une série de rencontres visionnaires spontanées avec Nainoa, un *kahuna* mystique initié, qui vit 5 000 ans dans le futur…

⌒

Plusieurs années s'étaient écoulées depuis ma dernière participation à une formation officielle en pratique chamanique, et entre-temps, j'avais appris que l'anthropologue Michael Harner avait créé un programme avancé dans lequel un groupe permanent et bien établi de personnes se rencontraient pendant une semaine, deux fois par année, pendant trois ans. J'avais rencontré M. Harner lors de réunions d'anthropologie au mois de mars passé, et il m'avait dit qu'un nouveau groupe était en cours de formation, et m'avait encouragé à appeler sa Foundation for Shamanic Studies pour m'inscrire. J'ai suivi ses conseils et j'ai été accepté dans le nouveau groupe.

C'est au cours de la première séance de formation que j'ai pu explorer davantage mon espace de pouvoir personnel, mon jardin secret dans le monde des rêves, et que j'ai, une fois encore, récolté de vraies surprises.

Au cours de mon voyage d'apprentissage du chamanisme, j'ai abordé les mondes des esprits, constitués d'un système à trois niveaux contenant des mondes supérieurs ainsi que des mondes inférieurs à celui dans lequel nous vivons. Ces réalités s'apparentent à des rêves et sont de nature subjective, et elles incarnent simultanément des niveaux de conscience et des niveaux d'expérience. En modifiant mon niveau de conscience, je modifie aussi mon niveau d'expérience, au cours du processus de déplacement d'un niveau de réalité à un autre. Ces réalités peuvent ainsi être perçues en tant que niveaux de conscience, intégrant, bien sûr, le niveau de la réalité ordinaire au sein duquel nous vivons notre vie de tous les jours, de manière continue.

Dans les supra-mondes classiques se trouvent les niveaux lumineux habités des dieux et des déesses, des héros et des héroïnes spirituels du passé, ainsi que des puissances supérieures qui se situent au-delà du développement solaire et planétaire. Il s'agit du Paradis. Sous le plan physique de l'existence quotidienne se trouvent les infra-mondes mythiques — les grandes régions cosmiques visitées par les chamans depuis des dizaines de millénaires, dans le but d'accéder aux esprits de la nature et d'entrer en relation avec leur pouvoir mystique, entre autres choses. Entre les infra-mondes et les supra-mondes se trouvent les mondes du milieu des rêves humains. Il s'agit des lieux où nous nous rendons lors de nos rêves nocturnes, et de nombreuses cultures croient qu'il s'agit aussi des niveaux dans lesquels nous nous trouvons immédiatement après l'expérience de la mort. C'est dans ces niveaux que se situe mon jardin secret.

Comme Nainoa me l'a révélé, l'aspect réel de ce lieu se situe sur l'île de Hawaï, dans un site de la baie de Kealakekua, où j'allais tous les jours en compagnie de ma famille, lorsque nous habitions sur les îles. Une occasion de visiter son aspect de rêve m'est apparue plus tard au cours de cette semaine. J'étais encore une fois couché sur mon tapis navajo, en compagnie de Michael et de Christina, l'une des maîtres du séminaire, qui nous offraient tous les deux une puissante assistance à l'aide du tambour. Je me suis uni au son, demandant à mon *ku* (le corps-esprit) d'ouvrir la porte intérieure et, alors que les sensations de pouvoir m'envahissaient, le foyer principal de ma conscience se déplaçait d'ici à là-bas. C'était très rapide, comme les chaînes que l'on change sur une télévision.

Ma vision est apparue lorsque je suis arrivé sur la plate-forme de pierre massive du *heiau* — un temple préhistorique hawaïen qui recouvre une dense concentration de *mana* (pouvoir) dans la terre sous-jacente. Je regardai autour de moi et j'embrassai l'intégralité de l'expérience de ce lieu merveilleux. Tous mes sens m'assaillaient, de sorte que mon expérience de ce lieu devenait de plus en plus réelle. Je pouvais sentir le sel de l'océan et la senteur de céleri des arbres de la forêt derrière le *heiau*. Je pouvais entendre la brise marine légère entrechoquant les palmiers, ainsi que le pouls ininterrompu des vagues se cassant sur la plage. Je pouvais sentir le soleil sur ma peau et la rugosité des pierres de lave sous mes pieds.

Une idée se forma dans mon esprit. Il serait agréable d'avoir une maison dans mon jardin. J'avais toujours voulu posséder un lieu sur la plage, et cette occasion semblait parfaite. Je me rendis jusqu'à la dalle de basalte noir poli qui me servait d'autel et je me couchai dessus. Je fermai les yeux et j'effaçai mes pensées. Puis, je fis une visualisation — une image de la maison telle que j'aimerais qu'elle soit. Je commençai par une plateforme de pierre qui ressemblait beaucoup au *heiau*, mais en plus petit. J'imaginai une équipe d'ouvriers la construisant sous la direction d'un maçon au bord de la mare, à côté d'un grand tamarinier que je savais pousser là. Puis, je conçus la maison sur la plateforme, et alors que la forme de mes pensées devenait réalité entre les mains de la même équipe de construction, je dessinai sur le *mana* du *heiau*, pour investir l'image de pouvoir.

Pendant un long moment, je rêvai que ma maison entrait dans l'existence, et je couronnai l'édifice d'un toit de chaume de style hawaïen. Puis, une autre pensée apparut. J'aurais besoin d'un gardien pour habiter ma maison lorsque je n'y serais pas. À cet instant, je me souvins de Hakai, le jardinier en chef, disant qu'un esprit puissant habitait ce jardin. Je libérai mon esprit et je formulai une demande à l'esprit de mon jardin — celle de trouver un gardien pour ma maison. Puis, j'ouvris les yeux, je me levai de l'autel, et je marchai jusqu'au bord du *heiau*.

Là, au-delà de la mare, se trouvait une autre plateforme de pierre plus petite, surmontée de ma maison, partiellement masquée par les arbres. Je pouvais clairement voir une partie de son haut toit de chaume, ainsi qu'une partie d'un large *lanai*. L'excitation me gagna. La magie semblait avoir fonctionné. Il s'agirait de mon havre de paix personnel dans le monde du milieu des rêves, où je pourrais me rendre pour me restaurer. Je me souvins de Hakai disant que le jardin pouvait aussi être un lieu utile où travailler à la guérison des autres.

Je descendis les marches de pierre du *heiau* et je marchai autour de la mare, remarquant quelques fleurs oranges de l'arbre de *Kou*, flottant à la surface. Je m'arrêtai, cueillis une fleur d'hibiscus écarlate sur un buisson, et la déposai sur l'eau, en offrande à l'esprit de l'eau. Puis, je marchai à grands pas dans l'ombre des arbres et m'approchai de ma maison pour la première fois.

Je montai les marches de pierre et ouvris le portillon, étudiant la maison avec satisfaction. Elle était telle que je l'avais imaginée. Je traversai le *lanai* et j'ouvris la porte. Mes yeux parcoururent avec ravissement les détails de la pièce centrale, du lisse parquet de bois dur aux poutres de bois sculptées exposées soutenant le toit. Le long de l'un des murs se trouvait une surface surélevée pour se coucher, couverte de tapis de pandanus finement tissés, et au centre du plancher se trouvait un foyer rectangulaire encastré pour cuisiner et se réchauffer lors des nuits fraîches. Je traversai la pièce pour regarder par l'une des fenêtres, et là, sur une plateforme de pierre plus petite près de la maison, je vis l'aspect de rêve de la pierre spirituelle, dont l'extrémité pointue était couronnée de plusieurs *leis* de coquilles blanches. Devant, sur un autel abaissé, se trouvait une fleur d'hibiscus écarlate. La surprise m'envahit. Je ne l'avais pas mise là... qui alors ?

À ce moment-là, je pris conscience d'une présence et, me retournant, je vis une femme qui se tenait à contre-jour dans l'encadrement de la porte derrière moi. Elle portait un grand bol ou un plateau en bois plat, rempli de ce qui se trouvait être des litchis frais. Je n'avais jamais rencontré d'autre être humain dans mon jardin spirituel auparavant, et je me demandai d'abord si quelqu'un d'autre avait trouvé le chemin de ce lieu au moyen de ses rêves.

Je fis un geste de bienvenue, et elle entra gracieusement dans la pièce. Je pouvais maintenant la voir clairement. Devant moi se tenait une femme de taille moyenne, portant un *lei* de fougères et une couronne de fleurs oranges d'arbres de *Kou*. Elle avait de longs cheveux noirs, qui masquaient l'essentiel de ses épaules et de sa poitrine. Un paréo coloré était noué autour de sa taille, dans le style tahitien. Elle me regardait solennellement de ses yeux noirs. Elle n'était ni jeune ni vieille. Elle était très belle, et avait des traits polynésiens classiques. Elle avait quelque chose de vaguement familier. C'était comme si nous nous étions déjà rencontrés, mais je ne pouvais me rappeler ni quand ni où.

«Bienvenue, dis-je de manière plutôt formelle. Je m'appelle Hank Wesselman, et je considère ce lieu comme mon jardin secret, comme mon espace personnel dans le monde des rêves, dans lequel je me rends de temps en temps pour accomplir diverses choses. Puis-je demander qui vous êtes et comment vous vous êtes rendue ici?» Alors que je prononçais ces mots, un souvenir de mon enfance émergea soudain de mon *ku*, une remémoration d'une visite au Metropolitan Museum of Art de New York. C'était (et c'est toujours) l'un de mes lieux préférés. Enfant, j'étais captivé par ses antiquités, et particulièrement par les collections égyptiennes.

Je devais avoir environ huit ou neuf ans lorsque ma mère et moi nous rendîmes en haut, dans la section du musée qui contient les tableaux des impressionnistes et postimpressionnistes français. Ma mère était peintre, et elle me fit connaître, cet après-midi-là, Renoir et Monet, Pissarro et Van Gogh. Mais un tableau en particulier attira mon attention parmi les autres, au sein de cette magnifique collection — le portrait de deux femmes tahitiennes, par Paul Gauguin. L'une d'elle était debout, torse nu, tenant un grand plateau de fruits ou de fleurs.

Ce souvenir traversa mon esprit un instant, alors que je m'avisais que la femme qui se tenait devant moi ressemblait fortement à la femme du tableau de Gauguin. Ce moment passa, comme elle se baissait et plaçait son bol sur une table basse, écartant ses cheveux dans son mouvement et révélant ses seins. Comme la femme du tableau, ses tétons étaient presque de la même couleur que les fruits. Elle se releva, me regardant avec gravité de ses yeux noirs.

«Bonjour monsieur. Je m'appelle Tehura* », dit-elle en français, renforçant ma conviction croissante qu'il s'agissait bien d'une femme tahitienne et qu'elle pouvait fort bien être l'une des femmes du tableau. «Je m'appelle Tehura, et je suis venue à votre demande. Comment puis-je vous servir? » J'étais stupéfait. J'avais momentanément oublié ma demande à l'esprit de mon jardin. *La gardienne de ma propriété était arrivée.* J'eus recours au peu de français que je connaissais et je lui demandai si elle parlait anglais. Pour la première fois, elle sourit, son visage s'illuminant.

«Bien sûr. Il y a longtemps, quand j'étais jeune, commença-t-elle dans un anglais assez hésitant, j'avais un amant, un marin américain qui était venu dans mon île. Il m'a appris à parler anglais.» Elle s'interrompit et regarda la pièce avec un air d'approbation. «Quelle belle maison.»

Je me penchai et pris l'un des litchis dans le plateau. Je brisai sa fine enveloppe épineuse, exposant le fruit blanc et brillant se trouvant à l'intérieur. Je le mis dans ma bouche, savourant son goût légèrement astringent, semblable à celui d'un pamplemousse, avant de recracher la noix d'un noir luisant et de la jeter par la fenêtre. Je me penchai encore et j'en pris une poignée. J'aimais beaucoup les litchis fraîchement cueillis.

«Où as-tu trouvé ces délicieux litchis, Tehura? demandai-je.

— Viens, je vais te montrer», répondit-elle, me prenant par la main. Nous sortîmes de la maison, traversâmes le *lanai,* et descendîmes l'escalier. En passant devant la pierre spirituelle, Tehura s'arrêta et s'inclina, les paumes de ses mains tournées vers la pierre, en signe de révérence. Puis, elle se remit à marcher, cueillant gaiement une fleur d'hibiscus d'un buisson et la mettant dans ses cheveux.

Elle me conduisit vers l'intérieur des terres à travers l'ancienne forêt qui gravit les pentes de la montagne en direction

---

* N.d.T. : En français dans le texte original.

de l'est. Ce bois est rempli d'arbres *keawe* et *opiuma*, de cocotiers et d'arbres de pluie. De nombreux troncs d'arbres sont recouverts des énormes feuilles des lianes de *monstera*, et des *taros* poussent dans les creux. Il y a des cordylines partout, et comme je m'arrêtais pour humer l'épi d'un gingembre blanc en fleurs, je vis le tronc à racines en forme de contreforts d'un arbre à coton élevé, ses branches supérieures chargées de gousses vertes.

Je regardai autour de moi avec émerveillement. J'étais là dans le monde des rêves, marchant dans une forêt enchantée en compagnie d'une femme tout aussi charmante, une tahitienne exotique qui semblait sortie d'un tableau que j'avais vu étant enfant. Je pris soudainement conscience que j'entendais toujours Michael et Christina jouer du tambour. Je regardai la femme qui marchait en ma compagnie et je me demandai si elle pouvait l'entendre aussi.

Je ne le sus jamais, car Tehura pointa soudain quelque chose du doigt avec ravissement. Là, devant nous, se trouvait un arbre à litchis vert foncé chargé de grappes du fruit sombre, de couleur rose. Elle en cueillit et me les offrit. Mon esprit se remplit de questions tandis que je m'asseyais sur une large pierre en dessous de l'arbre.

« Tehura… d'où es-tu venue, et comment es-tu arrivée ici ? »

Ses yeux me regardèrent calmement, longtemps, puis elle dit : « Je suis venue de mon île, loin dans le sud. J'ai été convoquée. Je suis venue en canoë. Les membres de l'équipage m'ont déposée sur la plage sous le *marae*. Puis, ils sont partis. » Elle s'arrêta de parler, comme si sa réponse était complète. Je m'avisai qu'elle avait utilisé le terme tahitien *marae* au lieu du terme hawaïen *heiau*, renforçant ainsi l'énoncé de son lieu d'origine.

« Tehura, persistai-je. Qui t'a fait mander ? Et t'ai-je déjà rencontrée auparavant ? » De nouveau, elle me regarda avec gravité. Puis, elle parla, dans un mélange de français et d'anglais.

« Je suis née il y a longtemps et j'ai passé ma vie sur l'île de Tahiti, très loin au sud, de l'autre côté de l'océan. J'avais une belle vie remplie d'amis et de membres de ma famille, de joies et de peines. À la fin de ma vie, je suis partie dans un rêve et je ne me suis pas réveillée.» Ses yeux louchaient sous l'effort, comme si elle essayait d'exprimer quelque chose qu'elle comprenait bien, mais pour laquelle il lui manquait des concepts en anglais. «Je suis demeurée dans le rêve depuis, continua-t-elle. Je vis dans le rêve de mon île, car les îles rêvent aussi, tu sais, tout comme les êtres humains.»

Puis, Tehura me jeta un regard étrange et dit quelque chose de tout à fait inattendu. «Parfois, dans mes rêves, je peux voir dans une pièce. C'est comme si je pouvais voir à travers une fenêtre dans cette très grande pièce comportant de nombreux tableaux sur les murs. Il n'y rien d'autre dans cette pièce, seulement des tableaux. Parfois, la pièce est vide, mais souvent, je peux voir de nombreuses personnes y marcher en rond. Elles viennent et me regardent par la fenêtre, comme si elles me voyaient, mais quand j'essaie de leur parler, elles ne répondent jamais. Je trouvais cela effrayant au début, mais je m'y suis habituée. C'est un rêve très étrange.»

Pendant un long moment, je demeurai sans voix suite aux implications de ce qu'elle venait de révéler. «Tehura, dis-je finalement, as-tu rencontré un peintre sur ton île, un français qui venait de Paris?

— Ah, oui bien sûr... c'était monsieur Paul. Il peignait des tableaux de moi et de mes amis. Il était mon amant jusqu'à ce qu'il s'en aille pour ne jamais revenir.» Ses yeux s'attristèrent. «C'était un homme très malheureux. Il cachait de nombreux chagrins au fond de lui. J'ai essayé de le rendre heureux...» Ses mots s'évanouirent tandis que ses yeux s'emplissaient de larmes.

Pendant un long moment, les larmes de ses yeux coulèrent librement le long de son visage basané. Mes pensées étaient remplies de questions, mais le moment ne semblait pas approprié. Au lieu de cela, je me levai de ma pierre et pris sa main, l'attirant sur le chemin qui descendait vers la plage. Nous marchâmes en silence jusqu'à ce que nous puissions voir la mare à travers les arbres. D'un côté s'élevait le mur de pierre du *heiau*. Tehura sécha alors ses larmes, et se tourna vers moi.

«J'ai été sommée de me rendre en ce lieu dans mes rêves. Je ne savais pas qui m'appelait ni pourquoi, mais la demande était forte, alors je suis venue. Maintenant que je suis ici, je sais qui m'a appelée, mais je ne sais toujours pas pourquoi.

— Qui t'a appelée, Tehura?»

Son regard se tourna vers la forme massive de Mauna Loa, s'élevant vers l'est comme un mur sombre. «Un esprit puissant habite cette montagne. Comme moi, elle est venue du sud il y a longtemps. C'est elle qui m'a appelée.»

Pele! Bien sûr... c'était l'esprit de ce lieu. Je pensai à ma rencontre avec elle il y avait quelques jours à peine et je compris. Mais comment avait-elle su, qu'enfant, j'avais été attiré par la femme du tableau? C'est à ce moment que j'ai entendu le rythme du tambour changer, et qui me rappelait.

«Tehura, voudrais-tu être la gardienne de mon jardin? Voudrais-tu vivre ici dans ma maison et en prendre soin en mon absence?» Ses yeux se mirent à briller alors que je disais ceci, et elle eut un large sourire en guise de réponse. Je pris cela pour un oui. Le tambour me faisait signe et je n'avais pas le temps de poursuivre.

«Tu es la bienvenue ici. Je t'invite à rester. Je reviendrai bientôt, promis-je, mais pour l'instant, je dois partir.» Je me retournai pour gravir les marches du *heiau*, puis je m'arrêtai et je cueillis une autre fleur d'hibiscus écarlate. Je montai rapidement au sommet, puis je traversai la plateforme et je déposai la fleur sur l'autel, une offrande à l'esprit vivant dans la montagne. Puis, je fermai les yeux alors que le tambour cessait, et mon foyer principal se replaça vers la salle d'atelier.

J'ai beaucoup pensé à ce voyage alors que la semaine touchait à sa fin. J'étais tout à fait conscient qu'un psychiatre formé à l'occidentale pourrait catégoriser ce que j'avais vécu comme une expérience imaginée ou un rêve éveillé, et pourrait en conclure que j'inventais simplement le tout en ayant recours à mon imagination créative associée à mon intention spécifique, mais que penser de Tehura ? Que penser des choses qu'elle avait dites et que je *n'avais pas* créées ?

Une fois encore, le chercheur cognitif serait enclin à dire que, dans ces circonstances, il s'agissait du travail de mon subconscient, alimentant les détails, rendant l'intégralité de l'illusion plus intéressante, et voici pourquoi je me permets de ne pas partager cet avis.

À travers les études des mondes internes que j'ai effectuées au cours des quinze dernières années, j'en suis arrivé à comprendre que l'imagination créative est une fonction de l'esprit ou de l'ego conscient. Le *ku* subconscient n'est pas créatif, mais comme le disque dur interne d'un ordinateur, l'une de ses principales fonctions est la conservation de la mémoire. En ce sens, il est incapable d'inventer quoi que ce soit — il ne peut qu'informer le sens intérieur de direction *égoïque* de ce qu'il sait déjà. Mais il peut observer et envoyer ce qu'il perçoit à l'ego conscient.

Lors de mes voyages d'apprentissage, je commence souvent mes séances en demandant à mon *ku* de raviver la mémoire d'un lieu que j'ai connu dans une réalité ordinaire ou non ordinaire. Je deviens ensuite la passerelle entre mon *ici* et mon *là*. Je demande simplement à mon *ku* d'ouvrir la porte d'entrée intérieure, puis je la franchis pour me rendre en ce lieu. Mon *ku* est l'aspect de moi-même à travers lequel le voyage est vécu et perçu ; mais pourtant, quand je me trouve dans ces environnements de rêves subjectifs, mon sens intérieur de direction est toujours en mesure de prendre des décisions.

Je peux ainsi déterminer le cours des événements jusqu'à un certain point, mais il arrive un moment où des choses se produisent, que je ne crée pas intentionnellement, et c'est alors que je comprends très clairement que je me suis déplacé dans un niveau de réalité et d'expérience qui possède sa propre existence, séparée de moi-même. C'est ce que l'on entend par *visionner*.

Tout comme Hakai, à l'époque et dans le monde de Nainoa, j'ai découvert par des visites répétées à mon jardin secret que tous les éléments qui le composent, animés et inanimés, sont conscients et vivants dans une certaine mesure, et qu'il est possible de communiquer avec tous pour une plus grande compréhension. J'ai appris par mes expériences directes que, si je modifie mon jardin, ma vie est modifiée en conséquence. Dans ce lieu doté d'un pouvoir et d'une beauté extraordinaires, j'exerce maintenant une bonne partie de mon travail spirituel, et c'est pourquoi j'invite mes esprits assistants et mon maître spirituel à m'y rencontrer, pour y accomplir diverses choses. Lorsque j'effectue des travaux de guérison pour d'autres, par exemple, j'invite parfois leur essence spirituelle à venir dans mon jardin, là où mes auxiliaires spirituels et moi-même pouvons travailler sur eux.

Tehura continue à vivre dans mon jardin, en tant que son *kahu* ou gardienne de marque. Je tiens à ajouter qu'elle n'est pas l'amante de mes rêves ou une imagination manifeste issue de mon enfance. J'en suis venu à accepter qu'elle est l'âme-esprit d'une femme polynésienne avertie qui vivait il y a plus de cent ans et qui est devenue une amie proche et de confiance. Souvent, lorsque je suis excessivement stressé et que mon corps souffre sous la tension retenue, je me rends dans mon jardin, et Tehura travaille sur moi, soulageant la douleur en relâchant la tension de ses puissantes mains.

J'en suis arrivé à soupçonner que nous avons tous un tel espace de pouvoir dans les mondes intérieurs des rêves, et par le partage de cette information avec vous, lecteurs, j'encourage chacun de vous à le trouver.

(D'après *Chercheurs de visions*, Éditions AdA, 2006)

Stuart Wilde

Auteur et conférencier, Stuart Wilde est un mystique urbain, un visionnaire moderne. Il a écrit dix-sept livres sur la conscience et l'éveil, parmi lesquels l'ensemble couronné de succès *Taos Quintet*, considéré comme un classique en son genre, et qui se compose de : *Miracles, Affirmations, The Force, The Quickening*, et *The Trick to Money Is Having Some!*

Le style d'écriture perspicace et original de Stuart lui a acquis un lectorat fidèle au fil des ans. Il aborde de manière simple des sujets qui, jusqu'ici, seraient demeurés mystérieux. Ses livres ont été traduits en quinze langues.

Sites Web : www.stuartwilde.com et www.redeemersclub.com

UN SOU
EST UN SOU...

Je pense qu'il est important d'accepter tout l'argent qui se trouve sur notre chemin. Ce qui veut dire qu'on ne peut pas voir une pièce d'un cent sur le trottoir et l'ignorer. Il faut être conséquent dans son affirmation et ramasser chacune des pièces que l'on trouve — même les plus horribles, qui sont collées au trottoir par de la gomme à mâcher. La raison est que l'inconscient collectif ou la loi universelle, comme je l'appelle, n'a pas conscience de la valeur des choses. Si vous affirmez : « Je suis riche ; l'argent vient à moi. », mais que vous voyez une pièce d'un cent dans la rue sans vous donner la peine de la ramasser, le message que vous affichez par votre action n'est pas conforme à votre affirmation ; vous privez ainsi votre conscience de l'abondance de son autonomie.

Parfois, pourtant, le fait de ramasser une pièce d'un cent, en particulier si vous êtes en compagnie d'autres personnes, peut être embarrassant, car les autres ne font pas ça. Ils sont beaucoup trop importants pour accepter quelque chose pour rien. Mais le fait que ce soit embarrassant constitue un excellent entraînement, parce qu'il vous faut surmonter cette idée et agir par vous-mêmes, et non pas selon ce que les autres pourraient penser.

Il y a quelques années, à Londres, je divertissais un groupe de très importants gens d'affaires des États-Unis. J'ai décidé de les emmener voir un ballet à la Royal Opera House, à Covent

Garden. Je pensais que ce serait une manière agréable et tape-à-l'œil de leur montrer du haut de gamme. Il se trouve, qu'à l'époque, j'avais l'interdiction de conduire parce que j'avais eu trop de sang dans mon système alcoolique ! J'ai donc acheté une Rolls et embauché un chauffeur pour contourner ce problème de transport.

J'avais demandé au chauffeur, Slick Vic, comme je l'appelais, d'attendre dans le virage qui se trouve directement devant Opera House, pour qu'à la fin de la représentation je puisse amener rapidement mes invités à un souper tardif. Une table pour cinq avait été réservée au Trattoria Cost-a-Lotto.

Eh bien, lorsque nous sommes sortis d'Opera House, la foule fourmillant, moi remorquant mes invités, j'ai entrepris de traverser le trottoir pour atteindre la voiture ! Et là, à ma gauche, se trouvait une pièce d'un cent. Il avait plu ce soir-là, si bien que la pièce brillait, et la réflexion alternée des réverbères et des ombres de ces derniers, qui dansait à travers la foule, donnait l'impression momentanée que la pièce me faisait un clin d'œil, me raillant de l'ignorer. J'ai hésité, me demandant ce que tout le monde penserait si je me mettais à tâtonner à leurs pieds. Puis, j'ai décidé qu'une affirmation, c'était une affirmation, et je me suis dirigé vers la pièce.

Le problème est que je manquais un peu de conviction, et qu'au lieu de simplement me baisser et de ramasser la fichue pièce, j'ai fait un genre de « courbette de lapin », ce qui nécessite de garder le dos droit, de plier les genoux, et de laisser les mains légèrement derrière soi. Ce type de manœuvre est enseigné aux serveuses du Playboy Club pour déposer les verres sur les tables sans que les clients puissent voir la naissance de leurs seins. Je ne me souviens pas qui m'a appris cela — quelque part au fond de ma mémoire se trouve un vague et affectueux souvenir —, mais quelque chose a dû se perdre avec le temps, car ce soir-là, tout est allé de travers.

Ce qui aurait dû être un ramassage élégant s'est transformé en fiasco. J'ai cogné la pièce avec les articulations de mes doigts, et elle a entamé une longue glissade bondissante sur le trottoir, serpentant gracieusement parmi de nombreux souliers onéreux. À ce moment-là, j'aurais dû m'en tenir là. Mais j'étais si déterminé que j'ai refusé de laisser tomber. J'ai plongé vers la pièce itinérante, je l'ai manquée, et je me suis retrouvé à quatre pattes.

Ce soir-là, j'avais décidé de porter une chemise de satin blanc, Dieu sait pourquoi. Quand la pièce s'est enfin retrouvée dans ma main, j'avais récolté presque toute l'eau boueuse de ce trottoir particulier. Entre-temps, Slick Vic avait fait monter mes invités dans la voiture, et ils observaient ma comédie avec un étonnement contenu.

J'étais vraiment embarrassé. Et une fois dans la voiture, j'ai pensé que je devais donner une explication. Alors, j'ai dit à mes amis américains que l'usage de la pièce était une ancienne tradition britannique qui apportait une incroyable quantité de bonne fortune. Ils étaient fascinés de découvrir les tenants et aboutissants de la culture britannique, et l'un d'eux se mit même à prendre des notes.

Tout alla bien, jusqu'à ce que l'un des types commence à me coincer, pour savoir quand exactement l'usage de « la pièce dans le caniveau » était entré dans le folklore britannique. À ce moment-là, j'ai complètement déliré. Je leur ai dit que c'était une coutume héritée de l'époque élisabéthaine. Pour donner un peu plus de crédibilité, j'ai inventé tout un scénario fantastique, figurant Elizabeth et Lord Dudley. J'ai même balancé Walter Raleigh par mesure de politesse, pensant que mes invités n'étaient peut-être pas très familiers avec les exploits de Dudley. En un rien de temps, j'envoyai la Reine Elizabeth, Lord Dudley et Walter Raleigh ramper sur le parquet de Hampton Court, à la poursuite de la royale pièce.

Tout le monde était dûment impressionné par ma connaissance de l'un des épisodes les plus obscurs de l'histoire de l'Angleterre, tout comme je l'étais moi-même. J'avais l'impression d'avoir, je ne sais comment, créé un moment historique, en replaçant « la pièce dans le caniveau » à la place qui lui était due, parmi les fleurons des peuples anglophones. Voyez vous-mêmes :

1558 : Elizabeth monte sur le trône d'Angleterre.

1559 : « La pièce dans le caniveau » fait son entrée dans l'histoire d'Angleterre.

Les notes prises, les événements enregistrés, la conversation a viré au silence. Tandis que la Rolls glissait silencieusement dans la nuit, nous conduisant à notre rendez-vous avec les fettuccine, les linguine et le Chianti Classico, je repensais aux événements de la soirée. Je dois dire que, secrètement, j'étais fier de moi, vraiment fier. De temps en temps, j'ouvrais furtivement la main pour jeter un coup d'œil à mon prix boueux, tout en songeant qu'il n'y a pas de limites à l'abondance, lorsque l'on est résolu à foncer.

(D'après *The Trick to Money Is Having Some!*, Hay House, 1989, 1998)

Carnie Wilson

Martin Mann

Fille de Marilyn Wilson et du Beach Boy Brian Wilson, légende vivante, Carnie Wilson, auteure du livre *Gut Feelings*, de sa série *J'ai toujours faim* et du livre de cuisine *To Serve with Love*, a mené toute sa vie le combat contre l'obésité pour atteindre un niveau de satisfaction personnelle, de réussite professionnelle et de nouvelles dimensions liées à sa santé physique et émotionnelle.

Au cours de sa petite enfance, grandissant dans un monde trépidant, Carnie a trouvé du réconfort dans la nourriture. À l'âge adulte, alors qu'elle connaissait la réussite au sein du groupe de musique pop Wilson Phillips, plusieurs fois lauréat d'un disque de platine, sa relation dysfonctionnelle avec la nourriture la mena à une obésité morbide qui mettait ses jours en danger. Au cours de l'été 1999, elle prit la décision spectaculaire de subir une chirurgie de pointe de l'obésité, qui fut retransmise en direct sur Internet. Au cours des deux années suivantes, sa vie s'est transformée, et elle a perdu 68 kilos, épousé l'homme de ses rêves et façonné un nouvel avenir d'opportunités de carrière stimulantes.

Carnie et son mari, Rob, vivent à Los Angeles avec leur fille, Lola, ainsi que leurs trois chiens.

C'ÉTAIT UNE QUESTION D'AMOUR...

Le jour de mon 31ᵉ anniversaire — le 29 avril 1999 — le destin m'a fait un cadeau terrible.

J'étais à Medford, dans l'Oregon, en concert avec Al Jardine. Nous atteignions la fin du *set* où nous faisions ce pot-pourri ininterrompu des chansons optimistes des Beach Boys — *Surfin' Safari, Fun, Fun, Fun, Surfin' USA* —, ces merveilleuses chansons qui font du bien et qui donnent envie de danser.

Je n'avais été en tournée avec Al que de manière intermittente au cours des dix-huit derniers mois, aussi n'avais-je pas trop l'habitude des représentations. Mais comme d'habitude, j'ai commencé à sauter sur la scène, car il est impossible de ne pas bouger lorsqu'on chante ces chansons.

Je désirais donner un spectacle exceptionnellement bon ce soir-là, car Tiffany Miller, l'une de mes meilleures amies de longue date, était venue me voir. Le groupe et la foule m'avaient chanté «Joyeux anniversaire», ils avaient apporté un gâteau sur la scène, et j'étais si heureuse qu'il me fallait danser.

J'ai toujours eu conscience de moi lorsque je dansais — j'étais inquiète de mon ventre qui se secouait, de mon double-menton qui tremblait, et de toute la graisse de mon corps qui ondulait de partout. Cette pensée m'embarrassait, et je ne voulais pas que cela soit remarqué.

Mais une fois sur scène, il y avait toujours quelque chose qui se produisait. La musique me transperçait. Je ressentais cette poussée au sein de mon corps et je commençais à danser, et soudain ça m'était égal.

À la fin du spectacle, j'étais trempée de sueur et essoufflée. Je demandais à ma sœur Wendy : « Es-tu essoufflée ? Es-tu fatiguée ? » Car je me demandais s'il était légitime que je le sois ou si c'était causé par mon poids...

Wendy répondait : « Je suis épuisée. » Je la regardais et elle aussi était en sueur. Je pensais : *Dieu merci, je ne suis pas la seule.*

Ce soir-là, je pensais : *C'est mon anniversaire, et mes amis me regardent. Je vais donner mon maximum.* Malgré le fait que je pesais 135 kilos — plus lourde que je ne l'ai jamais été de toute ma vie — j'étais décidée à sauter partout, même si je devais y laisser ma peau.

Alors j'ai dansé super fort, et la scène a commencé à bouger. *Je vais casser la scène,* ai-je pensé. *Oh, tant pis ! Je vais juste danser un petit peu plus légèrement.* Mais bon sang ! Je voulais danser fort ! Et c'est ce que j'ai fait.

Après le spectacle, ça m'a vraiment, vraiment frappée. Quelque chose était différent cette fois. Je ne me sentais pas bien.

Je parlais à mes amis, et tout le monde était très excité. Mais je me sentais anormalement fatiguée, j'avais chaud, j'étais en sueur, et je n'arrivais pas à retrouver mon souffle.

Tiffany m'a demandé : « Ça va ? »

Mon cœur s'était emballé et mon pouls battait dans ma tête. J'avais mal au bras droit, et je sentais mon sang s'épaissir et se réchauffer dans mon corps, surtout autour de mes oreilles, de mon cou et de ma poitrine.

« Je dois m'asseoir tout de suite », lui répondis-je. Elle me regarda, et je voyais qu'elle avait peur.

« Ça va aller, dis-je. Il faut juste que je me repose une minute. »

Je me suis ordonné de m'arrêter et de faire redescendre ma pression artérielle en restant calme, en respirant profondément, et en buvant un verre d'eau. J'avais peur d'avoir une crise cardiaque à tout instant.

Après un moment, j'ai commencé à me calmer, mon souffle est revenu, le battement de mon pouls et la douleur ont disparu. Mais je savais qu'il s'agissait d'un avertissement que je ne pouvais pas ignorer.

Les spectacles en compagnie de Al ont changé ma vie de plus d'une manière. Ça m'a donné le courage de me bouger pour monter sur scène, peu importe mon poids. Et ça m'a aussi permis de prendre conscience des limites jusqu'auxquelles j'étais prête à laisser ma santé péricliter.

Je me rappelle que les gens me disaient : « Ça fait plaisir de te regarder. Tu as tant de charisme sur scène. » Mais j'avais très conscience de mon poids, et il était difficile et effrayant de prendre part à ces spectacles, car j'étais si grosse que mon cœur donnait l'impression qu'il allait exploser.

Mais lorsque je n'étais pas sur scène, je travaillais fort à être simplement moi-même, ce qui je pense est si important. Et je commençais à réfléchir beaucoup à ce que j'attendais d'une relation — et à ce que je ne voulais pas.

J'avais toujours connu des schémas similaires dans mes relations, et ces modèles de comportement étaient fondés sur la jalousie et l'insécurité. Peut-être était-ce parce que je n'avais pas obtenu de mon père l'attention dont j'avais besoin quand j'étais petite. Le fait de ne pas avoir eu cette affection et ce lien authentique faisait que j'avais du mal à croire qu'un garçon ou homme de ma vie ait pu déjà vraiment m'aimer. Je ne me pensais pas digne de ce type d'amour ou digne de le mériter, car je ne savais pas le reconnaître. Je ne savais pas ce que c'était, et je ne savais pas quoi en faire.

Il m'était difficile de laisser quelqu'un m'aimer. J'avais passé cinq ans et demi en compagnie de Steven, mon ex-petit ami, et c'était quelqu'un de très doux, avec un grand cœur. Pendant une partie de cette période, j'ai cru que j'étais amoureuse, mais je pense que nous nous sommes tous les deux dupés pendant longtemps. Il avait ses propres souffrances, pour lesquelles je me sentais responsable, et j'essayais de tout résoudre sans y arriver. J'avais l'impression de ne plus prendre soin de moi, car j'étais toujours préoccupée par lui et par nous, et parce que les choses n'allaient pas bien.

J'ai été soulagée lorsque nous avons tous les deux convenu que ce serait mieux de nous séparer et de ne pas nous marier. Nous avons finalement réalisé que nous serions plus heureux si nous étions séparés, puisque nous étions si malheureux ensemble. Nous nous bagarrions tout le temps, et je m'enfumais la tête pour éviter d'être honnête envers moi-même à propos de notre relation. Je ne peux parler pour Steven, mais ce n'était pas ce que je voulais, et je ne me sentais plus bien. Je savais depuis longtemps que ça devait se terminer, mais j'avais trop peur d'être seule.

J'avais perdu tout mon argent. Je n'avais pas d'emploi. Je pesais 125 kilos quand nous avons rompu, et j'ai pris 7 kilos supplémentaires dans les mois qui ont suivi. Je me sentais comme de la merde.

Je me disais : « Peut-être que ma relation avec Steven n'a pas fonctionné parce que je n'étais pas contente de moi. » Mais quand j'y repense maintenant, je suis vraiment reconnaissante de ce que j'ai vécu avec lui, car ça m'a permis de me livrer à une profonde introspection au sujet de mes problèmes liés à l'intimité et à la confiance, et ça m'a préparée à quelque chose d'authentique.

Je suis vraiment reconnaissante envers Al aussi, car sans lui, je n'aurais pas rencontré Bob.

Nous donnions un spectacle à la base navale de Willow Grove, en Pennsylvanie. C'était un spectacle pour les vétérans, appelé « VetRock ». Ils avaient invité Steppenwolf, War, les Rascals, les Animals — tous ces groupes des années 1960. Wendy et moi étions les seules filles de toute l'affiche.

Je portais un de ces immenses *boubous* quand je suis montée sur scène, et je me sentais vraiment grosse.

En somme, il y avait Wendy, qui avait l'air si *sexy* dans sa magnifique robe, avec sa magnifique silhouette, et il y avait moi — bonne chanteuse, bon charisme sur scène, mais aussi grosse qu'une patate. Je me sentais vraiment moche.

Mais ce qui est drôle, c'est que, le jour où j'ai rencontré Rob, je me souviens que je me sentais belle. Je portais des petites barrettes en forme de papillons dans mes cheveux, et j'étais contente de mon maquillage. Je me suis dit : « Tu es grosse, mais tu vas mettre ce costume, tu vas faire de ton mieux, et tu vas y aller et être fière de qui tu es. »

J'étais dans les coulisses, me sentant un petit peu nerveuse comme toujours. La foule était énorme, et America — l'un des groupes que j'aime le plus au monde — venait de terminer un *set* vraiment génial. Nous ne devions pas monter sur scène avant un moment, et j'avais faim. Alors, j'ai dit à tout le monde : « Allons chercher quelque chose à manger. »

Nous nous sommes rendus dans une énorme tente de restauration, et alors que je me dirigeais vers la file du buffet, j'ai vu deux gars qui arrivaient depuis l'autre côté de la tente. J'ai surtout remarqué celui qui avait les cheveux foncés, et j'ai pensé : *Oh, ce type est vraiment mignon !* Puis, j'ai reporté mon attention sur la nourriture.

Pendant que j'attendais dans la file, un grand type avec des cheveux crépus s'est approché de moi.

« Hé, salut Carnie ! Je m'appelle Ken Sharp, dit-il. Je voudrais vous remercier, car je vous ai écrit une lettre sur Internet et vous m'avez répondu, c'était sympa. Je vous en remercie vraiment. » Il me dit qu'il était rédacteur indépendant et qu'il allait interviewer Al après le spectacle.

« Je crois que nous allons tous sortir souper ensemble, dit-il.

— Oh, super ! » répondis-je.

Puis, il dit : « Je voudrais vous présenter un ami, Rob Bonfiglio. »

C'était le gars vraiment mignon que j'avais vu de l'autre côté de la tente. Il avait un grand sourire sur le visage, et j'ai pensé : *Mon Dieu, ce gars a les dents les plus magnifiques que j'aie vues de ma vie. Quel superbe sourire.*

Il m'a serré la main et a dit : « Salut Carnie, c'est vraiment génial de vous rencontrer. J'ai vu votre émission et je voulais vous dire que j'ai vraiment aimé vous regarder. » J'ai ressenti un petit picotement dans mon ventre. J'ai pensé : *C'est vraiment gentil de dire ça. Quel ange.*

« Merci », ai-je répondu, mais je me sentais très intimidée et je ne savais pas quoi dire d'autre, parce que c'est comme ça que je suis vraiment. Je peux être totalement audacieuse et effrontée quand je le veux, mais sous les apparences, je suis une fille très timide — une fille timide *pervertie*, si cela a le moindre sens.

Rob m'a demandé : « Hé ! ça vous dérange si je me fais prendre en photo avec vous ? »

Et j'ai pensé : *Oh, c'est tellement mignon.*

« Bien sûr, ai-je dit, bien sûr que ça ne me dérange pas. »

Alors Ken a pris une photo, et Rob a mis son bras autour de moi, et son bras tremblait. *Oh ! mon Dieu !* j'ai pensé. *Il est si nerveux. Qu'il est mignon.*

Et ce fut tout.

Ils ont dit : « Bon spectacle. On sera à l'avant, et on se revoit plus tard. » Et ils sont partis.

C'est tellement gentil, pensai-je, en mangeant mon repas.

Quand je suis montée sur scène, j'ai vu tous ces gens dans la première rangée, et Rob était là. Je ne pouvais détacher mon regard de lui.

Et il me regardait.

Attendez une minute. Est-ce moi qu'il regarde ? pensai-je. Parce que j'étais si habituée à ce que tous les gars regardent Wendy. J'étais si excitée que cela fut vraiment ma journée. Rob était là, avec le plus grand sourire que j'aie jamais vu, un énorme sourire allant d'une oreille à l'autre. Il prononçait silencieusement les paroles, et lorsque j'ai chanté *Darlin'*, son visage s'est illuminé comme l'objet le plus précieux.

Il est tellement mignon, pensai-je.

Alors j'ai chanté tout le concert pour lui, parce que j'étais tout simplement transportée. Je ne savais rien de lui. Je pensais juste qu'il était l'assistant de Ken. Je n'avais aucune idée qu'il était musicien.

Nous avons terminé le spectacle, et lorsque nous sommes retournés dans les coulisses, Rob était là. J'étais essoufflée et je suais comme un bœuf.

«C'était un superbe spectacle, dirent Rob et Ken. C'était tellement amusant. Vous avez fait un splendide boulot.» Et ils voulaient me serrer dans leurs bras.

Oh, mon Dieu ! pensai-je, *je transpire vraiment beaucoup. J'espère que je ne sens pas mauvais.*

Plus tard, Rob m'a dit que l'une des premières choses qu'il avait remarquées chez moi, c'était comme je sentais bon et combien il aimait l'odeur de mon parfum. Mon parfum s'appelle «Happy», de Clinique, et je le porte encore tous les jours, car je sais qu'il l'adore — et je l'adore aussi. Il me rend heureuse, car il me rappelle notre première rencontre.

Après le spectacle, j'avais oublié que Ken allait interviewer Al et que nous allions tous nous retrouver pour le souper. Nous sommes retournés à l'hôtel, et Rob nous attendait dans le hall. Mon cœur s'est mis à battre la chamade lorsque je l'ai vu et je suis devenue très nerveuse. J'ai commencé à remarquer qu'il y avait quelque chose de presque magnétique entre nous. J'étais vraiment attirée par lui physiquement, et j'avais le sentiment qu'il était un gars adorable et timide, exactement le genre qui m'attire.

Je me suis changée, j'ai attaché mes cheveux en queue de cheval, et je me sentais vraiment mignonne lorsque nous sommes sortis souper, mais j'étais trop timide pour marcher à côté de lui. Lorsque nous nous sommes attablés, je n'ai pas eu le courage de m'asseoir à côté de Rob. Al, Ken, Rob et Wendy étaient assis à une table, et j'étais assise à une autre table avec Ritchie Canata et Adam Jardine, faisant face au dos de Rob. Pendant tout le souper, je leur ai dit : «J'ai le coup de foudre pour le gars qui est juste là.»

Les rayons du soleil couchant pénétraient par la fenêtre, et Rob portait des lunettes et un chandail magenta. Il était splendide avec ses yeux magnifiques et la lumière du soleil sur son visage. J'étais excitée et je pensais : *Ce gars est si sexy. Je me demande si je pourrais l'intéresser ?* C'était tout simplement fabuleux.

Mais je ne savais pas quoi faire. Je ne savais pas comment l'approcher. Alors, après le souper, nous sommes rentrés à l'hôtel, et je me souviens d'avoir simplement dit : « Ça m'a fait plaisir de vous rencontrer les gars. Au revoir. » Et ce fut tout.

Je suis rentrée à la maison et je n'y ai pas vraiment repensé. Au fond de mon cœur, je n'avais pas la confiance en moi pour croire qu'il y avait la moindre raison pour qu'il s'intéresse à moi, et je n'avais jamais vraiment fréquenté d'hommes auparavant. Quelqu'un avait toujours arrangé les choses pour moi ou j'étais sortie avec quelqu'un que je connaissais déjà. Je n'avais aucune idée de comment m'y prendre, ni si quoi que ce soit pouvait en résulter. Mais je savais que je l'aimais bien.

Environ une semaine plus tard, je naviguais sur Internet, consultant le babillard électronique de Wilson Phillips, et j'ai vu une lettre pour Carnie, de la part de Rob Bonfiglio. *Rob Bonfiglio ?* pensai-je. *Qui ? Qui est-ce donc ? Je ne connais pas de Rob Bonfiglio.*

Puis, j'ai lu sa lettre, qui disait : « Je suis l'ami de Ken. Je t'ai rencontrée dans les coulisses, et tu étais si gracieuse et gentille. J'ai vraiment aimé te rencontrer et te regarder sur scène. C'était un superbe spectacle, vraiment amusant et, au fait, je te trouve vraiment belle. »

Mon cœur a fondu sur le coup. S'il commençait à me flatter ainsi, j'étais à lui. C'est tout — d'autant que ça venait d'un type mignon.

Je me suis dit : *Tu sais quoi ? Je vais avoir des couilles, du culot. Je vais répondre à ce gars, et je vais lui demander s'il est célibataire. Pourquoi pas ?*

Dans son courriel, il m'interrogeait sur mes champs d'intérêt, alors je lui ai écrit une longue lettre sympa, et lui ai demandé : « P.-S. : Es-tu célibataire ? »

Il m'a répondu et m'a tout raconté sur lui. Il était musicien et parolier dans un groupe appelé Wanderlust qui venait d'enregistrer un disque. Il adorait le jazz et avait obtenu un diplôme du Berklee College of Music, à Boston.

J'étais vraiment excitée. *Terrible, ce gars a enregistré des disques, il a fait des tournées, il a même fait l'ouverture de The Who. Ce gars est si chouette. Il est comme ce joueur de guitare rock !* Je me demandais si nous allions commencer une sorte de fréquentation, ou si nous allions nous voir, parce qu'il habitait à Philadelphie.

À la fin de sa lettre, il a écrit : « Je suis célibataire. »

J'ai répondu : « Voici mon numéro de téléphone, si tu as envie de m'appeler. »

Et il m'a appelée le jour même.

Nous avons commencé à discuter au téléphone, et appris à nous connaître. J'adorais sa voix ; comme il était gentil, délicat et doux ! Nous étions au début d'une relation, au moment où l'on est vraiment nerveux pour se parler, mais où c'est vraiment amusant d'apprendre à connaître l'autre.

Et ce que j'aimais, c'est qu'il savait à quoi je ressemblais. Il connaissait toute mon histoire, et il était toujours intéressé. Il était très excité d'apprendre à me connaître au téléphone, et puis nous avons réalisé que nous avions parlé tous les jours pendant deux heures. J'étais excitée, car je me disais : *Je pense qu'on va commencer à se fréquenter.*

Nous avions passé environ un mois à converser au téléphone, lorsque nous avons décidé qu'il était temps de nous revoir, même si nous habitions dans des régions opposées des États-Unis. Je l'ai fait venir à Portland, dans le Maine, au mois de juillet, à l'occasion du spectacle que nous donnions là, et je lui ai trouvé une chambre d'hôtel, parce ce que je pensais que, bien nous soyons devenus très proches au téléphone, il n'était pas question que nous couchions ensemble. J'avais encore *certaines* valeurs !

Il m'avait dit combien il était excité à l'idée de me donner un baiser — et je l'étais tout autant à l'idée d'être embrassée et de l'embrasser. Et quand je suis descendue de l'avion, c'était le truc le plus mignon que j'aie jamais vu : il m'a donné une petite bise rapide.

J'étais si excitée simplement de me promener avec lui. Nous sommes allés manger notre premier repas ensemble, dans ce petit restaurant où il servent des *wraps* arméniens. Je me souviens d'avoir descendu la rue et d'avoir pensé : *Mes pieds vont me lâcher d'ici à ce que nous atteignions le restaurant* — qui n'était qu'à un pâté de maisons de là. Je n'avais qu'une paire de souliers qui soient confortables pour moi à ce moment-là, car je marchais sur le côté de mes pieds. J'étais si lourde que je ne pouvais pas empêcher mes chevilles de rouler.

Rob marchait à un rythme normal — peut-être un petit peu vite — et je luttais vraiment pour le suivre. J'étais honteuse et embarrassée, mais je ne voulais pas que Rob le sache.

Ce n'était que la deuxième fois que je me trouvais en sa compagnie, et je ne voulais pas qu'il me voie ainsi. *Il va être rebuté*, pensais-je.

Nous sommes arrivés au petit restaurant et nous avons commandé notre repas. Je me souviens de m'être vraiment appliquée à prendre de petites bouchées. Je ne voulais pas qu'il sache à quel point j'avais faim, je voulais qu'il voie que je mangeais lentement et élégamment, et que j'étais délicate, féminine et attirante.

À l'époque où j'étais très grosse, je me disais que, si on me voyait manger, on penserait que j'étais une gloutonne qui ne méritait pas cette nourriture. « Pourquoi as-*tu* besoin de manger ? Pourquoi as-*tu* besoin de mettre de la nourriture dans ta bouche ? Regarde-toi ! »

C'est ce que je ressentais. J'étais embarrassée de manger devant lui, mais c'était notre premier repas ensemble, et je pouvais voir que la nourriture était très importante pour Rob. Il adorait manger, et moi aussi. Et c'est toujours le cas. Aussi, c'était quelque chose de très spécial, et je ne voulais pas faire quoi que ce soit qui puisse gâcher ça.

Rob m'a récemment demandé si je me souvenais de notre premier repas et combien il avait été spécial.

Je lui ai dit que je m'en souvenais, mais au fond de moi, je pensais aussi à quel point ça avait été pour moi une expérience émotionnelle intense. C'est pourquoi j'ai tant de compassion pour les hommes et les femmes obèses qui ont conscience d'eux-mêmes quand il s'agit de mettre de la nourriture dans leur bouche en public. Je comprends pourquoi il y a tant de personnes qui mangent en cachette — parce qu'elles sont si honteuses.

J'ai fait le concert, et nous avons passé ensemble autant de temps que possible. Après le spectacle, la compagnie aérienne qui commanditait la tournée a organisé un merveilleux souper de homards. Pendant que nous mangions, je lui ai dit : « Je voudrais que tu m'embrasses tout de suite.

— Mais tout le monde nous regarde, répondit-il.

— Ça m'est égal, dis-je. Embrasse-moi tout de suite. »

Alors il m'a donné un baiser la bouche ouverte — pas un patin — mais un baiser agréable, doux et très sensuel. Je me sentais différente de la grosse patate qui pouvait à peine marcher cet après-midi-là.

C'était la première fois que je mangeais des palourdes et, bien sûr, je faisais des plaisanteries.

« J'ai entendu dire que ce sont des aphrodisiaques, dis-je, alors continuons de les enfourner dans notre bouche. » Nous étions émus, car nous savions, qu'après le souper, nous allions retourner à l'hôtel ensemble. Je ne savais pas s'il dormirait dans sa chambre et si j'allais dormir dans la mienne, mais nous savions tous deux que nous allions nous peloter pour la première fois.

Nous sommes rentrés à l'hôtel, ivres de ce merveilleux sentiment que l'on a après un magnifique repas.

Je suis allée dans ma chambre, j'ai pris un bain, allumé des bougies, mis mon beau parfum, et Rob est entré, portant des lunettes en écaille de tortue. J'ai pensé que c'était la chose la plus mignonne et la plus sophistiquée que j'avais jamais vue. Il était si mignon, si remarquablement beau. Nous étions vraiment nerveux, mais ça a été les heures les plus romantiques qui soient. Il a passé une heure et demie à toucher et à embrasser mon visage. Je n'avais jamais rien fait d'aussi doux et délicat. Les détails qui suivent sont privés, mais nous ne sommes pas allés jusqu'au bout. C'était juste si spécial que j'ai été foutue à partir de ce moment-là !

Nous avons continué à nous voir et à nous parler autant que nous le pouvions, mais Rob était à Philadelphie et moi à Los Angeles, si bien que l'essentiel du temps que nous passions ensemble était au téléphone. Quelques mois après notre rencontre, j'ai mentionné à Rob que je pensais tenter une chirurgie de l'obésité.

Il m'a répondu que j'étais belle comme j'étais, mais que si mon poids m'ennuyait, alors il comprenait.

« Cette opération est vraiment drastique, dis-je, et c'est permanent. Ça changera la répartition de mes organes à l'intérieur. Qu'en penses-tu ?

— Y a-t-il du danger ? fut sa première question.

— Non, répondis-je.

— Alors je pense que c'est une excellente idée, dit-il. Si ça peut t'aider et que ça te permet de te sentir mieux, je te soutiens entièrement.

— C'est génial, dis-je, parce que je vais vraiment avoir besoin de ton soutien pour ça. J'ai vraiment peur, et cette opération est importante. »

Il m'a dit de foncer, et lorsque je l'ai entendu dire ça, ça a vraiment prouvé quelque chose pour moi, car j'avais le sentiment que j'allais être avec lui pendant longtemps — et je voulais m'assurer que je serais en mesure de l'aimer et d'être aimée par lui.

Au milieu de l'été, j'ai passé dix jours avec Rob à Philadelphie. Il était désireux de me montrer sa ville natale, et c'était merveilleux de rencontrer sa famille. J'ai passé des moments formidables, mais j'étais très embarrassée et triste, parce que j'étais si grosse. Je n'avais que deux paires de souliers que je pouvais porter sans avoir mal aux pieds. Ce n'était pas vraiment les souliers, mais mes pieds, qui me faisaient affreusement mal.

Rob m'a emmenée dans un lieu pittoresque appelé Peddler's Village, où on trouve des rues pavées, de petites collines et un grand centre commercial extérieur. Je soufflais comme un bœuf, essayant de le suivre et de relever cette épreuve de force, tournant la tête pour expirer pour qu'il ne me voie pas haleter. J'étais malheureuse.

J'étais là avec mon nouveau petit-ami, voulant désespérément être amusante et m'amuser avec lui, essayant simplement de faire quelque chose de normal, et luttant à tout moment. Au fond de moi, j'étais honteuse et si frustrée, et j'avais si peur qu'il soit déçu et dégoûté.

« Je suis vraiment gênée, dis-je. Je sue comme un porc.

— Et alors ? répliqua-t-il. Moi aussi. » Il était si gentil et attentionné ; il savait que c'était difficile pour moi, mais il ne voulait pas que je m'inquiète.

« Comment vas-tu ? demandait-il. Ça va ? »

Je répondais : « Ouais. » Mais nous savions tous les deux que c'était très difficile pour moi. Et je ne pouvais pas m'arrêter de penser : *Il faut que j'aie cette opération. Je vais commencer à prendre soin de moi. Je vais le faire. Je vais enfin faire quelque chose à ce sujet.*

J'étais amoureuse, et je devais protéger cet amour. Je ne pouvais pas laisser quoi que ce soit m'arrêter.

Je n'avais jamais vraiment pensé que je tomberais amoureuse comme ça. J'avais vécu des amours auparavant, et je n'avais jamais voulu faire de peine à mes amants en leur disant qu'ils n'étaient pas celui que j'attendais. Mais je n'avais jamais ressenti ce genre de merveilleuse connexion avec qui que ce soit dans une relation au cours de ma vie. Rob était mon grand amour, l'homme que mon cœur avait toujours espéré, et je ne pouvais pas risquer de le perdre et de perdre la vie que nous pouvions partager.

Je savais qu'il n'était pas seulement question de ma santé ou de ma carrière.

Maintenant, c'était une question d'amour...

(D'après *Gut Feelings*, Hay House, 2001)

Eve A. Wood, M.D.

Eve A. Wood, médecin en chef, est clinicienne adjointe en médecine dans le cadre du programme de médecine intégrative de l'University of Arizona. Elle est l'auteure primée des livres *There's Always Help, There's Always Hope* et *Prenez votre vie émotionnelle en main en 10 étapes*. Elle a écrit de nombreux articles pour des publications médicales et professionnelles, intervient fréquemment dans le cadre d'ateliers et de conférences au niveau national, et est une avant-gardiste dans le domaine de la psychiatrie intégrative.

Unissant le corps, l'esprit et l'âme, dans un modèle de traitement stimulant appelé « In One^{MC} », Eve aide les gens à prendre en main leur vie émotionnelle. Elle habite à Tucson, avec son mari et ses quatre enfants.

Site Web : www.DrEveWood.com

LA RENAISSANCE
D'UN RÊVE

Je voudrais vous faire part d'un récit personnel qui montre comment l'ouverture à la force de guérison créative peut transformer une expérience douloureuse en une expérience joyeuse. L'histoire a débuté il y a très longtemps, dans ma maison de Philadelphie; et dans un monde très très loin d'ici.

D'aussi loin que je me souvienne, j'ai rêvé de me marier et d'avoir des enfants. En grandissant, je me voyais adulte, partageant ma vie avec un mari aimant et quatre enfants qui seraient les miens. Je me voyais élever deux filles et deux garçons. Ne me demandez pas pourquoi. Je ne peux absolument pas vous l'expliquer. Je n'en ai vraiment pas la moindre idée. Pourquoi nous rêvons à ce dont nous rêvons est une question spirituelle à laquelle nous ne pouvons pas vraiment répondre; c'est comme essayer de limiter l'infini au simple domaine de la cognition. C'est l'une des questions que nous nous posons, qui risque de ne jamais avoir de réponse au cours du temps que nous passons sur cette planète.

Ce que je peux vous dire cependant, c'est que ma vie ne s'est pas exactement déroulée selon la vision que j'en avais dans mon enfance. Bien que j'aie trouvé et épousé un homme aimant suffisamment tôt pour construire la vie dont je rêvais, les exigences de la faculté de médecine et ma formation d'interne en psychiatrie n'étaient pas compatibles. J'ai remis la conception de mon premier enfant à plus de six ans après mon mariage. Par conséquent, je n'avais que deux fils quand j'ai atteint le milieu de la trentaine, et pas de filles ; et pour des raisons qui sont hors de propos dans cette histoire, je n'étais pas en mesure de tenter d'autres grossesses. Ma douleur était semblable à un puits sans fond.

Les années ont passé et à chaque fois que la notion d'avoir des filles traversait mon esprit, mon âme pleurait. Le passage du temps ne semblait pas guérir ma blessure. La douleur ne voulait tout simplement pas partir. Puis, un jour, je me trouvais en compagnie d'une patiente, Rachel, qui désirait des enfants mais ne pouvait pas en avoir. Je me vis répondre à la douleur de sa situation difficile en disant : « Il y a d'autres façons de devenir mère, Rachel. Avez-vous pensé à adopter un enfant ? Vous n'avez pas à vivre avec cette douleur à jamais. »

Rachel m'a regardée avec admiration. Un sourire aussi brillant que le soleil lui-même est apparu sur son visage. « Vous êtes super, dit-elle. Comment avez-vous pensé à ça ? »

Stupéfaite par sa réaction remarquable, j'ai répondu : « Je ne sais pas vraiment, Rachel. Ça m'est juste venu, et je l'ai dit. Je suis touchée que mes mots vous fassent autant d'effet. Ayez confiance en votre réaction, et faites ce que votre sagesse intérieure vous dit de faire de votre vie. Tout a une raison d'être. »

Rachel a ainsi adopté un adorable enfant russe. Elle a transformé sa vie à partir de cet instant particulier dans mon cabinet.

Ce qui est encore plus stupéfiant pour moi à propos de ce que j'ai dit, c'est le rôle que cela a joué dans ma propre vie. Car, à partir du jour de cette séance en compagnie de Rachel, ces mots ont eu une résonance puissante pour moi aussi. Ils ont continué à résonner dans ma tête alors que je rentrais à la maison après le travail. Soudain, comme si le Messie était entré dans ma voiture, je me suis mise à dire à haute voix : « Je peux faire ça ! Je peux adopter un enfant. En fait, je peux faire ça plus d'une fois. Et je peux avoir quatre enfants ! Je peux avoir deux filles. Je peux offrir une vie merveilleuse à deux enfants qui risqueraient sinon de ne pas avoir cette occasion. Je vivrai mon rêve après tout ! »

Lorsque je suis rentrée chez moi, mon esprit chantait. Mon mari m'a regardée depuis la table où il était assis et a dit : « Tu as un drôle de regard. Je connais ce regard ! Que se passe-t-il ? »

Je l'ai regardé en retour, incapable de formuler cette merveilleuse idée. Il a essayé de deviner.

«Nous partons en voyage?»

J'ai secoué la tête.

«Nous déménageons?» J'ai à nouveau secoué la tête.

«Plus que ça, dis-je. Je veux adopter un enfant.» Le visage de mon mari a trahi sa crainte, mêlée d'effroi. «En fait, continuai-je, je veux adopter deux enfants; deux petites filles qui ont besoin d'une famille. Je veux avoir les deux filles que je rêvais d'avoir. Mon esprit chante, et nous devons danser.»

Après des heures de conversation, mon mari a pris une profonde inspiration et m'a regardée. «Je sais comment tu es lorsque le feu commence à te consumer. Il est impossible de t'arrêter. Tu as vu l'avenir et tu te précipiteras pour t'en emparer… Alors, que veux-tu que je fasse?»

Le puits de douleur que j'avais hébergé pendant si long-temps s'est transformé en débordement de joie. J'aurais deux filles, après tout. Je les aurais! Je les aurais! Je les aurais!

Bien que la route ait été semée d'obstacles et d'impasses, je suis aujourd'hui mère de quatre enfants. J'ai deux fils et deux filles. Mes fils, Benjamin et Gabriel, sont mes enfants biologiques. Et mes filles, Shira et Glory, me sont apparues sur des ailes d'anges. Ma fille, Shira Leora, dont le nom veut dire «chanson de lumière», est née en Chine et est devenue mon enfant à l'âge de dix mois. Mon autre fille, Glory Beth, est née au Cambodge et est devenue mon enfant à l'âge de trois ans et demi.

Quand Shira a appris qu'elle allait avoir une petite sœur, elle s'est mise à danser. «Je suis si excitée! Je suis si excitée! Je suis impatiente! Je vais avoir une sœur! Je vais avoir une sœur! Pour de bon!»

Lorsque mon mari et moi avons emmené Shira et son grand-père au Cambodge, celle-ci a hérité d'une sœur qui lui ressemblait… et j'ai réalisé un rêve que je pensais éteint.

(D'après *There's Always Help; There's Always Hope*, Hay House, 2006)

POSTFACE

Maintenant que vous avez lu les témoignages stimulants contenus dans ces pages, j'aimerais vous faire part de la source d'inspiration qui est à l'origine de mes écrits. Voici un extrait de l'avant-propos que j'ai écrit récemment pour « Le jeu de la vie et comment le jouer », *de Florence Scovel Shinn, publié originellement en 1925 et réédité par Hay House sous le titre de* « The Game of Life (Le jeu de la vie) » *— avec une réinterprétation du texte — en 2005.*

— Louise

JOUER À CE JEU DE LA VIE

Mes propres débuts dans le domaine de la nouvelle pensée et de l'autoassistance ont été influencés par plusieurs enseignants, mais la personne qui m'a le plus touchée est Florence Scovel Shinn. Elle est née en 1871 à Camden, au New Jersey. Artiste de nature, elle a épousé son collègue, l'artiste Evert Shinn. En 1912, après quatorze ans de mariage, Evert a demandé le divorce. Il a fallu un certain temps à Florence pour se remettre de ce choc, mais lorsqu'elle y est parvenue, elle en avait fini avec l'art et elle avait découvert la philosophie de la nouvelle pensée.

En 1925, l'année précédent ma naissance, elle a publié à compte d'auteure un livre intitulé *Le jeu de la vie et comment le jouer.* En tant qu'enseignante de métaphysique et conférencière à New York, Florence est devenue assez populaire, et organisait des conférences trois fois par semaine. Elle enseignait à partir d'exemples familiers, pratiques, issus de la vie quotidienne. Bien qu'elle soit décédée en 1940, ses travaux inspirent et animent tous ceux qui continuent à apprécier ses livres.

Au début des années 1970, alors que j'entamais ma propre période d'étude des idées de la Nouvelle Pensée, j'ai découvert les livres de Florence. Je me suis sentie immédiatement concernée par ses mots : « Le bonheur et la santé doivent être acquis par un contrôle absolu de la nature émotionnelle... Tous les organes sont affectés par le ressentiment. Car, lorsque l'on est habité par le ressentiment, on le ressent dans chaque organe du corps. Et on en paye le prix par des rhumatismes, de l'arthrite, des névrites, etc., car l'acidité des pensées génère l'acidité du sang... Les fausses tumeurs, les vraies tumeurs, etc., sont causées par la jalousie, la haine et l'incapacité à pardonner. »

Cette idée était totalement nouvelle pour moi, et j'en étais électrisée — aussi aurais-je aimé qu'elle poursuive pendant quelques pages pour que je puisse en apprendre davantage, mais elle ne mentionnait certaines maladies individuelles qu'à quelques autres reprises. Ces idées ont cependant éveillé quelque chose en moi, et je me devais d'en savoir plus. Mon esprit ne pouvait tout simplement plus se détacher de ce sujet. Je pensais : *Si ceci est vrai pour ces parties du corps, quels sont les schémas d'association des maladies dans le reste du corps ?*

Des mots et des pensées. Des mots et des pensées. Je commençai à écouter ce que les gens disaient, comment ils le disaient, et les phrases qu'ils utilisaient. Je m'entraînai au cours des quelques années qui suivirent à écouter le schéma répétitif du choix des mots des gens et la nature de leurs plaintes. Je fis une liste des plaintes et des affirmations que je pensais pouvoir guérir par les pensées.

Un ami de mon groupe d'étude vit ma liste et suggéra que j'en fasse un livret et que je l'imprime. Ainsi ont été assemblés les humbles débuts de *Aimez votre corps*. J'étais loin de savoir où cette compilation de douze pages me mènerait avec le temps — que ce serait la petite semence qui déboucherait sur la création de ma maison d'édition, Hay House.

Je suis si effarée que la vie m'ait menée là. Je me suis toujours identifiée à Florence. Elle était énergique, simple, dynamique, s'en tenait à l'essentiel, et émettait des affirmations puissantes. Florence avait une affirmation pour tout, et je me tourne toujours vers elle lorsque je désire en utiliser une qui ait du poids.

Elle m'a très bien appris à jouer le « Jeu de la vie ».

Jill Kramer et Louise L. Hay

À PROPOS
DE JILL KRAMER

Jill Kramer, originaire de la banlieue de Philadelphie, vit dans le sud de la Californie depuis le milieu des années 1980 et a été directrice éditoriale à la maison Hay House pendant plus de treize années. Elle possède un baccalauréat ès sciences en études télévisuelles et cinématographiques, ainsi qu'en anglais, de la Boston University. Avant de travailler pour Hay House, elle a eu une carrière variée, en tant que photographe éditrice, rédactrice d'annonces publicitaires, analyste de scénarios télévisuels et cinématographiques, chroniqueuse pour des journaux et bien davantage. Elle est l'auteure de plusieurs livres sur les chats et écrit des commentaires de nature sociale pour diverses publications.

Pour obtenir une copie de notre catalogue :

Éditions AdA Inc.

1385, boul. Lionel-Boulet, Varennes, Québec, J3X 1P7
Téléphone : (450) 929-0296, Télécopieur : (450) 929-0220
info@ada-inc.com
www.ada-inc.com

Pour l'Europe :

France : D.G. Diffusion Tél.: 05.61.00.09.99
Belgique : D.G. Diffusion Tél.: 05.61.00.09.99
Suisse : Transat Tél.: 23.42.77.40

N174